Der eigene Server mit FreeBSD 9

Benedikt Nießen hat an den Universitäten in Passau und Innsbruck Betriebswirtschaftslehre mit den Schwerpunkten Controlling und IT-Projektmanagement studiert. Neben seiner Tätigkeit als Consultant für SAP CRM-Produkte bei einem Schweizer Beratungsunternehmen berät er seit vielen Jahren Start-Up-Unternehmen aus verschiedensten Branchen bei ihren Projekten, indem er Konzepte für die IT-Systemarchitektur entwickelt und realisiert.

Benedikt Nießen

Der eigene Server mit FreeBSD 9

Konfiguration, Sicherheit und Pflege

 dpunkt.verlag

Benedikt Nießen
buch@niessen.ch

Lektorat: Dr. Michael Barabas
Copy-Editing: Friederike Daenecke
Herstellung: Frank Heidt
Umschlaggestaltung: Helmut Kraus, www.exclam.de
Druck und Bindung: M.P. Media-Print Informationstechnologie GmbH, 33100 Paderborn

Bibliografische Information der Deutschen Nationalbibliothek
Die Deutsche Nationalbibliothek verzeichnet diese Publikation in der Deutschen Nationalbibliografie;
detaillierte bibliografische Daten sind im Internet über http://dnb.d-nb.de abrufbar.

ISBN 978-3-89864-814-1

Copyright © 2012 dpunkt.verlag GmbH
Ringstraße 19 B
69115 Heidelberg

Inhaltsverzeichnis

Vorwort und Typografie

Vorwort

Vernetzte Systeme nehmen heutzutage immer vielfältigere Aufgaben wahr. Jeder Haushalt mit Breitband-Internetzugang betreibt ein eigenes kleines Netzwerk, selbst wenn es nur aus einem DSL-Router und einem PC besteht.

Warum also nicht die bestehende Infrastruktur um einen eigenständigen Server erweitern, der beliebige Aufgaben wahrnehmen kann und gleichzeitig die volle Kontrolle über die darauf gespeicherten Daten bietet? Leistungsstarke Systeme zu niedrigen Preisen, ausgestattet mit vielversprechenden Verwaltungsoberflächen, führen schnell in Versuchung, selbst einen Server betreiben zu wollen.

Der sichere Betrieb eines Servers mit Anbindung ans Internet ist allerdings nicht so trivial, wie es auf den ersten Blick scheint. Es gibt viele Angriffspunkte, die sich bei unzureichend abgesicherten Systemen ausnutzen lassen. Solche Schwachstellen zu erkennen und diese Mängel zu beheben, sind für einen Laien keine leichte Aufgabe.

Wir werden uns in diesem Buch ausführlich mit der Einrichtung eines Servers auf Basis von FreeBSD 9 befassen, wobei wir uns zunächst mit dem Betriebssystem an sich beschäftigen, bevor wir uns dann Schritt für Schritt dem Ziel – einem umfangreich ausgestatteten System mit Webserver, Mailserver und einigem mehr – nähern werden. Die Systemsicherheit und die Vermittlung des nötigen Hintergrundwissens werden dabei nicht zu kurz kommen.

Voraussetzungen

Um mit diesem Buch erfolgreich arbeiten zu können, musst Du ein paar Voraussetzungen erfüllen. Zwar werden wir uns auch mit Grundlagen- und Hintergrundwissen befassen, wir werden aber nicht bei null anfangen.

Die wichtigste Voraussetzung ist, dass Du Lust hast zu lernen. Die Anleitungen in diesem Buch sind nicht dafür geeignet stur abgetippt zu werden. Etwas Eigeninitiative und Mitdenken sind gefordert.

Bei FreeBSD handelt es sich um ein quelloffenes, UNIX-artiges Betriebssystem, das naturgemäß ausschließlich über die Konsole – die sogenannte Shell – gesteuert wird. Es ist daher hilfreich, wenn Du bereits Erfahrung im Umgang mit einer solchen Shell hast, und sei es auch nur die Eingabeaufforderung von Microsoft Windows.

Den größten Nutzen wirst Du aus diesem Buch ziehen, wenn Du ein System hast, auf dem Du die in diesem Buch enthaltenen Anleitungen selbst in die Praxis umsetzen kannst. Um möglichst sorgenfrei und komfortabel experimentieren zu können, empfehle ich Dir, unsere Schritte in einer virtuellen Maschine lokal auf Deinem PC nachzuvollziehen, selbst wenn manche Dienste dann nur eingeschränkt getestet werden können.

> **Hinweis:** Einige Befehle in diesem Buch werden verwendet, ohne im Detail erklärt zu werden. Solltest Du einmal mehr dazu erfahren wollen, kannst Du jederzeit mithilfe des Aufrufs
>
> ```
> # man <BEFEHL>
> ```
>
> die Befehlsreferenz aufrufen, wobei `<BEFEHL>` der Befehl ist, für den Du Dich interessierst.

Typografie

In diesem Buch folgt die Typografie dem nachfolgenden Schema, um Dir das Lesen und schnelle Auffinden von Informationen innerhalb des Textes zu erleichtern.

Befehle und Inhalte von Dateien sind wie folgt dargestellt, wobei Befehlen zur Abgrenzung von Dateiinhalten eine Raute (#) vorangestellt ist:

```
# echo "Hallo Welt"
```

Platzhalter sind Textelemente, die Du durch Deine eigenen Werte ersetzen musst. Diese sind in spitzen Klammern, z. B. `<IP-ADRESSE>`, oder **fett** geschrieben, je nachdem, ob konkrete Beispielwerte sinnvoll sind oder nicht. An der einen oder anderen Stelle werde ich explizit darauf hinweisen; im weiteren Verlauf dieses Buchs werde ich diese Vorgehensweise jedoch als selbstverständlich voraussetzen.

Abschnitte innerhalb des Textes, die nicht im Inhaltsverzeichnis aufgeführt sind, sind wie folgt dargestellt und dienen der Übersichtlichkeit im Text:

vi beenden

Links und zusätzliche Ressourcen, die für den aktuellen Abschnitt lesenswert sind, werden jeweils am Ende wie folgt dargestellt:

Admins haften: http://serverzeit.de/FreeBSD/admins-haften/

Für die Konfiguration diverser Dienste (beispielsweise eines Mailservers oder Webservers) ist eine Domain hilfreich oder gar erforderlich. In den Konfigurationsdateien wird regelmäßig der Platzhalter example.com (engl. »Beispiel«) verwendet. Diese Domain ist von der IANA speziell für Dokumentationszwecke reserviert.

---

example.com: http://www.example.com/

IANA: http://www.iana.org/

Online-Hilfe

Einige Konfigurationen in diesem Buch sind umfangreicher als andere. Da die meisten Fehler beim Abtippen passieren, stelle ich Dir alle Konfigurationen vollständig und kommentiert online zum Herunterladen zur Verfügung. Neben jedem Kapitel findest Du einen Shortlink und einen sogenannten QR-Code, die Dich ohne Umwege direkt auf die richtige Seite leiten. Die QR-Codes lassen sich mit verschiedenen Tools auslesen.

Du kannst die URL auch von Hand aufrufen. Diese setzt sich jeweils aus der Short-URL »http://srvzt.de«, dem Buchstaben »k« und der Nummer des Kapitels zusammen. Die folgende URL verweist auf die Seite zu Kapitel 9.1.1:

http://srvzt.de/k9.1.1

> **Hinweis:** Es sind nur die Kapitel referenziert, die auch einen QR-Code neben der Überschrift haben.

http://serverzeit.de/

Das ist die Adresse zur Webseite zum Buch. Diese bietet Dir auch die Möglichkeit, Fragen zu einzelnen Kapiteln zu stellen, denn Du sollst etwas lernen, und ohne Nachfragen fällt es oft schwerer. Falls sich in einem Kapitel ein Fehler eingeschlichen haben sollte, findest Du dort dann auch entsprechende Hinweise und Ergänzungen.

1 Eine Einführung

1.1 Was bedeutet es, Administrator zu sein?

Als »Administrator« (auch »Superuser«) wird im Bereich der Systemverwaltung derjenige Benutzer bezeichnet, der für die Wartung und Pflege des Netzwerks und seiner Komponenten verantwortlich ist.

Aufgrund seiner Funktion und der damit verbundenen Aufgaben hat er unbeschränkten Zugriff auf sämtliche Systeme und trägt daher eine besondere Verantwortung, die leider zu oft unterschätzt wird.

In diesem Buch befassen wir uns mit der Betreuung lediglich eines Systems, Du wirst aber schnell feststellen, dass mit der Anzahl der darauf laufenden Dienste (der sog. Daemons) der Pflegeaufwand drastisch ansteigt.

In vielen Internetforen, die sich mit der Betreuung von Servern befassen, existieren zahlreiche Themen, in denen Anfänger banale Fragen stellen, die deutlich machen, dass sie sich mit der Materie nicht oder nicht ausreichend auseinandergesetzt haben, aber bereits »am offenen Herzen operieren«.

Diese Leichtsinnigkeit ist nicht nur ein Risiko für sämtliche Systeme, die sich im gleichen Netzwerk (zum Beispiel dem Internet) befinden, sondern kann sich auch schnell als finanzielles Fiasko für den Eigentümer entpuppen, was viele allerdings nicht wahrhaben wollen.

Wurde ein Server erst einmal kompromittiert (und im günstigsten Fall rechtzeitig vom Provider gesperrt), ist das Gejammer meist groß. Die Kosten, um das System wieder in einen funktionsfähigen Zustand zu versetzen, ohne dabei einen Datenverlust zu erleiden, sind dabei nicht zu unterschätzen, selbst dann, wenn eine Datensicherung existiert.

Bevor wir uns nun näher mit FreeBSD und dem spannenden Thema System-wartung beschäftigen, möchte ich noch eine Ermahnung an Dich richten:

Ratschlag: Falls Du nicht bereit bist, einen (Groß-)Teil Deiner Freizeit mit Lernen und regelmäßiger Systempflege zu verbringen, solltest Du Dich von dem Gedanken verab-schieden einen eigenen Server zu betreiben.

Stattdessen empfiehlt es sich in diesem Fall, einen Dienstleister zu finden, der diese Arbeit für Dich übernimmt, oder Deine Anforderungen zu überdenken und gege-benenfalls zurückzuschrauben.

Admins haften: http://serverzeit.de/FreeBSD/admins-haften/

Root und kein Plan: http://www.root-und-kein-plan.ath.cx/

1.2   Warum FreeBSD?

 FreeBSD gehört zu einem der besten und zuverlässigsten Server-betriebssysteme, was durch Statistiken zu Webseiten mit den niedrigsten Ausfallzeiten verdeutlicht wird. Hier liegt FreeBSD regelmäßig auf Platz 1, und dennoch – betrachten wir einmal den deutschen Servermarkt – fällt auf, dass FreeBSD von nur wenigen Anbietern für ihre Server angeboten oder gar beworben wird.

Dies hat mehrere Ursachen, unter anderem die, dass Linux als Sinnbild für quelloffene Betriebssysteme verwendet wird und somit einen höheren Bekannt-heitsgrad genießt. Hinzu kommt, dass aufgrund seiner Verbreitung im Desktop-Bereich eine gewisse Vertrautheit bei Einsteigern besteht.

Die geringere Verbreitung von FreeBSD auf Servern, die für private Zwecke genutzt werden, hat allerdings auch einen technischen Hintergrund.

Auf virtuellen Servern, die oft als Einstiegssysteme von »Neulingen« gewählt werden, ist – je nach eingesetztem Virtualisierungsverfahren – die Verwendung eigener Systemkerne (sog. Kernel) und damit der Betrieb von Nicht-Linux-Syste-men auf dem Host nicht möglich.

Im Falle von dedizierten Servern liegt die geringere Verbreitung eher an dem aus Anbietersicht gefühlt niedrigeren Interesse und dem damit als unnötig emp-fundenen Aufwand, Installationsroutinen anzupassen. Oft fehlt es aber auch ein-fach an entsprechend geschultem Personal. Dennoch haben sich mittlerweile große deutsche Anbieter dazu entschlossen, ihren Kunden auch FreeBSD zur Installation anzubieten.

Für die Wahl von FreeBSD als Betriebssystem sprechen – abgesehen von dem sehr umfangreichen Handbuch, das in viele Sprachen übersetzt ist – vor allem die teils einzigartigen Eigenschaften. Wie sich diese im Einzelnen bemerkbar machen, wirst Du im Laufe dieses Buch noch erfahren.

- FreeBSD ist **konsistent** aufgebaut und somit strikt in Basissystem und Zusatzsoftware getrennt, was die Systempflege und den Einstieg in die UNIX-Welt erheblich vereinfacht.
- Mit dem sogenannten **Portssystem** steht ein sehr umfangreicher Katalog an Software zur Verfügung (über 22.000 Ports).
- Es gibt nur **ein FreeBSD** und keine Vielzahl an Distributionen, die alle unterschiedlich zu bedienen sind.
- Mit **Jails**, einer Art Weiterentwicklung von chroot, lässt sich ein FreeBSD-System ohne Virtualisierungsoverhead in mehrere isolierte Subsysteme unterteilen.
- Das vom OpenBSD-Projekt adaptierte Firewallsystem **pf** ist ein sehr leistungsfähiges und gleichzeitig einfach zu konfigurierendes Sicherheitsfeature.

Gerade der erste Punkt ist für Dich wichtig, wenn Du zuvor noch nicht oder wenig mit *NIX-Systemen gearbeitet hast, die alle einer ähnlichen Verzeichnisstruktur folgen.

Ob alle diese Punkte auch von Dir als Vorteil wahrgenommen werden, wirst Du nach dem Durcharbeiten dieses Buchs selbst entscheiden können, da wir alle angesprochenen Punkte gemeinsam behandeln werden.

Netcraft Ltd.: https://ssl.netcraft.com/ssl-sample-report/CMatch/oscnt_all

The FreeBSD Project: http://www.freebsd.org/

FreeBSD Handbuch: http://freebsd.org/doc/de/books/handbook/

1.3   Das Ziel dieses Buchs

Wie ich im vorherigen Abschnitt bereits verraten habe, verfügt FreeBSD über ein hervorragendes Handbuch, und auch die meiste Software, die wir in diesem Buch betrachten werden, ist sehr gut dokumentiert.
    Dem Problem, dass Dokumentationen oft lediglich eine Auflistung an Konfigurationsparametern darstellen, wird auf zahlreichen Webseiten mit schrittweisen Anleitungen (sog. Tutorials oder How-To's) begegnet.
    Prinzipiell wäre damit bereits alles irgendwo schriftlich festgehalten und müsste lediglich nachgelesen werden. Leider werden in diesen Anleitungen sehr oft nur einzelne Aspekte betrachtet, also entweder wie ein Webserver konfiguriert oder ein Datenbank-Server aufgesetzt wird. Welche Überlegungen sich der Autor aber zum gesamten Systemaufbau gemacht hat, geht dabei oft verloren.
    Zudem sind solche Anleitungen häufig unvollständig und eher als Notizen für den Autor gedacht. Ein sicheres System kann allerdings nur mit einem Kon-

zept entstehen, da sonst blind Programme installiert werden, die vermutlich gar nicht benötigt werden und somit ein gewisses Risiko für die Systemsicherheit darstellen.

Das Ziel dieses Buchs ist es daher zum einen, diese Mängel zu beseitigen und Dir eine Sammlung durchgängiger Anleitungen in die Hand zu geben. Zum anderen wollen wir an geeigneter Stelle über den Tellerrand hinaus blicken, sodass Du etwas über die Hintergründe und das Drumherum erfährst.

1.4   Neuerungen in FreeBSD 9

 Die Version 9 ist das nächste große Release von FreeBSD und bringt neben Geschwindigkeitsverbesserungen, verbesserter Hardwareunterstützung (beispielsweise USB 3.0) und Fehlerbehebungen auch einige neue Funktionen mit. Da vermutlich nicht alle für Dich relevant sind, stelle ich Dir nur die interessantesten kurz vor.

> **Hinweis:** Eine vollständige Auflistung der Neuerungen findest Du in den Release-Notes auf der Webseite von FreeBSD.

1.5   Der neue Installer

Der bisherige grafische Installer sysinstall wurde durch eine Neuentwicklung mit dem Namen bsdinstall ersetzt. Dieser hat weniger Abhängigkeiten, ist erweiterbar und lässt sich leicht automatisieren. Zudem bringt er einige neue Funktionen mit, die mit sysinstall nur schwer zu realisieren gewesen wären.

Das neue Installationsprogramm bietet beispielsweise die Unterstützung von GUID-Partitionstabellen (kurz: GPT). Diese haben gegenüber den klassischen Master Boot Records einerseits den Vorteil, dass sie sich bei Beschädigungen leichter wiederherstellen lassen, da sie zweimal auf der Festplatte hinterlegt sind. Andererseits unterstützen GPT-Partitionen Festplatten mit einer Größe von bis zu 8192 Exabyte (entspricht 8.589.934.592 Terabyte), die sich in bis zu 128 Partitionen aufteilen lassen.

Wie der neue Installer aussieht und funktioniert, sehen wir im nächsten Kapitel, wenn wir FreeBSD installieren.

1.6   High Availability Storage

Der High Availability Storage (kurz: HAST) ist eine der spannendsten Neuerungen in FreeBSD 9. Hierbei handelt es sich um einen Hochverfügbarkeitsspeicher, der auf einer Client/Server-Architektur beruht.

Vergleichbar mit einem RAID1 über ein Netzwerk, schickt der Server Schreibzugriffe an den konfigurierten und verfügbaren Client. Fällt nun der Server aus oder treten Lese- bzw. Schreibfehler auf, übernimmt der Client die Rolle des Servers.

Am sinnvollsten ist der Einsatz von HAST in Verbindung mit UCARP, das die Nutzung einer gemeinsamen IP-Adresse auf mehreren Systemen erlaubt und so die schnelle Neuverteilung der Rollen im Netzwerk ermöglicht.

Hinweis: HAST unterstützt derzeit jeweils nur einen Client.

Bei der Implementierung von HAST wurde darauf geachtet, dass bestehende Programme nicht speziell für den Einsatz in Verbindung mit diesem Speichersystem angepasst werden müssen. Nach der erfolgreichen Konfiguration gibt sich HAST als Festplatte zu erkennen und lässt sich an jeder beliebigen Stelle im Dateisystem einhängen.

HAST: http://wiki.freebsd.org/HAST

UCARP: http://www.ucarp.org/project/ucarp

1.7   Ressourcenbeschränkungen

Eine Funktion, auf die lange gewartet wurde, ist die Beschränkung der Ressourcenverwendung von Prozessen, Benutzern, Jails etc. Die bisherigen Lösungen hatten entweder Schwächen in der Handhabung oder waren nicht so flexibel wie gewünscht.

Mit den neuen Ressourcencontainern (kurz: RCTL) sind die alten Lösungen Geschichte. RCTL speichert Beschränkungen und für deren Anwendung erforderliche Kriterien in einer zentralen Datenbank. Die darin enthaltenen Datensätze beschreiben, ab wann und für wen oder was die definierten Grenzen gelten sollen. Neue Regelsätze können auch zur Laufzeit definiert werden, ohne dass ein Neustart des zu überwachenden Prozesses oder ein Abmelden des betroffenen Benutzers nötig ist. Besonders interessant ist der Einsatz in Verbindung mit Jails, den wir später noch kennenlernen werden.

RCTL: http://wiki.freebsd.org/Hierarchical_Resource_Limits

1.8   Kernel-Dumps auf andere Systeme

Mit der Version 9 hält auch Netdump Einzug in FreeBSD. Netdump ist ein Framework, mit dessen Hilfe sich im Falle von Kernelfehlern Speicherabbilder (sogenannte Dumps) auf ein entferntes System übertragen lassen.

Diese Abbilder sind bei der Fehleranalyse und Ursachenforschung interessant und sollten nicht verloren gehen. Gerade bei verteilten Systemen oder für Netzwerkkomponenten, die ohne großen Festplattenspeicher auskommen müssen (beispielsweise Router oder Firewalls), ist diese Funktion sehr hilfreich.

Netdump: http://permalink.gmane.org/gmane.os.freebsd.current/128178

1.9   Das Sandbox-Framework Capiscum

Capiscum ist ein vergleichsweise junges Framework zur Isolation von Prozessen. Hier wird nicht nur das Basisverzeichnis verlegt, so wie das beim weitverbreiteten chroot der Fall ist, es können auch Speicherbereiche und der Zugriff auf Systemkomponenten beschränkt werden.

Der Nachteil an Capiscum ist allerdings, dass es Anpassungen an der zu beschränkenden Software erfordert. Es ist jedoch zu erwarten, dass in naher Zukunft immer mehr Programme eine optionale Unterstützung hierfür bereithalten werden, da das Framework ab FreeBSD 9 Bestandteil des Systems ist.

Capiscum: http://www.cl.cam.ac.uk/research/security/capsicum/

2 FreeBSD installieren

FreeBSD ist ein quelloffenes Betriebssystem und kann kostenfrei von dessen Projekt-Webseite bezogen werden. Sollte Deine Internetverbindung nicht schnell genug sein, kannst Du es Dir auch auf DVD bestellen und Dir diesen Datenträger auf dem Postweg zustellen lassen.

Die neue Installationsroutine von FreeBSD ab Version 9 heißt bsdinstall und gestaltet die Installation noch leichter als das bisherige sysinstall. Dennoch wirft die erste Installation meist ein paar Fragen auf, weshalb wir uns die einzelnen Schritte gemeinsam ansehen wollen.

Wir starten unser Zielsystem, also beispielsweise einen Server oder eine virtuelle Maschine, von unserem FreeBSD-Installationsmedium. Anschließend meldet sich das Installationsprogramm von FreeBSD und bittet um unsere Mithilfe.

Schritt 1: Installation starten

Zunächst müssen wir auswählen, ob wir FreeBSD installieren möchten, in die Shell wechseln, um beispielsweise Festplattentreiber nachzuladen, oder die Live-CD nutzen wollen, um Reparaturen an einer bestehenden Installation vorzunehmen. Da wir FreeBSD erst noch installieren müssen, wählen wir den ersten Punkt.

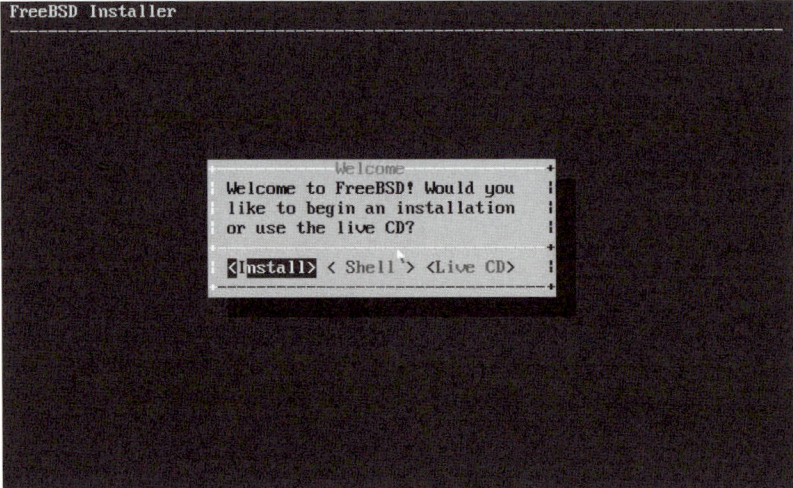

Schritt 2: Tastaturlayout auswählen

Im zweiten Schritt werden wir gefragt, mit welchem Tastaturlayout wir arbeiten möchten. Solltest Du mit einer deutschen Tastatur arbeiten, ist das Layout »German ISO-8059-1« das richtige; falls Du eine Schweizer Tastatur verwendest, sollte »Swiss-German ISO-8859-1« das richtige Layout sein.

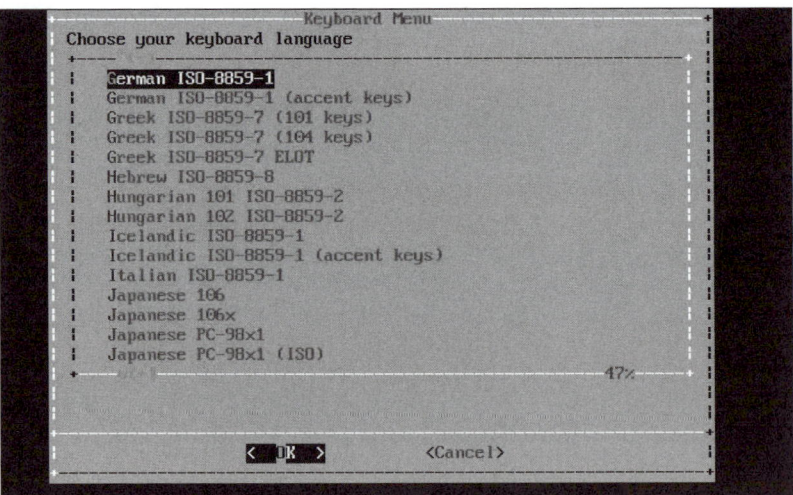

Schritt 3: Hostnamen festlegen

Anschließend werden wir aufgefordert, den Namen des Systems anzugeben. Dieser ist frei wählbar, sollte aber ein vollständig qualifizierter Domainname sein, also beispielsweise host.example.com.

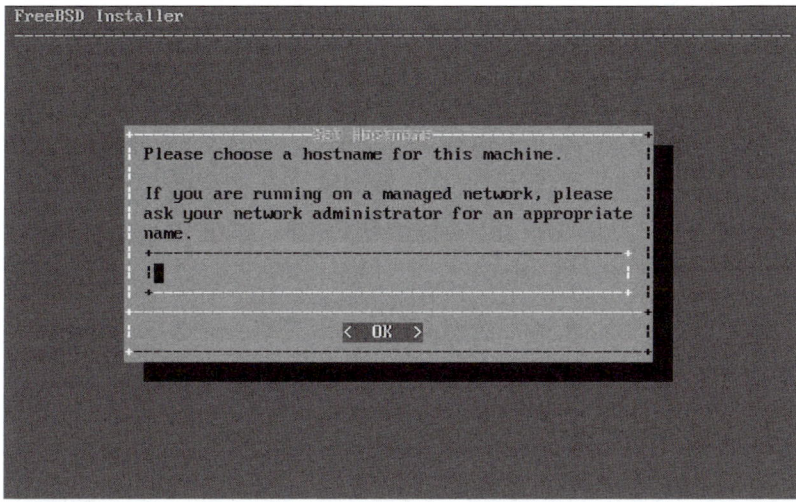

Schritt 4: Optionale Komponenten auswählen

Der Installer bietet uns nun an, verschiedene optionale Komponenten zu installieren. Zu diesen Komponenten zählen zusätzliche Dokumentationen, Spiele, 32-Bit-Bibliotheken, die wir nur benötigen, falls wir kein 64-Bit-System verwenden, der Portstree und der Quellcode von FreeBSD. Wir wählen vorerst nur den Portstree.

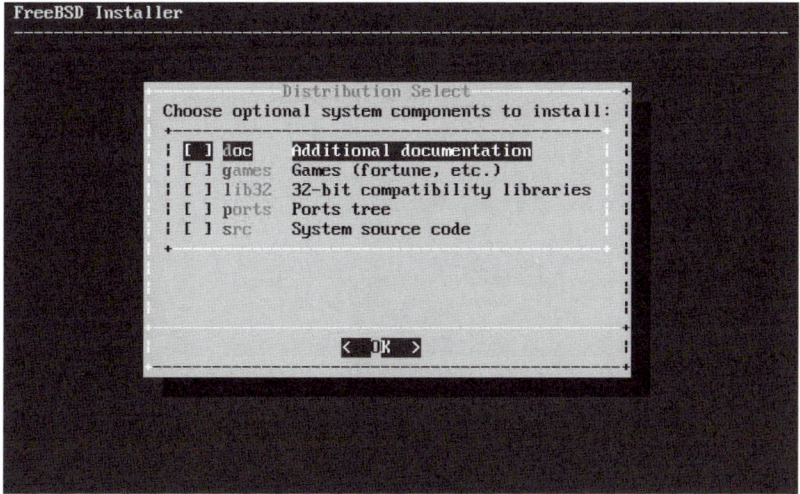

Schritt 5: Partitionierungsverfahren auswählen

Nun müssen wir festlegen, wie wir unsere Zielfestplatte partitionieren wollen. Für Anfänger empfiehlt sich die geführte (engl. »guided«) Methode. Falls spezielle Konfigurationen erforderlich sind, stehen die manuelle Partitionierung und der Zugriff auf die Shell zur Verfügung. Die letzten beiden Optionen sind auch dann hilfreich, wenn ein Dateisystem verwendet werden soll, das von `bsdinstall` nicht unterstützt wird. Wir entscheiden uns für die Anfängervariante.

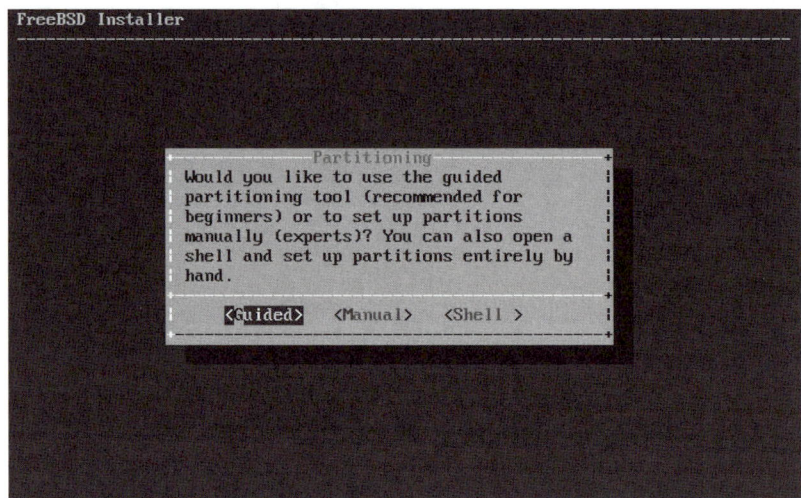

Schritt 6: Ziel-Partition auswählen

Um die erste Installation möglichst einfach zu gestalten, entscheiden wir uns bei der Wahl der Ziel-Partition für die gesamte Festplatte (engl. »Entire Disk«). Beachte aber, dass in diesem Fall alle Daten von dieser gelöscht werden.

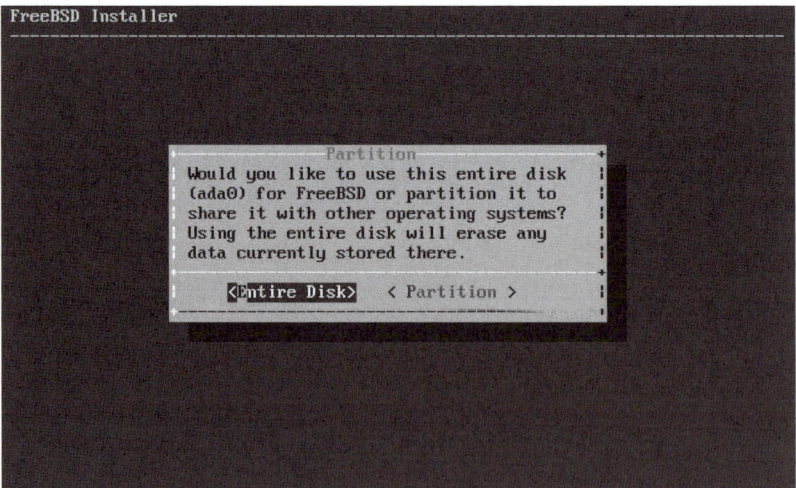

Schritt 7: Löschen der Festplatte bestätigen

Aus Sicherheitsgründen müssen wir das Löschen der Daten bestätigen. Solltest Du auf einem System installieren, das bereits andere Systeme parallel bereitstellt, musst Du unbedingt sicherstellen, dass Du das richtige Ziel auswählst.

Schritt 8: Partitionen und Einhängepunkte definieren

Nun können wir noch festlegen, wie groß die einzelnen Partitionen sein sollen. Das Installationsprogramm schlägt uns bereits eine Aufteilung vor, wir können diese allerdings nach Belieben verändern. Für den Anfang belassen wir es bei den Vorschlagswerten.

Die Partition vom Typ *freebsd-boot* enthält für den Start des Systems erforderliche Daten. Die Partition vom Typ *freebsd-ufs* enthält die FreeBSD-Installation, und die Partition vom Typ *freebsd-swap enthält* den SWAP-Speicher, der zur Auslagerung von Daten aus dem Arbeitsspeicher dient.

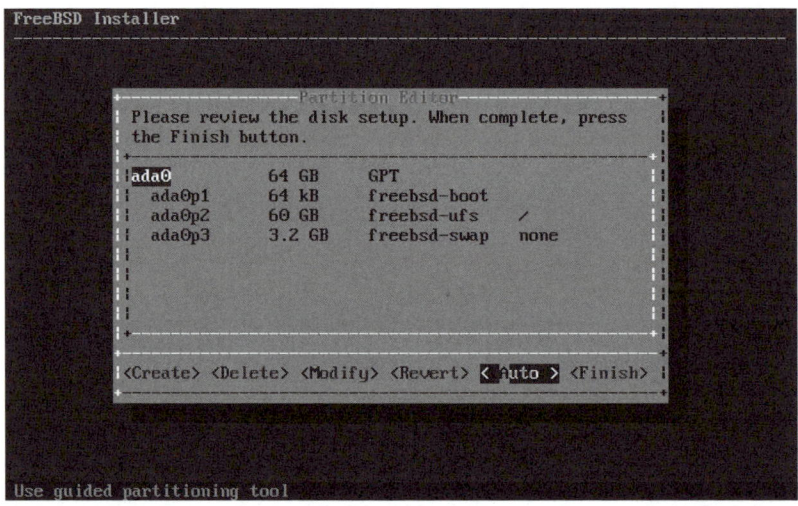

Schritt 8.1: Partitionierungsoptionen festlegen

Beim Anlegen einer Partition können wir verschiedene Optionen auswählen, beispielsweise können wir den TRIM-Befehl aktivieren, falls wir FreeBSD 9 auf einer SSD installieren, oder aber auch Softupdates aktivieren, die wir für Dateisystem-Snapshots benötigen (siehe dazu das Kapitel 10, »Daten sichern«).

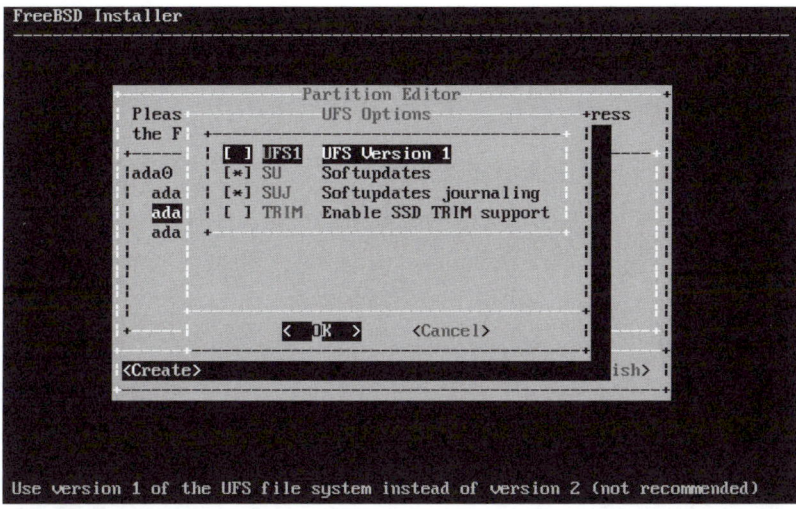

Schritt 9: Partitionierung bestätigen

Die gewählten Einstellungen müssen wir nun noch bestätigen. Anschließend beginnt der Kopiervorgang.

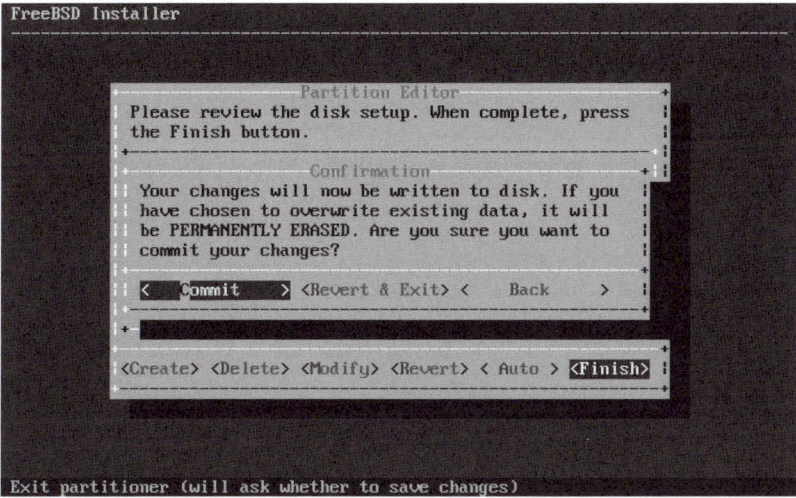

Schritt 10: Installationsfortschritt

Während des Installationsprozesses wird der Kopierfortschritt grafisch dargestellt.

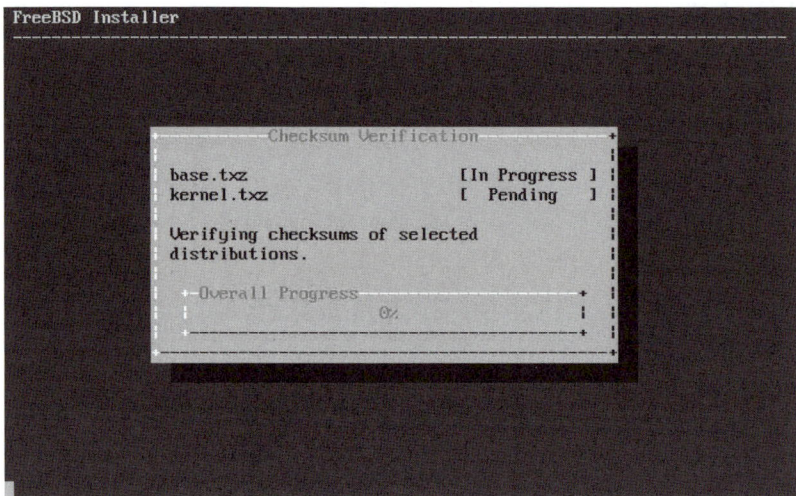

Schritt 11: root-Passwort festlegen

Sobald der Kopiervorgang abgeschlossen ist, müssen wir das Passwort des Superusers root festlegen.

Schritt 12: Zu konfigurierende Netzwerkkarte auswählen

Nun haben wir die Möglichkeit, unsere Netzwerkkarte zu konfigurieren. Hierfür wählen wir einfach die entsprechende Schnittstelle aus.

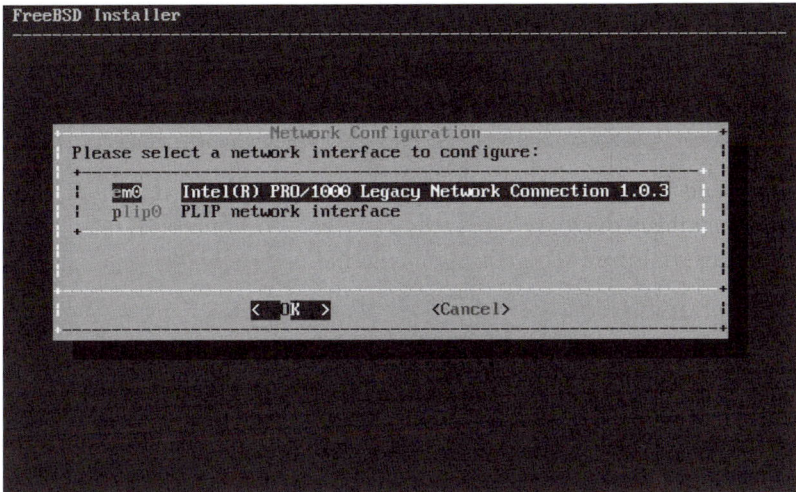

Schritt 13: IPv4 für die gewählte Schnittstelle konfigurieren

Der neue Installer `bsdinstall` unterstützt IPv4 und IPv6, weshalb wir gefragt werden, ob wir IPv4 konfigurieren wollen. Sollte Dein System in ein IPv4-Netz eingebunden sein (IP-Adresse im Format xxx.xxx.xxx.xxx), beantworte diese Frage mit Ja.

Schritt 14: Adressbezug über DHCP versuchen

Falls in Deinem Netzwerk ein DHCP-Server aktiv ist und dieser Deinem System eine IP-Adresse zuweisen soll, erlaube bsdinstall, die Netzwerkdaten für Dein System zu beziehen.

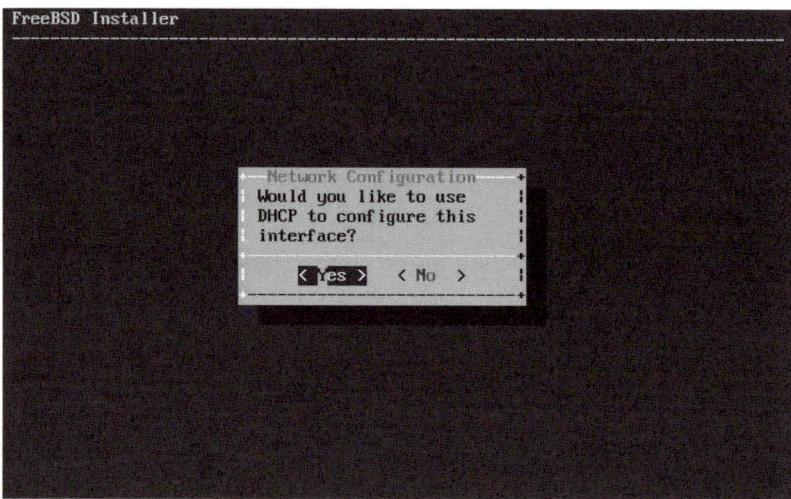

Schritt 15 und 16: IPv6 konfigurieren

Ist Dein System in ein IPv6-Netz integriert, kannst Du dem FreeBSD-Installer erlauben, die Konfiguration vorzunehmen.

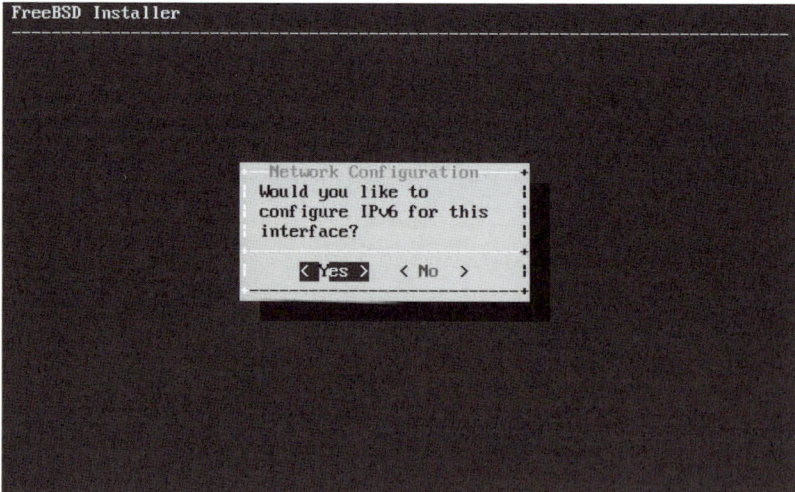

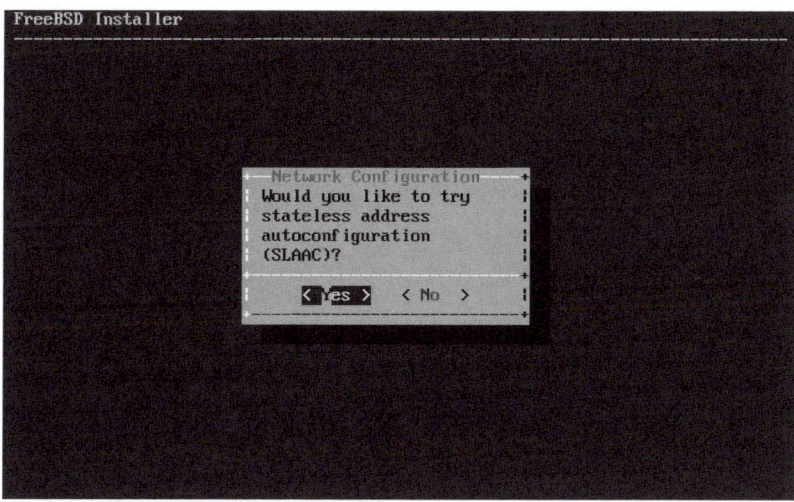

Schritte 17 bis 20: Zeitzone des Systems festlegen

Um die Serverzeit richtig einzustellen, müssen wir die Zeitzone angeben. Falls die Systemuhr nicht auf UTC eingestellt ist, müssen wir hier mit Nein antworten.

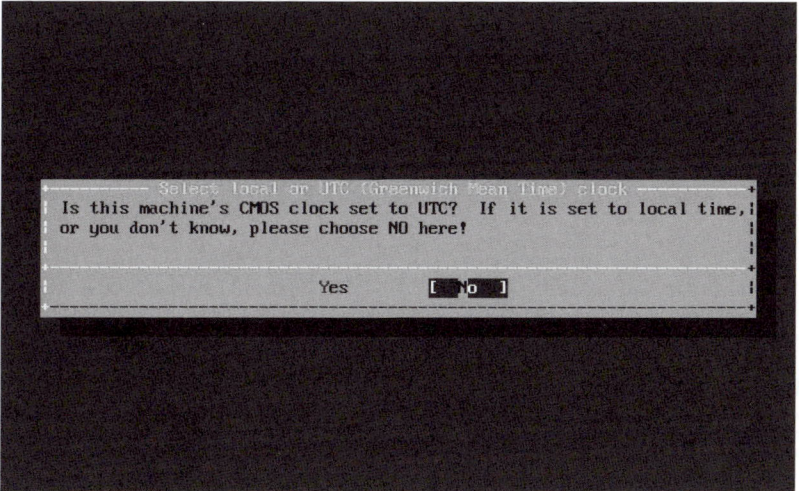

Als Region wählen wir nun Europa aus, um die nachfolgende Länderauswahl einzuschränken.

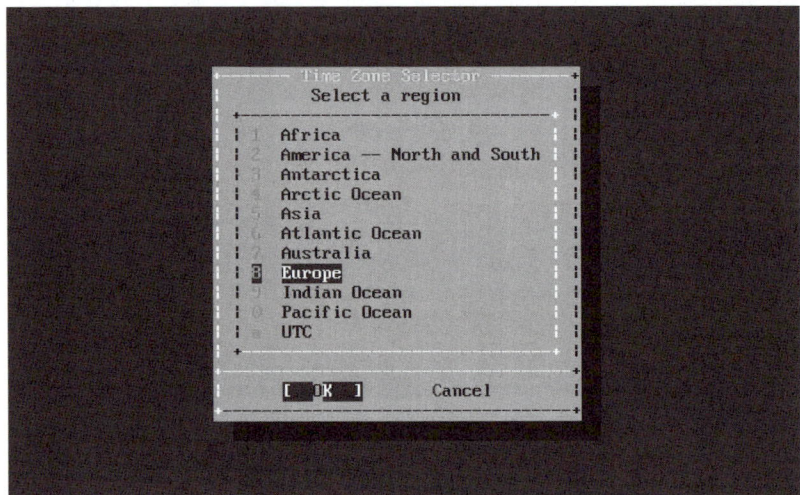

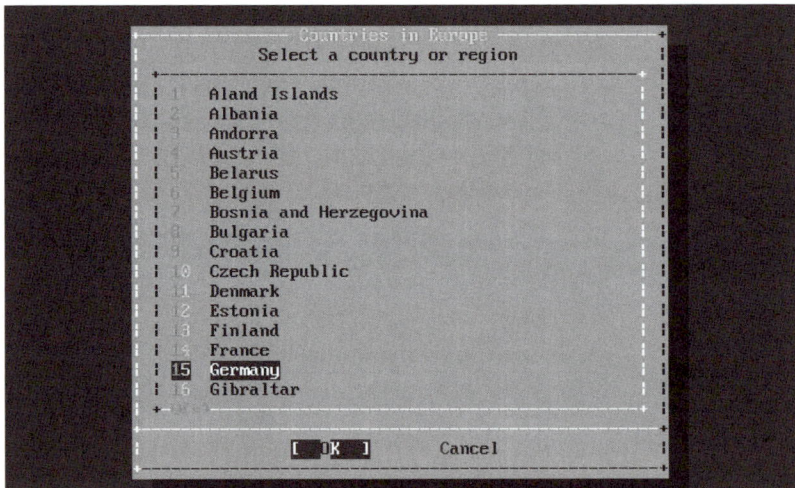

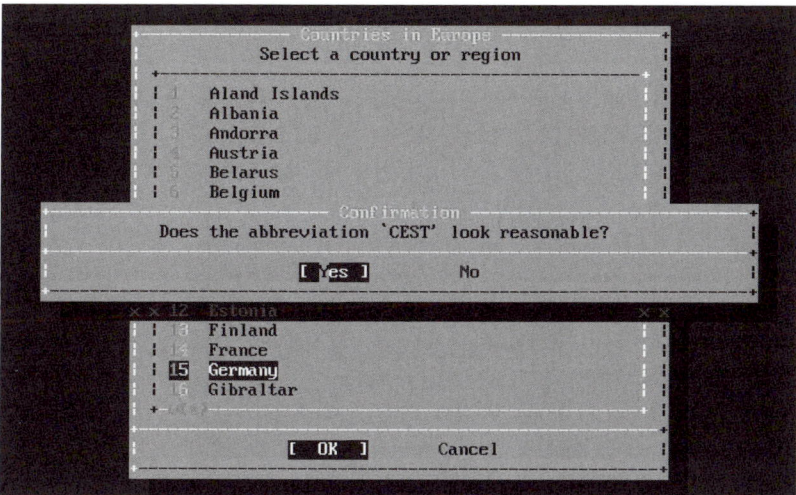

Schritt 21: SSH beim Systemstart starten

Serversysteme werden in der Regel aus der Ferne über eine Netzwerkverbindung gepflegt und administriert. Auf UNIX-artige Systeme wird zum Großteil mithilfe der Secure Shell (kurz: SSH) zugegriffen. Daher wählen wir in der Liste der beim Systemstart zu startenden Dienste den SSH-Daemon aus.

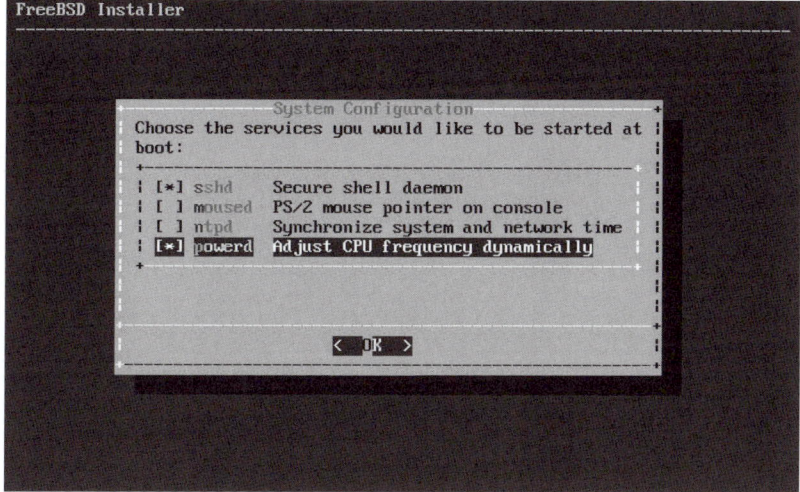

Schritt 22 und 23: Weitere Systembenutzer hinzufügen

Dieser Schritt ist vor allem dann wichtig, wenn Du das System per SSH administrieren wirst. Bisher existiert im System nur der obligatorische Benutzer root, FreeBSD erlaubt allerdings die Anmeldung dieses Benutzers aus Sicherheitsgründen per SSH nicht. Wir müssen daher einen weniger privilegierten Benutzer anlegen, der Superuser-Rechte erlangen kann.

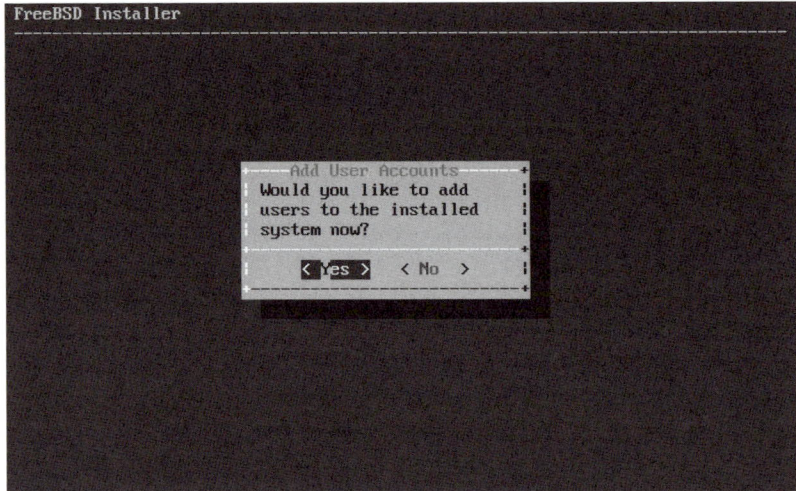

Hierzu ist es wichtig, dass der neue Benutzer in die Gruppe wheel eingeladen wird (Frage 4). Wie Du den Benutzer nennst, ist dabei Dir überlassen. Bei den übrigen Fragen sind die Vorgaben in der Regel korrekt.

```
Full name: NAME
Uid (Leave empty for default):
Login group [BENUTZER]:
Login group is BENUTZER. Invite BENUTZER into other groups? []: wheel
Login class [default]:
Shell (sh csh tcsh nologin) [sh]: tcsh
Home directory [/home/BENUTZER]:
Home directory permissions (Leave empty for default):
Use password-based authentication? [yes]:
Use an empty password? (yes/no) [no]:
Use a random password? (yes/no) [no]:
Enter password:
Enter password again:
Lock out the account after creation? [no]:
Username   : BENUTZER
Password   : *****
Full Name  : NAME
Uid        : 1001
Class      :
Groups     : BENUTZER wheel
Home       : /home/BENUTZER
Home Mode  :
Shell      : /bin/tcsh
Locked     : no
OK? (yes/no): 
```

Schritt 24 und 25: Installationsroutine verlassen

Sobald der Benutzer angelegt wurde, können wir den Installationsprozess beenden und den ersten Start ins neue System bestätigen.

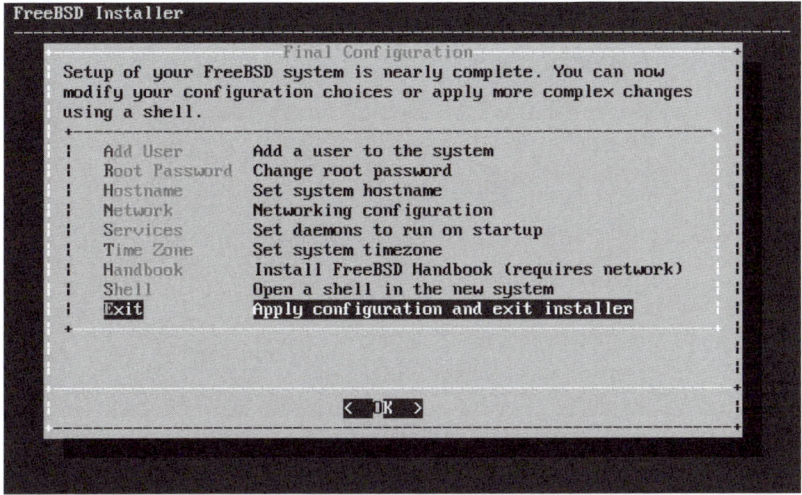

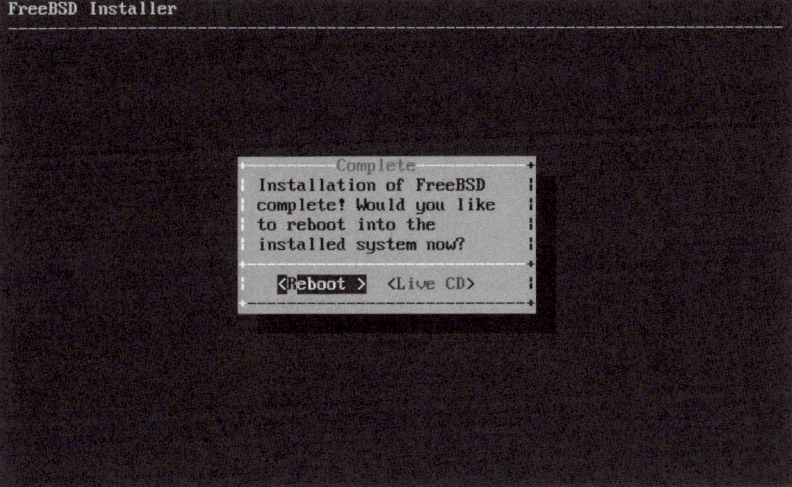

Zusammenfassung

Nach dem Neustart haben wir ein frisch installiertes FreeBSD 9 vor uns und können nun damit beginnen, es an unsere Bedürfnisse anzupassen. Falls Du ein virtuelles System verwendest, empfehle ich Dir, in regelmäßigen Abständen ein Backup anzufertigen, um im Notfall zum letzten funktionsfähigen Zustand zurückkehren zu können.

3 Erste Schritte im neuen System

3.1 Arbeiten mit dem Server

Nachdem wir die Installation von FreeBSD gemeistert haben, können wir uns nun daranmachen, das System zu konfigurieren, und ihm die Aufgaben zuweisen, die es in Zukunft für uns erledigen soll.

Wie ich Dir während der Installation bereits verraten habe, erlaubt die Standardkonfiguration von sshd unter FreeBSD die Anmeldung mit dem Superuser root nicht. Dafür haben wir einen normalen Systembenutzer angelegt, der der Gruppe wheel angehört, sodass wir mit dem Befehl su in den Superuser-Modus wechseln können. Eine Alternative zu su, sudo, lernen wir in diesem Kapitel ebenfalls kennen.

FreeBSD wird – wie Linux-Systeme auch – über die Konsole (auch Shell genannt) gesteuert. Grafische Oberflächen wie Gnome oder KDE haben auf einem Server nichts verloren, da sie unnötig Ressourcen verbrauchen bzw. ein Sicherheitsrisiko darstellen können. Um uns die Arbeit mit der Konsole so angenehm wie möglich zu gestalten, werden wir später unsere Shell etwas anpassen.

Ein erster Schritt wird nun sein, uns mithilfe eines SSH-Clients mit dem Server zu verbinden. Für Microsoft Windows gibt es den sehr guten Client PuTTY, unter Mac OS und Linux ist ein SSH-Client bereits installiert.

Mit folgendem Befehl stellen wir unter Mac OS oder Linux eine SSH-Verbindung zu unserem frisch installierten Server her:

```
# ssh -p <PORT> <USER>@<HOST>
```

Der Teil -p <PORT> ist dabei optional. Wenn Du den Parameter -p weglässt, wird automatisch der Standard-SSH-Port 22 verwendet. Im Laufe dieses Buchs werden wir diesen Port ändern. Dann wird dieser Parameter für Dich an Bedeutung gewinnen.

<USER> musst Du durch den Namen des neu angelegten Benutzers und <HOST> durch die IP-Adresse bzw. Domain des Servers ersetzen. Falls Du PuTTY verwendest, musst Du diese Angaben in die erforderlichen Felder der Eingabemaske eintragen.

War der Verbindungsaufbau schließlich erfolgreich, wirst Du aufgefordert, Dein Passwort einzugeben. Während der Eingabe ändert sich die Eingabezeile nicht, was viele beim ersten Mal verwundert. Tatsächlich handelt es sich aber um ein Sicherheitsfeature, da ein Zuschauer auf diese Weise nicht sehen kann, wie lang Dein Passwort ist.

PuTTY: http://www.putty.org/

3.2   Das richtige Passwort

 Die Wahl des richtigen Passworts gehört zu den Kernelementen eines Sicherheitskonzepts. Oft ist das Passwort einerseits zwar leicht zu merken, andererseits aber dadurch auch leicht zu erraten.

Es gibt aber auch Passwörter, die zwar nicht leicht zu erraten, oft aber so kompliziert sind, dass sie aufgeschrieben werden müssen, um nicht vergessen zu werden: Das stellt allerdings wieder ein Sicherheitsrisiko dar.

Absolut empfehlenswert ist daher der Einsatz einer Passwort-Verwaltungssoftware wie beispielsweise KeePass. So musst Du Dir nur ein Passwort merken (und das muss entsprechend komplex sein).

Um ein Passwort zu erstellen, das gut zu merken, gleichzeitig aber auch ausreichend komplex ist, gibt es einen einfachen Trick. Überlege Dir einen einfachen Satz, einen Vers oder ein Zitat, beispielsweise »Ein Hut, ein Stock, ein Regenschirm.«.

Als Passwort verwendest Du nun einfach die Anfangsbuchstaben der einzelnen Wörter sowie die Satzzeichen. Damit ergibt sich in diesem Beispiel folgendes Passwort: EH,eS,eR.

Dabei gilt: je länger der Satz, desto sicherer das Passwort.

Hinweis: KeePass bietet Dir die Möglichkeit, komplexe Passwörter zu generieren.

KeePass: http://keepass.info/

3.3   Die Verzeichnisstruktur von FreeBSD

Im Einleitungskapitel habe ich bereits auf die Konsistenz von
FreeBSD hingewiesen. Diese wird deutlicher, wenn wir uns die
Verzeichnisstruktur auszugsweise ansehen.

/boot

Hier liegen der Kernel und die Dateien, die für den Systemstart erforderlich sind.
Später werden wir uns hier speziell die Datei `loader.conf` näher ansehen, mit
deren Hilfe wir den Bootprozess beeinflussen können. Verwechsle dieses Verzeichnis nicht mit der Partition vom Typ *freebsd-boot*.

/root

Dies ist das Verzeichnis des Benutzers root, der auf allen UNIX-artigen Systemen
den Superuser darstellt.

/bin

In diesem Verzeichnis liegen Systemprogramme, die von allen Benutzern und
natürlich von root ausgeführt werden können, beispielsweise das Programm zum
Wechseln von Verzeichnissen: `cd`.

/sbin

Dieses Verzeichnis beherbergt sämtliche Systemprogramme, die nur vom Benutzer root ausgeführt werden können.

/lib

In diesem Verzeichnis sind gemeinsame Systembibliotheken abgelegt.

/var

Dies ist der Ort, an dem Prozesse und Programme Log-Dateien (`/var/log`) und
sogenannte »Prozesssperren« (.pid-Dateien) ablegen (`/var/run`).

/etc

Systemkonfigurationsdateien werden in diesem Verzeichnis abgelegt. Besonders
wichtig ist unter FreeBSD die zentrale Steuerungsdatei `/etc/rc.conf`, in der unter
anderem die zu startenden Dienste oder auch der Hostname definiert werden.

/rescue

Sollte eine FreeBSD-Installation reparaturbedürftig sein, findest Du in diesem Verzeichnis Programme, die Dir bei der Fehlerbeseitigung helfen. Diese sind so kompiliert, dass sie auch auf beschädigten Installationen ausgeführt werden können.

/tmp

In diesem Verzeichnis werden temporäre Dateien abgelegt. Verwechsle dieses Verzeichnis nicht mit der Partition vom Typ *freebsd-swap*, die lediglich für die Auslagerung von Daten aus dem Arbeitsspeicher verwendet wird.

/usr

Unterhalb dieses Verzeichnisses werden Benutzerdaten abgelegt, die unabhängig vom Basissystem sind (Applikationen, Homeverzeichnisse etc.).

/usr/home

Hier liegen die Verzeichnisse der Systembenutzer (außer das von root). Ein System-Link zeigt von /home/ auf /usr/home/.

/usr/lib, /usr/bin, /usr/sbin

Dies sind die Äquivalente zu ihren Namensvettern des Basissystems, allerdings sind diese nicht für das Basissystem relevant.

/usr/local

In diesem Verzeichnis wird Zusatzsoftware abgelegt, beispielsweise der Webserver oder Datenbankserver etc.

/usr/local/lib, /usr/local/bin, /usr/local/sbin

Auch diese Verzeichnisse sind gleichbedeutend mit ihren Namensvettern, allerdings sind diese für installierte Anwendungen und Dienste relevant (z. B. Webserver).

/usr/local/etc

Hier liegen die Konfigurationsdateien der installierten Applikationen (vgl. /etc/).

Handbuch: http://freebsd.org/doc/de/books/handbook/dirstructure.html

3.4   Die Editoren »vi« und »ee«

FreeBSD wird mit zwei Texteditoren ausgeliefert: vi und ee. Da
wir sehr viele Dateien bearbeiten werden, sollten wir uns mit diesen Werkzeugen vertraut machen. Deren Bedienung schauen wir
uns daher nachfolgend kurz an.

3.4.1   vi

vi ist der wohl bekannteste Editor für die Konsole. Zwar ist er sehr leistungsfähig, allerdings ist die Bedienung etwas gewöhnungsbedürftig. Daher gebe ich Dir
hier einen kurzen Überblick über die wichtigsten Befehle.

Um eine Datei mit vi zu öffnen, reicht der folgende Befehl:

```
# vi <DATEINAME>
```

vi öffnet Dateien standardmäßig im Lesemodus. Um den Änderungsmodus zu
aktivieren, drückst Du einfach die Taste a. Um diesen Modus wieder zu verlassen,
musst Du die ESC-Taste drücken.

> **Hinweis:** <ESC> bzw. <ENTER> sind hier keine Eingaben, sondern Tastenbezeichnun-
> gen Deiner Tastatur.

Befehle in vi beginnen immer mit einem Doppelpunkt. Folgende Befehle sind fürs
Erste von Bedeutung:

vi beenden

```
:q <ENTER>
```

vi beenden und Änderungen speichern

```
:wq <ENTER>
```

vi beenden und Änderungen verwerfen

```
:q! <ENTER>
```

In diesem Buch werde ich – so weit wie möglich – den Editor ee verwenden, da
mir die Bedienung besser gefällt. Das ist allerdings Geschmacksache und nicht
wirklich relevant.

---

vi-Cheatsheet: http://www.lagmonster.org/docs/vi.html

3.4.2   ee

Um eine Datei in ee zu öffnen, verwenden wir die gleiche Syntax wie auch bei vi:

```
# ee <DATEINAME>
```

ee öffnet Dateien dabei automatisch im Schreibmodus. Der Vorteil von ee ist, dass im oberen Bereich permanent eine Befehlsübersicht eingeblendet ist. Das Dach (^) vor dem Kürzel steht dabei für die Taste STRG.

ee beenden

```
<ESC> <ENTER>
```

Wurden Änderungen vorgenommen, fragt ee beim Beenden nach, ob diese gespeichert werden sollen oder nicht.

ee beenden und Änderungen speichern

```
<ESC> <ENTER> <ENTER>
```

ee beenden und Änderungen verwerfen

```
<ESC> <ENTER> b <ENTER>
```

Alternativ kannst Du auch einfach den Aufforderungen auf dem Bildschirm folgen, denn ee hat ein Menü-System, das sich über Tastenbefehle gut bedienen lässt.

3.5   »sudo« – weil es nicht immer root sein muss

> **Hinweis:** In diesem Kapitel greife ich bereits etwas voraus. Es kommen Dinge zur Sprache, die Dir im Moment vielleicht noch nicht viel sagen. Gegebenenfalls kannst Du dieses Kapitel daher überspringen und zu einem späteren Zeitpunkt durcharbeiten.

 Systemweite Einstellungen kann aufgrund des Sicherheitskonzepts von FreeBSD nur der Benutzer root vornehmen. Regelmäßig als Superuser zu arbeiten ist allerdings nicht ratsam. Es kann aber natürlich Situationen geben, in denen die Nutzung von mehr als einem Benutzer mit root-Rechten sinnvoll oder gar erforderlich ist, beispielsweise dann, wenn ein Benutzer die Berechtigung haben soll, den Webserver neu zu starten, nicht aber das gesamte System.

Um mit einem normalen Systembenutzer Änderungen an Konfigurationsdateien vornehmen zu können, was ihm grundsätzlich untersagt ist, gibt es das Tool sudo. Der Name dieses Programms ist die Kurzfassung von »substitute user do«, was so viel wie »Tu es als jemand anderes« – in der Regel als Superuser – bedeutet.

Dieses Tool ermöglicht es einem normalen Systembenutzer, Befehle mit root-Rechten auszuführen, ohne dabei root sein oder dessen Passwort kennen zu müssen. Mit sudo ist es möglich, diese Berechtigungen auf bestimmte Befehle einzuschränken.

sudo ist in einem Standard-FreeBSD-System nicht installiert, daher müssen wir das jetzt nachholen.

> **Hinweis:** Bis zu diesem Zeitpunkt haben wir uns noch nicht angesehen, wie Software auf einem FreeBSD-System installiert wird. Falls Du es nicht schon weißt, lies Dir bitte Kapitel 6, »Software installieren«, durch.

Der Portname von sudo lautet security/sudo. Dieser kann mithilfe des folgenden Befehls installiert werden:

```
# cd /usr/ports/security/sudo && make install clean
```

sudo konfigurieren

sudo wird mithilfe des sudo-Editors visudo konfiguriert, der – wie der Name bereits verrät – genauso bedient wird wie vi selbst. Mit folgendem Befehl öffnen wir die Konfigurationsdatei von sudo und passen die Einstellungen so an, dass unser normaler Systembenutzer <USER>-Befehle mit root-Rechten ausführen kann:

```
# visudo -f /usr/local/etc/sudoers
```

Die folgende Zeile bewirkt, dass der Benutzer <USER> sämtliche Befehle ohne Eingabe seines Passworts mit root-Rechten ausführen darf:

```
<USER> ALL = (ALL) NOPASSWD: ALL
```

Falls Du einem Benutzer nur gestatten willst, einen ganz bestimmten Befehl mit root-Rechten auszuführen, dann kannst Du folgende Zeile als Vorlage verwenden:

```
<USER> ALL = NOPASSWD: <PFAD/ZUM/PROGRAMM>
```

Den absoluten Pfad zu dem Programm kannst Du mithilfe des folgenden Befehls ermitteln:

```
# whereis <PROGRAMM>
```

Was aber tun, wenn Du nicht nur einem Benutzer entsprechende Rechte einräumen willst, sondern eine ganze Benutzergruppe mit root-Rechten per sudo ausstatten willst? In diesem Fall folgst Du der gleichen Syntax, stellst dem Gruppennamen allerdings ein Prozentzeichen voran, um den Namen als Gruppenname zu identifizieren.

```
%<GRUPPE> ALL = (ALL) NOPASSWD: ALL
```

Mitglieder der Gruppe <GRUPPE> können nun jeden Befehl mit den Rechten des Superusers ausführen, indem sie dem Aufruf einfach sudo voranstellen.

```
# sudo <BEFEHL>
```

Falls Dich das ewige Voranstellen von sudo nervt, kannst Du auch einfach in eine temporäre root-Shell ähnlich su wechseln, indem Du

```
# sudo -s
```

ausführst.

Abb. 3–1   *Quelle: http://xkcd.com/149/*

Hinweis: Sofern nicht anders angegeben, werden in diesem Buch sämtliche Arbeiten am Server mit root-Rechten durchgeführt. Ob Du dabei mit sudo, su oder sudo -s arbeitest, ist egal.

3.6   Die Shell anpassen

 Die Shell oder auch Konsole ist die Arbeitsumgebung eines Benutzers auf dem Server. Sie unterstützt beim Navigieren durch das System und kann viele Informationen bereithalten, die Dir die Arbeit erleichtern. Da jeder Benutzer anders arbeitet, lässt sich auch eine Shell an individuelle Bedürfnisse anpassen.

Auf einem FreeBSD-System sind bereits mehrere Shells installiert und stehen uns zur freien Verfügung. Jeder Benutzer kann selbst wählen, welche er verwenden möchte. Mein Favorit ist die tcsh.

Im ersten Schritt passen wir unseren Prompt an. Das ist der Teil, mit dem die Eingabezeile beginnt. Ich werde mir meinen tcsh-Shell-Prompt wie folgt konfigurieren.

Für den normalen Benutzer:

```
<HOST> <UHRZEIT> <PFAD> >
```

Für root:

```
[R] <HOST>:<PFAD> #
```

`<HOST>` zeigt mir den Hostnamen des Systems an, `<UHRZEIT>` steht logischerweise für die aktuelle Zeit, und `<PFAD>` wird durch den Pfad ersetzt, in dem ich mich gerade befinde. Das `[R]` deutet darauf hin, dass ich gerade als root arbeite.

Die Shell wird über eine Konfigurationsdatei mit dem Namen `.tcshrc` im Homeverzeichnis des jeweiligen Benutzers gesteuert. Diese Datei existiert in Deinem Homeverzeichnis noch nicht, Du kannst aber die Datei `.cshrc` aus dem Wurzelverzeichnis (nicht `/root`) als Vorlage verwenden, in das Homeverzeichnis Deines Benutzers kopieren und in `.tcshrc` umbenennen.

> **Hinweis:** Achte darauf, dass die Datei von dem betreffenden Benutzer gelesen werden kann. Falls Du nicht weißt, wie man das macht, lies Dir bitte jetzt Kapitel 4.2, »Das Berechtigungsmodel«, durch.

Um den Prompt (engl. »Eingabeaufforderung«) entsprechend anzupassen, suchen wir in der Datei `.tcshrc` Deines Homeverzeichnisses die Zeile

```
if ($?prompt) then
```

und schreiben eine der folgenden Zeilen in eine neue Zeile darunter.

Für den normalen Benutzer:

```
set prompt = "%B%m%b %t %~ %> "
```

Für root:

```
set prompt = "%B[R] %m:%~ %# "
```

Zusätzlich solltest Du die Tastenbelegung für die ENTF-Taste ändern. Standardmäßig erzeugt diese Taste eine Tilde (~). Um dies in das erwartete Verhalten zu ändern – sodass ENTF das Zeichen löscht, das vor dem Cursor steht – suche folgende Zeile in der Datei `.tcshrc`:

```
if ( $?tcsh ) then
```

Trage in diesen `if`-Block die folgende Anweisung ein:

```
bindkey ^[[3~ delete-char
```

Um die Übersichtlichkeit der Konsole zu verbessern und die Navigation in der Verzeichnisstruktur zu erleichtern, kannst Du folgende Parameter setzen, die die Ausgabe einfärben und Pfadangaben mithilfe der Tabulator-Taste automatisch vervollständigen.

```
set autolist
set color
set colorcat
```

Eine weitere sehr nützliche Funktion von Shells sind die sogenannten Aliase. Mit deren Hilfe lassen sich lange, teils komplexe Anweisungen verkürzen.

Ein Beispiel: Der Befehl `ls` listet unter anderem den Inhalt eines Verzeichnisses auf. `ls` hat aber einige Parameter, die die Ausgabe erheblich anschaulicher gestalten können. Der Befehl

```
# ls -G
```

listet dabei den Inhalt des aktuellen Verzeichnisses auf und bereitet ihn farblich auf. Über einen Alias können wir nun erreichen, dass `ls` immer `ls -G` ausführt.

Einen Alias anzulegen, ist sehr einfach. Auch hierfür bearbeiten wir die Datei `.tcshrc` im Homeverzeichnis des betreffenden Benutzers und tragen folgende Zeile ein, wobei die Syntax für andere Aliase übernommen werden kann.

```
alias ls ls -G
```

Aus Sicherheitsgründen empfiehlt es sich, einen weiteren Parameter in die `tcsh`-Konfiguration einzutragen, nämlich `savehist`. Dieser Parameter gibt an, ob die Historie Deiner Eingaben bis zum nächsten Anmelden gespeichert werden soll oder nicht. Diesen Parameter setzt Du wie folgt unter die `set prompt`-Anweisung:

```
set savehist = 0
```

Anschließend müssen wir unserem Benutzer die `tcsh`-Shell als neue Standard-Shell zuweisen. Das geht am einfachsten mit folgendem Befehl, den Du als der Benutzer ausführen musst, für den die Änderung vorgenommen werden soll:

```
# chsh -s tcsh
```

Bei der nächsten Anmeldung wird die neue Konfiguration geladen und Du kannst Deine neue Shell begutachten.

3.7   SSH absichern

SSH ist der Dienst, über den wir uns von jedem Ort aus mit dem Server verbinden und ihm Befehle erteilen können. Aus diesem Grund ist er immer wieder Ziel von Angriffen, um die Zugangsdaten von Systembenutzern oder gar von root zu erraten, womit erheblicher Schaden angerichtet werden könnte.

Daher müssen wir ein besonderes Augenmerk auf die Sicherheit dieses Dienstes richten. Wir müssen aber zwischen gefühlter und tatsächlicher Sicherheit unterscheiden.

3.7.1   Gefühlte Sicherheit erhöhen

Um den SSH-Daemon gefühlt sicherer zu machen, ändern wir den Port, auf dem er lauscht. Standardmäßig ist das der Port 22. Da das aber nun einmal bekannt ist, wissen Bösewichte, welchen Port sie zu attackieren haben.

Viele Attacken sind keine gezielten Angriffe und werden in Fachkreisen daher als »Netzrauschen« bezeichnet. Dabei handelt es sich primär um einfache Programme, die mithilfe von Wörterbüchern ganze IP-Bereiche auf verwundbare SSH-Instanzen untersuchen.

Eine einfache Möglichkeit diesen Scannern aus dem Weg zu gehen, ist das Ändern des sshd-Ports. Gegen gezielte Angriffe ist dies allerdings kein Schutz, da es ein Leichtes ist, den korrekten Port herauszufinden.

> **Hinweis:** Falls Du den Port nicht ändern willst, solltest Du Dir in Kapitel 7, »Die Firewall konfigurieren – Spezielle pf-Konfigurationen«, das Tool ssh-guard anschauen. Es hilft Dir dabei, Brute-Force-Attacken zu erkennen und abzuwehren.

Um den Port nun zu ändern, bearbeiten wir die Konfigurationsdatei von sshd und ändern den Parameter Port von 22 auf einen Wert unserer Wahl. Wir sollten aber darauf achten, dass wir keinen Port verwenden, den eine später von uns eingesetzte Software belegt.

```
# ee /etc/ssh/sshd_config
```

Vorher:

```
Port 22
```

Nachher:

```
Port 4711
```

Es kann sein, dass der Parameter Port mit einer vorangestellten Raute (#) kommentiert ist. Diese musst Du natürlich entfernen, um den Standardport zu überschreiben. Ich habe hier als Beispiel den Port 4711 gewählt.

3.7.2   Tatsächliche Sicherheit erhöhen

Da wir nun schon die Konfigurationsdatei im Editor geöffnet haben, ändern wir noch weitere Parameter, die die Sicherheit von sshd erhöhen.

Im ersten Schritt sollten wir noch die IP-Adresse angeben, auf der sshd lauschen soll. Das erhöht zwar nicht direkt die Sicherheit, wird uns aber im weiteren Verlauf die eine oder andere Fehlermeldung ersparen, wenn wir weitere IP-Adressen hinzufügen.

Dafür ändern wir den Parameter ListenAddress auf

```
ListenAddress <IP-ADRESSE>
```

wobei Du <IP-ADRESSE> durch die IP-Adresse ersetzen musst, unter der Dein Server erreichbar ist.

Der Parameter PermitRootLogin sollte bereits auf no stehen. Das sollte auch so bleiben. Damit verhinderst Du, dass sich root per SSH anmelden kann.

Ein Parameter, den Du unbedingt anpassen solltest, ist AllowUsers. Diesem kannst Du einen Benutzernamen oder eine durch Leerzeichen getrennte Liste von Benutzernamen übergeben. Mithilfe von AllowUsers kannst Du festlegen, welche Benutzer sich per SSH auf Deinem System anmelden dürfen.

```
AllowUsers <BENUTZER1> <BENUTZER2>
```

> **Hinweis:** Es gibt auch einen Parameter AllowGroups. Dieser hat genau die gleiche Funktion wie AllowUsers; hier gibst Du logischerweise statt einzelner Benutzer ganze Benutzergruppen an.

Nachdem Du die Änderungen gespeichert hast, musst Du sshd neu starten, was der folgende Befehl bewirkt. Da sshd unter FreeBSD als Systembestandteil betrachtet wird, befinden sich die Konfigurationsdateien im Systembereich unter /etc/ und nicht unter /usr/local/etc/.

```
# /etc/rc.d/sshd restart
```

Solltest Du Änderungen an der Konfiguration dieses Dienstes vornehmen, empfehle ich Dir, die aktuelle Verbindung aufrechtzuerhalten und in einer neuen Sitzung die geänderte Konfiguration zu testen. Die Änderungen sind nur für neue Sitzungen wirksam, sodass Du im Fehlerfall die Möglichkeit hast, Korrekturen vorzunehmen.

3.8   Zeitsynchronisation per NTP

NTP ist die Abkürzung für »Network Time Protocol«, ein Protokol, das zur Synchronisierung von Uhren – beispielsweise der Systemuhr unseres Servers – dient.

Auf einem Server ist die korrekte Systemzeit äußerst hilfreich und wichtig. Daher konfigurieren wir auf unserem Server einen NTP-Client, der die Systemzeit von einem externen Zeitserver bezieht.

> **Hinweis:** Du kannst auch selbst einen Zeitserver betreiben und für andere Systeme im Netzwerk bereitstellen. Dies ist allerdings nicht Teil dieses Buchs.

Wir werden unseren Server später mit mehreren IP-Adressen ausstatten und in mehrere »Untersysteme« (siehe Kapitel 8, »Arbeiten mit Jails«) aufteilen. Wir wollen dabei allerdings vermeiden, dass Dienste (sog. »Daemons«) sich an alle Adressen binden, die sie finden können.

Aus diesem Grunde installieren wir OpenNTPD, das nicht Bestandteil von FreeBSD ist. Es kann sich an eine einzige IP-Adresse – nämlich die unseres Loopback-Interface – binden.

> **Hinweis:** An dieser Stelle möchte ich Dich noch einmal auf Kapitel 6, »Software installieren«, verweisen.

Den OpenNTPD-Port `net/openntpd` kannst Du mithilfe des folgenden Befehls installieren:

```
# cd /usr/ports/net/openntpd && make install clean
```

Die Konfigurationsdatei für OpenNTPD, `ntpd.conf`, befindet sich im Verzeichnis `/usr/local/etc/` und muss von uns noch angepasst werden.

Zunächst binden wir diesen Dienst an unser Loopback-Interface `lo0`, dem standardmäßig die Adresse `127.0.0.1` zugewiesen ist.

```
listen on 127.0.0.1
```

Anschließend teilen wir OpenNTPD mit, von welchen Serverpools es regelmäßig die aktuelle Uhrzeit beziehen soll:

```
server0.de.pool.ntp.org
server1.de.pool.ntp.org
server2.de.pool.ntp.org
server3.de.pool.ntp.org
```

Die Konfigurationsdatei hat im Endeffekt folgenden Inhalt:

```
listen on 127.0.0.1
server0.de.pool.ntp.org
server1.de.pool.ntp.org
server2.de.pool.ntp.org
server3.de.pool.ntp.org
```

OpenNTPD korrigiert die Uhrzeit nicht, wenn die Abweichung zum Serverpool größer als 1000 Sekunden ist. Daher korrigieren wir die Uhrzeit einmalig manuell mit folgendem Befehl:

```
# /usr/sbin/ntpd -g -q
```

Nachdem die Uhrzeit nun korrekt ist, aktivieren wir OpenNTPD, sodass es auch beim Systemstart automatisch mit gestartet wird.

Wie ich bereits bei der Vorstellung der Verzeichnisstruktur erwähnt habe, ist die Datei `/etc/rc.conf` die zentrale Konfigurationsdatei von FreeBSD. Hier müssen wir nun auch OpenNTPD aktivieren, indem wir die folgende Zeile einfügen:

```
openntpd_enable="YES"
```

> **Hinweis:** Achte darauf, dass die Zeile keine Leerzeichen enthält, auch nicht zwischen »enable« und »=«, sonst wird das System den Parameter nicht interpretieren können.

Jetzt können wir OpenNTPD mit folgendem Befehl starten:

```
# /usr/local/etc/rc.d/openntpd.sh start
```

Wie bei fast allen Diensten kannst Du dessen aktuellen Status abfragen, indem Du den Parameter start durch status ersetzt:

```
# /usr/local/etc/rc.d/openntpd.sh status
```

OpenNTPD: http://www.openntpd.org/

3.9   E-Mails für root an ein Postfach weiterleiten

In regelmäßigen Abständen erstellt FreeBSD verschiedenste Berichte und schickt diese an den Benutzer root. Da wir über wichtige Ereignisse aber möglichst umgehend informiert werden möchten und Nachrichten nicht selbstständig vom Server abholen wollen, können wir alle Nachrichten an Systembenutzer an externe E-Mail-Adressen weiterleiten.

Diese Einstellungen nehmen wir in der Datei /etc/mail/aliases vor. In ihr wird definiert, wohin Nachrichten an den jeweiligen Alias umgeleitet werden sollen. Dort finden sich beispielsweise folgende Einträge:

```
(...)
# root: me@my.domain
MAILER-DAEMON: postmaster
postmaster: root
(...)
```

Diese besagen, dass Nachrichten an den Alias postmaster an root umgeleitet werden. Für root ist kein Alias definiert, weshalb E-Mails in das lokale Postfach zugestellt werden.

Wenn wir nun die Raute (#) vor root entfernen und me@my.domain durch unsere E-Mail-Adresse ersetzen, werden Nachrichten umgeleitet. Das sähe dann beispielsweise so aus:

```
(...)
root: benutzer@example.com
(...)
```

Bevor diese Weiterleitung allerdings aktiv wird, muss die Datei /etc/mail/aliases übersetzt werden. Das erreichen wir mithilfe des folgenden Befehls:

```
# newaliases
```

Anschließend sind diese Regeln aktiv. Von nun an werden E-Mails an root an die angegebene Adresse weitergeleitet.

3.10 Zusammenfassung

In diesem Kapitel hast Du Dich hoffentlich schon etwas mit FreeBSD und ein paar der mitgelieferten Werkzeuge vertraut gemacht. Den Aufbau eines Systems zu verinnerlichen ist essenziell. Im Störungsfall solltest Du wissen, wo Du suchen bzw. eingreifen musst.

Den Grundstein für ein sicheres System haben wir ebenfalls gelegt. Ein zentrales Einfallstor für Angreifer – den SSH-Daemon – haben wir bereits grundlegend abgesichert, und wir haben den Systembenutzer mit einem sicheren Passwort versehen.

Im nächsten Abschnitt werden wir uns weiter mit dem Thema Sicherheit, nämlich dem Berechtigungsmodell von FreeBSD, beschäftigen. Dieses kennst Du vielleicht bereits von anderen UNIX-artigen Systemen, die das gleiche Modell verwenden.

4 Erste Gedanken zur Sicherheit

Bevor wir uns Gedanken über den Aufbau unseres Systems machen, schauen wir uns ein paar Grundlagen bezüglich Benutzerverwaltung und Berechtigungen an. Um ein System sicher konfigurieren zu können, ist es entscheidend, das zugrunde liegende Berechtigungsmodell verstanden zu haben.

4.1 Die Benutzerverwaltung

Benutzer und Gruppen werden unter FreeBSD mit dem zentralen Tool pw beziehungsweise adduser verwaltet.

Um einen neuen Systembenutzer anzulegen, empfiehlt sich das Tool adduser, da es Dich in einer Art Assistent durch den Prozess führt. Dieses Werkzeug ist ziemlich selbsterklärend und kann einfach mithilfe des folgenden Befehls aufgerufen werden:

```
# adduser
```

Das Tool pw hat eine sehr einfache Syntax und eine sehr gute Benutzerführung. Falls Du bei der Syntax unsicher bist, kannst Du jederzeit einfach das Schlüsselwort help anhängen, und schon werden Dir alle Optionen angegeben.

```
# pw group help
```

ergibt demnach als Hilfestellung:

```
usage:
    pw group [add|del|mod|show|next] [help|switches/values]
```

Das Anlegen von Gruppen erledigen wir mit pw, wobei folgende Syntax verwendet wird:

```
# pw group add <GRUPPEN-NAME>
```

Wenn wir nun den Benutzer <BENUTZER> der Gruppe wheel hinzufügen wollen, verwenden wir folgenden Befehl:

```
# pw group mod wheel -m <BENUTZER>
```

> **Hinweis:** Während der Installation haben wir Deinen Systembenutzer der Gruppe wheel hinzugefügt. Diese Gruppe hat eine Sonderstellung auf einem FreeBSD-System, denn nur Benutzer, die dieser Gruppe angehören, können per su root-Rechte erlangen.

4.2   Das Berechtigungsmodell

 FreeBSD ist ein UNIX-artiges System und verwendet daher auch das leistungsfähige Berechtigungsmodell, das sich auf praktisch allen Systemen dieser Art wiederfindet.

Die Berechtigungen von Verzeichnissen und Dateien werden bei diesem Modell gerne in drei Zahlen, sogenannten »Oktalen«, ausgedrückt.

Das erste Oktal drückt die Berechtigung des direkten Besitzers (Systembenutzer) aus, das zweite Oktal die Berechtigung der besitzenden Gruppe und das dritte Oktal die Berechtigung aller anderen Systembenutzer, die nicht direkter Besitzer und nicht Mitglied in der besitzenden Gruppe sind.

Neben der Position des Oktals ist auch dessen Wert für die Berechtigungsdefinition entscheidend. Der Wert des Oktals ergibt sich dabei aus der Summe der einzelnen Berechtigungen, wobei jede Berechtigung durch einen eindeutigen Wert definiert ist.

Glücklicherweise unterstützt FreeBSD neben der oktalen Schreibweise eine leichter lesbare. Hierbei werden die Kürzel

r für **read** (engl. »lesen«),

w für **write** (engl. »schreiben«) und

x für **execute** (engl. »ausführen«)

verwendet (siehe auch die Spalte »Berechtigung« in der folgenden Tabelle), deren Kombination jeweils einer Stelle im Oktal-Set zugewiesen werden kann.

Um die korrekte Stelle im Oktal anzusprechen, werden die Kürzel

u für **User** (engl. »Benutzer«),

g für **Group** (engl. »Gruppe«),

o für **Others** (engl. »andere«) und

a für **all** (engl. »alle«)

verwendet, wobei »a« für »ugo«, also die Kombination aus allen, steht. Die Zuordnung erfolgt dabei mithilfe des Operators »=«, gefolgt von der Kombination aus Berechtigungskürzeln.

Das war jetzt etwas viel Theorie. Deutlicher wird das Ganze, wenn wir uns ein paar Beispiele und folgende Übersicht ansehen.

Oktal	Berechtigung	Beschreibung
0	- - -	keine Berechtigung
1	- - x	ausführen
2	- w -	schreiben
3	- w x	schreiben und ausführen
4	r - -	lesen
5	r - x	lesen und ausführen
6	r w -	lesen und schreiben
7	r w x	lesen, schreiben und ausführen

Diese Berechtigungen werden mit den beiden Systemtools chmod und chown vergeben. chmod ist dabei für das Setzen der Berechtigungen (Oktale) zuständig, chown für das Definieren der Besitzverhältnisse (Benutzer und Benutzergruppe).

> **Hinweis:** Du musst jetzt nicht die ganze Tabelle auswendig lernen. Es reicht, wenn Du Dir die Oktale für »Keine Berechtigung«, »Ausführen«, »Schreiben« und »Lesen« merkst. Alle anderen Kombinationen sind einfach die Summe aus den jeweiligen Oktalen. Demnach ist die Berechtigung für »Schreiben und Ausführen« die Summe aus 2 (= schreiben) und 1 (= ausführen), nämlich 3.

Anhand folgender Beispiele sollte das Ganze etwas klarer werden.

Zunächst ändern wir den Besitzer der Datei local.conf auf ftp, wobei die Berechtigung zunächst unverändert bleibt.

```
# chown ftp local.conf
```

Jetzt weisen wir die Datei local.conf dem Besitzer www und der Gruppe wheel zu.

```
# chown www:wheel local.conf
```

Nun ändern wir die Berechtigung des Benutzers www an der Datei local.conf auf »nur lesen«. Allen anderen entziehen wir den Zugriff komplett. Hierfür können wir entweder die oktale Schreibweise oder die Schreibweise mit Kürzeln verwenden.

```
# chmod 400 local.conf
```

entspricht:

```
# chmod u=r,go= local.conf
```

Es gibt auch die Möglichkeit, gezielt einzelne Berechtigungen hinzuzufügen. Um beispielsweise dem Besitzer zusätzlich zur bestehenden Berechtigung noch eine Schreibberechtigung zu geben, kannst Du folgenden Befehl verwenden:

```
# chmod u+w local.conf
```

Du solltest damit ein wenig experimentieren, um ein Gefühl für das Berechtigungsmodell zu bekommen. Wenn Du es einmal verstanden hast, ist es ganz leicht.

4.3   Der Systemaufbau in diesem Buch

 Um der Entwicklung, die wir in diesem Buch gemeinsam durchmachen werden, besser folgen zu können, sollten wir uns einen Augenblick Zeit nehmen und den von uns angestrebten Systemaufbau skizzieren.

FreeBSD bietet uns von Haus aus an, mithilfe von Jails verschiedene Dienste komplett voneinander zu trennen. Diese Möglichkeit werden wir in diesem Buch intensiv nutzen, da Jails einerseits die Sicherheit des Systems an sich erhöhen, wir dadurch aber auch Dinge ausprobieren und testen können, ohne Gefahr zu laufen, das gesamte System zu beschädigen.

Als »Host« werden wir in diesem Buch das Basissystem bezeichnen, das die Jails beherbergen wird und zu dem wir uns per SSH verbinden. Eine einzelne Jail bezeichnen wir als »Appliance«, worunter ein Systembestandteil verstanden wird, der eine bestimmte Aufgabe übernimmt.

Jede Jail wird ihre eigene interne IP-Adresse erhalten, über die sie vom Host aus erreichbar sein wird. Von außen werden die Dienste in den Jails nur mithilfe entsprechender Firewallregeln ansprechbar sein. Der Einfachheit halber werden wir die Kommunikation der Jails untereinander nicht einschränken. Eine Einschränkung ist allerdings in Produktivumgebungen mithilfe entsprechender Firewallregeln möglich und sinnvoll.

> **Hinweis:** Welcher Jail bzw. Appliance welche IP-Adresse zugewiesen wird, ist zu Beginn des entsprechenden Kapitels aufgeführt. Zwar kannst Du den IP-Bereich selbst wählen, im ersten Durchlauf empfehle ich Dir aber, meinen Vorgaben zu folgen, um eine gegebenenfalls erforderliche Fehlersuche zu vereinfachen.

4.4   Zusammenfassung

Falsch vergebene Berechtigungen sind eine häufige Ursache von Sicherheitslücken und Fehlfunktionen. Überspitzt ausgedrückt: Du kannst jede Sicherheitsvorkehrung durch falsch bzw. zu locker gesetzte Berechtigungen in Luft auflösen. Daher nochmals der Hinweis, dass die Berechtigung 777 nur zu Testzwecken, aber nicht dauerhaft verwendet werden sollte.

Aber damit nicht genug. Häufig sind Berechtigungen auch die Ursache für stundenlanges Kopfzerbrechen und Fehlersuchen. Wenn der MySQL-Benutzer beispielsweise nicht auf das Datenbankverzeichnis zugreifen darf, dann wird der MySQL-Server nicht starten können und unter Umständen keine oder unverständliche Fehlermeldungen ausgeben, was häufig zu verzweifelten Hilferufen in Mailinglisten und Internetforen führt.

5   Das System aktuell halten

Die Sicherheit eines Systems setzt sich aus zahlreichen Elementen zusammen, etwa aus dem Berechtigungsmodell, das wir uns bereits angesehen haben, aus einem sinnvollen Gesamtkonzept in Bezug auf die Aufteilung des Systems, aber natürlich auch aus der zeitnahen Schließung eventueller Sicherheitslücken durch Updates.

FreeBSD kennt eine Versionsnummer (beispielsweise 9.0) und ein Patchlevel. Stehen einige kleinere Korrekturen für eine Version zur Verfügung, werden diese in einer Patchsammlung veröffentlicht. Die Installation dieser Patches führt zu keinen gravierenden Änderungen, die die Funktionsweise des Systems gefährden könnten.

Wurden größere Umstellungen vorgenommen und Kernkomponenten von FreeBSD verändert oder aktualisiert, werden diese in einem eigenen Release veröffentlicht. In diesem Fall wird die Versionsnummer erhöht und das sogenannte Patchlevel wieder auf 0 gesetzt.

Wir können uns die Versionsnummer und das aktuelle Patchlevel unserer FreeBSD-Installation mithilfe des folgenden Befehls anzeigen lassen:

```
# uname -a
FreeBSD srv01.example.com 8.1-RELEASE-p5 FreeBSD 8.1-RELEASE-p5 #0: \
    Tue Sep 27 16:49:00 UTC 2011 root@amd64-builder.daemonology.net:
    /usr/obj/usr/src/sys/GENERIC  amd64
```

Demnach handelt es sich hierbei um ein FreeBSD 8.1, das sich auf dem Patchlevel 5 befindet. Installiert ist der GENERIC-Kernel auf einem 64-Bit-System.

Das Hostsystem aktuell zu halten ist unter FreeBSD dank des Programms freebsd-update ein Leichtes, sofern man den Standardkernel (sog. GENERIC) verwendet. Mithilfe von freebsd-update lässt sich FreeBSD per sogenanntem Binary-Update komfortabel aktualisieren.

5.1   System-Updates installieren

 Der Ablauf der Installation kleinerer System-Updates setzt sich aus zwei Schritten zusammen: dem Laden und dem Installieren. Der folgende Befehl prüft, ob Patches vorhanden sind:

```
# freebsd-update fetch
```

Wurden keine Updates gefunden, weist Dich ein kurzer Informationstext darauf hin. Stehen allerdings Änderungen zur Verfügung, werden diese heruntergeladen und Dir in einer langen Liste angezeigt.

Um die geladenen Änderungen letztendlich zu übernehmen, musst Du freebsd-update mit dem Parameter install aufrufen:

```
# freebsd-update install
```

Dieses Tool aktualisiert allerdings nur das Basissystem, also FreeBSD selbst. Zusätzlich installierte Software ist davon nicht betroffen.

> **Hinweis:** Abgesehen vom Basissystem muss freebsd-update auch später auf die Jails angewendet werden, sodass die Systemstabilität nicht gefährdet wird. Wie das funktioniert, ist in Kapitel 8, »Arbeiten mit Jails«, beschrieben.

Ein bemerkenswertes Feature von freebsd-update ist die Rollback-Funktion. Damit kann der Zustand des Basissystems zum Zeitpunkt vor dem Update wiederhergestellt werden:

```
# freebsd-update rollback
```

> **Achtung:** Dieser Befehl stellt lediglich die während des letzten Updates geänderten Systemdateien wieder her! Benutzerspezifische Daten (beispielsweise Webseiten) werden nicht berücksichtigt und müssen separat gesichert werden.

Nach einem Update oder Rollback sollte das System neu gestartet werden, um den gegebenenfalls neuen Kernel und veränderte Systembibliotheken neu zu laden bzw. die Änderungen rückgängig zu machen.

5.2   Release-Wechsel durchführen

 Wurde eine neue Version von FreeBSD veröffentlicht, sprechen wir von einem Release-Wechsel. Hierbei handelt es sich meist um größere Veränderungen und neue Funktionen, die das System grundlegend verändern können.

Der Ablauf eines solchen Release-Wechsels kann sich von Version zu Version unterscheiden, auch abhängig davon, von welcher Version der Wechsel ausgeht, also beispielsweise von 8.1 auf 9.0 oder von 8.1 auf 8.2.

Mit der Veröffentlichung einer neuen Version wird auch regelmäßig in den sogenannten Release-Notes eine detaillierte Anleitung zur Vorgehensweise bereitgestellt, die auf eventuelle Fallstricke hinweist. Aus diesem Grund werden wir uns einen Release-Wechsel hier nicht näher ansehen.

Ein Release-Wechsel kann unter FreeBSD ebenfalls mit dem Tool `freebsd-update` vorgenommen werden. Der Ablauf ist dabei sehr ähnlich zur bereits vorgestellten Vorgehensweise.

5.3 Zusammenfassung

Jetzt wissen wir, wie wir FreeBSD auf dem aktuellen Stand halten, aber noch viel wichtiger ist es, die installierte Software regelmäßig zu aktualisieren. Wie das geht, schauen wir uns im folgenden Kapitel an.

Handbuch: http://freebsd.org/doc/de/handbook/updating-freebsdupdate.html

6 Software installieren

Unter FreeBSD kann Software komfortabel auf zwei Wegen installiert werden: entweder mithilfe des Portstree, einem sehr umfangreichen Katalog an Kompilieranweisungen, oder mithilfe des Paketmanagers pkg, der vorkompilierte Softwarepakete installiert, wie es auch bei vielen Linux-Distributionen üblich ist.

Es steht noch ein dritter Weg zur Verfügung, sollte kein Port zu der von Dir gewünschten Software existieren. Dieser ist aber weniger komfortabel. In diesem Fall kannst Du entweder selbst einen Port erstellen oder aber den Quellcode »von Hand« kompilieren. Anweisungen hierzu liefert Dir in der Regel der Hersteller der jeweiligen Software.

6.1 Der Portstree

Der Portstree umfasst derzeit rund 22.000 Makefiles, also Kompilieranweisungen, die beschreiben, wie die Software kompiliert werden muss, um auf FreeBSD betrieben werden zu können. Zudem ist darin beschrieben, welche Schritte nötig sind, um das jeweilige Programm in das System zu integrieren (beispielsweise durch das Anlegen von Systembenutzern).

Bei so vielen Ports kann der Softwarekatalog schnell unübersichtlich werden. Glücklicherweise ist der Portstree sehr gut in zahlreichen Kategorien organisiert.

> **Hinweis:** Verwechsle bitte nicht Netzwerk-Ports bzw. IP-Ports mit FreeBSD-Ports.

6.1.1 Den Portstree installieren

Falls der Portstree nicht während der Systeminstallation installiert wurde, musst Du ihn gegebenenfalls nachträglich mithilfe des Tools portsnap installieren.

```
# portsnap fetch extract
```

Der Parameter `fetch` bewirkt, dass der Portstree geladen wird, und der Zusatz extract führt dazu, dass das Archiv direkt in /usr/ports entpackt wird.

6.1.2   Den Portstree aktualisieren

Der Portstree wird ständig aktualisiert und erweitert. Daher ist es wichtig, den Portstree regelmäßig zu aktualisieren. Denn nur mit einem aktuellen Portstree kannst Du feststellen, ob Updates für installierte Ports bereitstehen.

```
# portsnap fetch update
```

Dieser Befehl lädt alle Ports herunter, die sich seit der letzten Aktualisierung verändert haben.

6.1.3   Den Portstree durchsuchen

Der Portstree kann mit dem Tool `whereis` direkt in FreeBSD durchsucht werden. Die Syntax ist sehr einfach:

```
# whereis nginx
nginx: /usr/ports/www/nginx
```

Hierbei musst Du allerdings bereits wissen, wie der Port heißt, da `whereis` keine regulären Ausdrücke verarbeiten kann.

Ein anderes Tool ist `locate`. Mithilfe dieses Tools wird Dir eine Liste mit Dateien und Verzeichnissen ausgegeben, die den Suchbegriff im Namen enthalten. Das kann – je nach Port – allerdings etwas unübersichtlich werden.

```
# locate nginx
```

Ein sehr komfortables Werkzeug, das weit mehr als die reine Suche anhand des Namens bietet, ist die Webseite FreshPorts. Zwar betreibt auch die FreeBSD Foundation eine Webseite, die ähnliche Funktionen bietet, allerdings ist der Informationsgehalt von FreshPorts meines Erachtens etwas höher.

FreshPorts: http://www.freshports.org/

FreeBSD Ports Search: http://www.freebsd.org/cgi/ports.cgi

6.1.4   Ports installieren

Hast Du den Port Deiner Wahl gefunden, so verläuft die Installation bei fast jeder Software gleich, wobei zur Installation `make` genutzt wird.

Zunächst musst Du in das Verzeichnis des Ports wechseln. In meinem Fall ist das wieder das Verzeichnis des `nginx`-Ports:

```
# cd /usr/ports/www/nginx/
```

Anschließend können wir die Installation starten:

```
# make install clean
```

`make install` startet dabei die Installation, und der Zusatz `clean` weist `make` an, temporäre Dateien nach der Installation zu entfernen.

> **Hinweis:** Sofern nicht anders angegeben, muss `make` immer im Verzeichnis des gewünschten Ports ausgeführt werden.

Abhängig vom jeweiligen Port wird Dir ein Konfigurationsfenster angezeigt, über das Du optionale Parameter festlegen und so die Software an Deine Bedürfnisse anpassen kannst.

Nach jeder Installation musst Du mithilfe des folgenden Befehls die Software für die aktuelle Sitzung bekannt machen. Alternativ kannst Du Dich abmelden und wieder anmelden.

```
# rehash
```

> **Hinweis:** Dass nach der Installation eines Ports ein `rehash` ausgeführt werden muss, werde ich nicht gesondert erwähnen.

Falls Du einen Daemon installiert hast, also eine Software, die permanent im Hintergrund läuft, musst Du diesen in der zentralen Konfigurationsdatei `/etc/rc.conf` über einen `enable`-Eintrag aktivieren. Details dazu werden in der Regel als Hinweis am Ende des Installationsprozesses dargestellt oder können im jeweiligen Startskript unter `/usr/local/etc/rc.d/` nachgelesen werden.

6.1.5   Der Compiler-Cache ccache

Bevor wir damit beginnen, eine große Anzahl Ports zu kompilieren, ist es sinnvoll, ccache zu installieren. Dies ist ein Compiler-Cache für C und C++, der bereits kompilierten Code zwischenspeichert und für spätere Kompiliervorgänge bereithält. Das spart Zeit und Rechenleistung bei der Installation weiterer Software, die eventuell die gleichen Abhängigkeiten hat.

Zunächst installieren wir daher den Port `devel/ccache`. Anschließend fügen wir folgende Zeilen in die Datei `/etc/make.conf` ein. Sollte sie noch nicht existieren, legen wir sie jetzt an.

```
.if (!empty(.CURDIR:M/usr/src*) || !empty(.CURDIR:M/usr/obj*))
    .if !defined(NOCCACHE)

        CC:=${CC:C,^cc,%%PREFIX%%/%%CCLINKDIR%%/world/cc,1}
        CXX:=${CXX:C,^c\+\+,%%PREFIX%%/%%CCLINKDIR%%/world/c++,1}

    .endif
.endif
```

Hiermit schließen wir ccache selbst vom Cache aus, da es sonst zu Fehlern kommen kann, wenn wir Ports kompilieren.

In unserer Konfigurationsdatei für unsere tcsh-Shell müssen wir nun den Pfad zum Cache-Verzeichnis angeben, in dem der kompilierte Code zwischengespeichert werden soll. In der Datei /root/.tcshrc tragen wir daher folgende Zeilen ein:

```
setenv PATH %%PREFIX%%/%%CCLINKDIR%%:$PATH
setenv CCACHE_PATH /usr/bin:%%LOCALBASE%%/bin
setenv CCACHE_DIR /tmp/ccache
setenv CCACHE_LOGFILE /var/log/ccache.log

if ( -x /usr/local/bin/ccache ) then
    /usr/local/bin/ccache -M 1024m > /dev/null
endif
```

Die Variable CCACHE_DIR gibt den Pfad zum Cache-Verzeichnis an. In der vorletzten Zeile legen wir innerhalb der if-Schleife die Cache-Größe auf 1024 MB fest.

Solltest Du statt der tcsh-Shell eine andere benutzen, so musst Du die entsprechende Konfigurationsdatei bearbeiten, beispielsweise die Datei .cshrc für die csh-Shell.

Um ccache nun zu aktivieren, musst Du Dich einmal abmelden und wieder anmelden, sodass die Einstellungen wirksam werden.

Hinweis: Eine möglichst große Trefferquote erzielst Du, indem Du ein Verzeichnis wählst, das sich alle Jails teilen. So kannst Du über alle Jails hinweg einen Cache unterhalten, was zudem Speicherplatz spart. Wie Du das am einfachsten machst ist in Kapitel 8, »Arbeiten mit Jails«, erläutert.

Statistiken über Speicherbelegung und Trefferquote kannst Du mit folgendem Befehl abfragen:

```
# ccache -s
```

---

ccache: http://ccache.samba.org/

6.1.6 Installierte Software verändern

Es kann vorkommen, dass Du die Installationsparameter bereits installierter Software ändern möchtest. In diesem Beispiel möchte ich nginx um ein Modul erweitern, das ich bei der ersten Installation nicht aktiviert habe.

Die aktuelle Konfiguration wurde bei der Installation gespeichert. Ein Deinstallieren und erneutes Installieren würde die Konfigurationsmöglichkeiten nicht anzeigen. Hierfür bietet uns make die Funktion config:

```
# make config
```

Jetzt werden Dir wieder die Konfigurationsparameter zur Auswahl angeboten. Nach der Übernahme der Änderungen müssen wir die Software neu kompilieren. Das übernimmt der folgende Befehl für uns, wobei wir den Port erst deinstallieren und dann wieder installieren, allerdings mit der neuen Konfiguration.

```
# make deinstall && make reinstall
```

6.1.7 Ports aktualisieren

Nach einer Aktualisierung des Portstree empfiehlt es sich, die installierte Software auf Aktualisierungen hin zu untersuchen. Folgender Befehl listet uns dabei die Ports auf, deren installierte Version älter ist als die im Portstree.

```
# pkg_version -l "<"
```

Die aufgelisteten Ports kannst Du dann mithilfe des Tools portupgrade aktualisieren, das allerdings erst installiert werden muss.

```
# cd /usr/ports/ports-mgmt/portupgrade
# make install clean
```

Die Syntax von portupgrade ist sehr einfach:

```
# portupgrade -r nginx
```

Der Parameter -r gibt dabei an, dass auch alle Abhängigkeiten aktualisiert werden. In diesem Beispiel aktualisiere ich nur nginx, Du kannst aber mehrere Ports auf einmal aktualisieren.

```
# portupgrade -r <PORT-A> <PORT-B> <PORT-C>
```

6.1.8 Ports deinstallieren

Für die Deinstallation eines Ports bietet sich das Paketverwaltungswerkzeug pkg an.

```
# pkg_delete -r nginx
```

Dieser Befehl mit dem Parameter -r führt dazu, dass `nginx` und seine Abhängigkeiten deinstalliert werden, sofern sie nicht von anderen Softwarekomponenten
weiterhin benötigt werden.

6.1.9   Unsichere Ports erkennen

Falls Du bereits einen Port installiert hast, ist Dir vielleicht folgender Hinweis
während des Kompilierprozesses aufgefallen:

```
===> Vulnerability check disabled, database not found
```

Es gibt ein Tool, das vor der Installation eines Ports eine Datenbank bekannter
Sicherheitslücken in Software abfragt und anhand dieser bestimmt, ob die zu
installierende Version der Software als unsicher markiert wurde. In diesem Fall
wird die Installation verhindert.

Zusätzlich ergänzt dieses Tool die regelmäßig an den Benutzer root verschick-
ten Sicherheitsberichte um eine Liste auf dem System installierter Ports, die als
unsicher markiert wurden.

Dieses Tool heißt `portaudit` und kann mithilfe des Ports `ports-mgmt/portaudit`
installiert werden. Anschließend können wir die Aktualisierung der Datenbank
einmalig anstoßen und einen Statusbericht ausgeben. Danach erfolgt dies automatisch in regelmäßigen Abständen.

```
# portaudit —Fda
```

> **Hinweis:** Später werden wir eine ganze Reihe von Jails erstellen und darin Software
> installieren. Falls Du nicht in jeder Jail portaudit installieren möchtest, kannst Du auf
> dem Hostsystem den Port `ports-mgmt/jailaudit` installieren. Dieses Programm
> bezieht die in den Jails installierten Ports automatisch mit in die Berichte ein.

---

portaudit: http://people.freebsd.org/~eik/portaudit/

jailaudit: https://anonsvn.h3q.com/projects/jailaudit/

6.2   pkg als Alternative zum Portstree

Die Installation von Software unter Zuhilfenahme von `pkg` emp-
fehle ich nur bei umfangreicher Software, die sehr lange kompilieren würde (beispielsweise OpenOffice), oder dann, wenn nicht
genügend Ressourcen zur Verfügung stehen, um die Software
selbst zu Kompilieren.

Der Nachteil von pkg ist, dass die Ports mithilfe von vorkompilierten Paketen installiert werden. So entfällt die Möglichkeit, eigene Anpassungen vorzunehmen. Zudem sind sie nicht immer auf dem aktuellen Stand.

6.2.1   Ein Paket installieren

Mithilfe des folgenden Befehls kannst Du ein Softwarepaket installieren:

```
# pkg_add -r nginx
```

6.2.2   Ein Paket aktualisieren

Pakete aktualisieren wir mit demselben Tool, wie wir es auch im Falle der Port-Nutzung tun, und zwar mit portupgrade.

6.2.3   Ein Paket deinstallieren

Ein Paket deinstallieren wir genauso wie auch einen selbst kompilierten Port mithilfe des folgenden Befehls:

```
# pkg_delete -r <PORT-NAME>
```

Den gleichen Befehl haben wir bereits für selbst kompilierte Ports verwendet.

6.3   Überflüssige Ports aufspüren

Wenn wir im Laufe der Zeit immer wieder Ports installieren und deinstallieren, kommt es vor, dass Ports installiert bleiben, obwohl sie von keinem der installierten Programme mehr benötigt werden. In diesem Fall spricht man von verwaisten Ports.

Beim Aufspüren solcher Ports hilft uns das Tool ports-mgmt/pkg_cutleaves. Es unterstützt uns dabei, unser System aufgeräumt zu halten. Rufen wir pkg_cutleaves ohne Parameter auf, listet es uns alle Ports auf, die von keinem anderen Port abhängig sind.

```
# pkg_cutleaves
```

Nun haben wir die Möglichkeit, interaktiv zu entscheiden, welchen Port wir installiert lassen wollen und welcher entfernt werden soll. Folgende Befehle stehen uns dafür zur Verfügung:

- <EINGABE>: Wenn Du die Eingabetaste drückst, bleibt der aktuell angezeigte Port installiert.
- d: Durch Drücken der Taste d versiehst Du einen Port mit einem Löschkennzeichen.

- f: Diese Taste hebt sämtliche Löschmarkierungen wieder auf.
- a: Den Säuberungsprozess kannst Du jederzeit durch Drücken der Taste a abbrechen.

> **Hinweis:** Nicht nur Bibliotheken, sondern auch eigenständige Programme, wie etwa MySQL werden hier aufgelistet. Prüfe daher zweimal, ob der installierte Port wirklich entfernt werden kann.

Sobald Du die Liste abgearbeitet hast, werden die zur Löschung vorgemerkten Ports vom System entfernt. Um die Liste der zu überprüfenden Ports möglichst kurz zu halten und damit die Aufräumarbeiten zu beschleunigen, können wir bestimmte Ports von der Überprüfung ausschließen.

Hierzu legen wir eine einfache Textdatei mit dem Namen `pkg_leaves.exclude` an, in der wir alle zu ignorierenden Ports Zeile für Zeile auflisten.

```
# ee /usr/local/etc/pkg_leaves.exclude
```

Der Inhalt dieser Datei sieht demnach beispielsweise so aus:

```
www/nginx
languages/php5
```

Wenn wir `pkg_cutleaves` nun mit dem Parameter -x aufrufen, wird unsere Liste bei der Verarbeitung berücksichtigt.

```
# pkg_cutleaves -x
```

Falls Du lediglich die Liste der verwaisten Ports ausgeben lassen willst, ohne direkt zu entscheiden, ob diese nun entfernt werden sollen oder nicht, kannst Du `pkg_cutleaves` mit dem Parameter -l aufrufen:

```
# pkg_cutleaves -l
```

6.4 Zusammenfassung

Unter FreeBSD zusätzliche Software zu installieren ist dank der hier vorgestellten Verfahren sehr komfortabel. Gleichzeitig haben wir die Freiheit, Software nach unseren Wünschen anzupassen und bereits bei der Installation zu optimieren und auf unser System abzustimmen. Zudem haben wir eine komfortable Möglichkeit kennengelernt, wie wir unser System sauber und frei von überflüssiger Software halten.

> **Hinweis:** Wir werden im Verlauf dieses Buchs ausschließlich den Portstree verwenden.

7 Die Firewall konfigurieren

7.1 Brauche ich eine Firewall auf dem Server?

Die Frage, ob eine Firewall auf einem Server, der Dienste unmittelbar bereitstellt, Sinn macht, ist wahrscheinlich so alt wie Firewallsysteme an sich und wird wohl nie abschließend beantwortet werden.

Die einen sagen, dass es keinen Sinn macht, da ohnehin nur die Ports offen sind, die auch tatsächlich genutzt werden. Um vor Angriffen zu schützen, ist ein Firewallsystem auf dem Server ebenfalls sinnlos, da eine Attacke erst gar nicht auf dem Zielserver ankommen dürfte.

Die anderen sagen, dass Firewalls einen zusätzlichen Schutz geben und kleine Angriffe durchaus abwehren können. Die Wahrheit liegt wohl irgendwo dazwischen.

Ich spreche mich regelmäßig für den Einsatz einer Firewall auf dem Server aus, allerdings müssen wir uns der Rolle der Firewall in einem solchen Szenario bewusst sein.

Ein Sicherheitsgewinn ist die Firewall – sofern sie richtig konfiguriert ist – allemal. Abgesehen vom Schließen von Ports, können Firewallsysteme den Datentransfer normalisieren, manipulierte Datenpakete abwehren und das Verbindungsmanagement optimieren.

Im Falle eines ernsthaften Angriffs kann auch eine Firewall auf dem Server in der Regel nicht viel ausrichten. Hierfür sind Maßnahmen vor dem Server erforderlich, beispielsweise am Eingangsrouter des Netzwerks.

Wir werden die Firewall für das Weiterleiten von Anfragen an die Jails nutzen und um die Sicherheit unseres Servers zu erhöhen. Die Paketnormalisierung nutzen wir natürlich auch.

Als Firewallsystem werden wir pf einsetzen, ein System, das für das OpenBSD-Projekt neu entwickelt und von dort auf FreeBSD portiert wurde. Die Vorteile von pf sind die Leistungsfähigkeit, der Funktionsumfang und die einfache Syntax.

7.2   Firewall mit pf

 pf wird in der Datei /etc/pf.conf konfiguriert. Diese folgt einem strengen Aufbau. Die Reihenfolge der Regeln und Parameter ist dabei strikt einzuhalten, daher halte ich mich auch bei deren Vorstellung an diese Ordnung.

Bevor wir uns jedoch mit den Funktionen und der Syntax näher beschäftigen, klären wir ein paar Begriffe.

- *Makro:* Ein Makro ist eine Art Liste von Ports, die durch einen Platzhalter repräsentiert werden.

  ```
  tcp_pass = "{ 25 80 443 }"
  ```

- *Range:* Eine Range ist eine vereinfachte Schreibweise für eine durchgängige Liste von Ports.

  ```
  tcp_pass = "{ 50000:52000 }"
  ```

- *Table:* In einer Table kannst Du einzelne IP-Adressen oder ganze IP-Adressräume hinterlegen, wobei Tables dynamisch verändert werden können.

  ```
  table <intranet> { 10.10.0.0/24, 192.168.1.5 }
  ```

Mit dem Zusatz persist bleibt die Tabelle erhalten, auch wenn sie keine Einträge enthält.

```
table <rfc1918> persist { 10.0.0.0/8, 172.16.0.0/12, 192.168.0.0/16, \
224.0.0.0/5 }
```

- *Anchors:* Anchors sind Platzhalter, die dynamisch durch Firewallregeln ersetzt werden können. So können Regeln zur Laufzeit geladen werden, ohne dass die Firewallkonfiguration selbst geändert werden muss.

  ```
  anchor ftpanchor
  ```

Um Anchors beim Start von pf zu laden, hilft die folgende Syntax weiter, die nach der anchor-Anweisung stehen muss:

```
load anchor ftpanchor from "/etc/pf_ftprules"
```

7.2.1   Der Firewall-Airbag

Um uns nicht versehentlich selbst auszusperren, legen wir einen Cronjob an, der alle 5 Minuten die Firewall wieder deaktiviert. Hierzu starten wir den sogenannten Crontab-Editor, der sich wie der Editor vi bedienen lässt (siehe Kapitel 3.4, »Die Editoren ›vi‹ und ›ee‹«).

```
# crontab -e
```

In die Crontab fügen wir folgenden Job ein:

```
*/5 * * * * root /sbin/pfctl -d
```

Wenn die Firewall fertig konfiguriert ist, müssen wir diesen natürlich wieder entfernen.

7.2.2   Grundlegende Optimierungen

Wie bereits in der Einleitung beschrieben, schließt die Firewall nicht einfach nur
bestimmte Ports, sie optimiert und normalisiert auch den Datenverkehr auf den
verschiedenen Interfaces. Wie wir das erreichen, schauen wir uns jetzt an.

```
set block-policy drop
set skip on lo0
set timeout { interval 10, frag 30 }
set timeout { tcp.first 120, tcp.opening 30, tcp.established 86400 }
set timeout { tcp.closing 900, tcp.finwait 45, tcp.closed 90 }
set timeout { udp.first 60, udp.single 30, udp.multiple 60 }
set timeout { icmp.first 20, icmp.error 10 }
set timeout { other.first 60, other.single 30, other.multiple 60 }
set timeout { adaptive.start 0, adaptive.end 0 }
set limit { states 10000, frags 5000 }
set loginterface re0
set optimization normal
set require-order yes
set fingerprints "/etc/pf.os"
set ruleset-optimization basic
scrub in all fragment reassemble random-id
```

Mit der ersten Zeile setzen wir die Default-Policy auf DROP. Damit werden standardmäßig alle Datenpakete verworfen, sodass wir selektiv einzelne Ports freischalten können.

Mit der set skip-Anweisung deaktivieren wir die Firewall für das Loopback-
Interface lo0.

Die set loginterface-Anweisung legt das Interface fest, für das Statistiken
über den ein- und ausgehenden Datenverkehr erhoben werden sollen. Hier kann
nur ein Interface gleichzeitig definiert werden; in meinem Fall re0.

Die verbleibenden Regeln sind Anweisungen zur Optimierung der Datenpakete. Was diese im Einzelnen bedeuten, kannst Du in der sehr ausführlichen
Dokumentation nachlesen.

7.2.3   Firewallregeln

Firewallregeln werden von pf der Reihe nach abgearbeitet. Daher empfiehlt es
sich in den meisten Fällen, erst alle Verbindungen zu verhindern, um anschließend Ports selektiv freizugeben.

Alle Firewallsysteme arbeiten mit drei Anweisungen, nämlich Weiterleiten,
Blockieren und Durchlassen, wobei diese Anweisungen teilweise kombiniert und
in eine Regel gepackt werden können.

Die Reihenfolge der Anweisungen in der /etc/pf.conf ist vorgegeben, daher schauen wir uns diese in der Reihenfolge an, in der sie von pf erwartet werden.

- **Weiterleiten:** rdr

    rdr on re0 proto tcp from any to re0 port 80 -> 10.0.0.1

    Mit dieser Regel weisen wir pf an, sämtliche Datenpakete – egal woher –, die auf dem Interface re0 über das TCP-Protokoll auf Port 80 ankommen, an die IP-Adresse 10.0.0.1 weiterzuleiten, wobei der gleiche Zielport (80) angesprochen wird.

- **Blockieren:** block

    block all

    Diese Regel bewirkt, dass pf alle Datenpakete – egal welches Protokoll, egal ob ein- oder ausgehend – verwirft. Wäre dies unsere einzige Regel, so wäre das System komplett von der Außenwelt abgeschnitten.

- **Durchlassen:** pass

    pass in on re0 proto tcp to any port 80

    Die Anweisung pass lässt in diesem Beispiel sämtliche TCP-Pakete, die auf dem Interface re0 ankommen und für Port 80 bestimmt sind durch – egal an welche Zieladresse das Paket gerichtet ist.

Diese Regeln lassen sich teilweise auch kombinieren. So sieht die Kombination aus rdr und pass wie folgt aus:

    rdr pass on re0 proto tcp from any to re0 port 80 -> 10.0.0.1

pf arbeitet die Regeln von oben nach unten ab. Um diesen Prozess abzukürzen, kann man das Schlüsselwort quick mit in die Anweisung aufnehmen, dann werden die nachfolgenden Regeln nicht durchlaufen.

    pass in quick from <intranet> to any keep state

Der Zusatz keep state bewirkt, dass die aktuelle Verbindung die Firewallregeln nicht für jedes Datenpaket neu durchlaufen muss. Wurde eine Verbindung erfolgreich hergestellt, so werden alle Pakete durchgelassen.

7.2.4   Eine Beispielkonfiguration

Die folgende Beispielkonfiguration enthält ein paar Regeln und Anweisungen, die wir uns bisher nicht angesehen haben. Dazu gehört beispielsweise die nat-Regel, die interne Datenpakete in externe übersetzt. Diese Regel ist später wichtig, wenn wir mit Jails arbeiten.

Die `antispoof`-Anweisung ist im Grunde eine Abkürzung für zwei Block-Regeln, die das Manipulieren der Absenderadresse von Datenpaketen verhindert. Details dazu findest Du in den Man-Pages zu `pf`.

> **Hinweis:** Du kannst dieses Regel-Set als Vorlage für Deine Konfiguration nutzen. Denke aber daran, die entsprechenden Regeln an Deine Bedürfnisse anzupassen, beispielsweise die `if`- und die `ip`-Variable.

```
if = "{ re0 }"

table <rfc1918> persist { 10.0.0.0/8, 172.16.0.0/12, \
    192.168.0.0/16, 224.0.0.0/5 }

icmp_types = "echoreq"
open_tcp = "{ 22, 25, 80, 110, 143, 443 }"
open_udp = "{ 22, 80 }"
jails = "{ 10.0.0.2, 10.0.0.3 }"
ip = <EXTERNE-IP>
www = 10.0.0.2
mail = 10.0.0.3

set block-policy drop
set skip on lo0
set timeout { interval 10, frag 30 }
set timeout { tcp.first 120, tcp.opening 30, tcp.established 86400 }
set timeout { tcp.closing 900, tcp.finwait 45, tcp.closed 90 }
set timeout { udp.first 60, udp.single 30, udp.multiple 60 }
set timeout { icmp.first 20, icmp.error 10 }
set timeout { other.first 60, other.single 30, other.multiple 60 }
set timeout { adaptive.start 0, adaptive.end 0 }
set limit { states 10000, frags 5000 }
set loginterface re0
set optimization normal
set require-order yes
set fingerprints "/etc/pf.os"
set ruleset-optimization basic

scrub in all fragment reassemble random-id

rdr on $if proto tcp from any to $if port { 80, 443 } -> $www
rdr on $if proto udp from any to $if port { 80 } -> $www
rdr on $if proto tcp from any to $if port { 25, 110, 143 } -> $mail

nat on $if proto {tcp udp icmp} from $jails to any -> $ip

block log all
block return
block in quick on $if inet from <rfc1918> to any
```

```
antispoof quick for $if

pass in on $if proto tcp from any to any port $open_tcp keep state
pass in on $if proto udp from any to any port $open_udp keep state
pass out log on $if inet proto tcp from $mail to any port 25 \
    flags S/SA synproxy state
pass out quick all keep state
pass in on $if inet proto icmp all icmp-type $icmp_types keep state
pass in on $if inet proto icmp all icmp-type $icmp_types keep state
pass in on $if inet proto udp from any to any port \
    33433 >< 33626 keep state
pass in on $if inet proto udp from any to any port \
    33433 >< 33626 keep state
```

7.2.5 pf aktivieren

Wie die meisten Dienste, die unter FreeBSD laufen sollen, muss auch pf in der
Konfigurationsdatei /etc/rc.conf aktiviert werden. Dort wird auch festgelegt,
welche Datei die Regeln enthält.

```
pf_enable="YES"
pf_rules="/etc/pf.conf"
pflog_enable="YES"
pflog_logfile="/var/log/pflog"
```

Mithilfe der Parameter pflog_* aktivieren wir das Log-Interface von pf, das wir
mithilfe der Anweisung set loginterface definiert haben, und geben den Pfad zu
der Protokolldatei an, in der relevante Datenpakete protokolliert werden sollen.

Entweder startest Du jetzt das System neu, um die Kernelmodule automatisch
zu laden, oder Du führst folgende Befehle einmalig aus:

```
# kldload pf pfstat
```

7.2.6 pf steuern

Nachdem die entsprechenden Kernelmodule geladen wurden, lässt sich pf mit-
hilfe des Tools pfctl steuern. Damit können wir Tabellen bearbeiten, Anchors mit
Regeln befüllen oder die Firewall komplett deaktivieren (siehe Kapitel 7.2.1,
»Der Firewall-Airbag«).

- pf aktivieren

  ```
  # pfctl -e
  ```

- pf deaktivieren

  ```
  # pfctl -d
  ```

- Firewallregeln in einer Datei prüfen, aber nicht laden

  ```
  # pfctl -nf <DATEI-NAME>
  ```

▩ Firewallregeln aus einer Datei laden

```
# pfctl -f <DATEI-NAME>
```

▩ Status von pf abfragen

```
# pfctl -s info
```

▩ Aktive Regeln anzeigen

```
# pfctl -s rules
```

▩ Alles zu pf anzeigen

```
# pfctl -sa
```

▩ Inhalt von Tables anzeigen

```
# pfctl -t <TABLE-NAME> -T show
```

▩ Tables leeren

```
# pfctl -t <TABLE-NAME> -T flush
```

▩ Regeln in der Datei /etc/pf_ftprules in den Anchor ftpanchor laden

```
# pfctl -a ftpanchor -f /etc/pf_ftprules
```

▩ Entladen eines Anchors

```
# pfctl -a ftpanchor -F rules
```

Handbuch: http://www.openbsd.org/faq/pf/

7.3 Spezielle pf-Konfigurationen

Dank der dynamischen Elemente von pf können wir es zu einem noch wirkungsvolleren Werkzeug gegen gängige Angriffe aufrüsten.

Mit dem Tool sshguard werden wir unser System vor Wörterbuchattacken schützen, und mithilfe von pf-Parametern und dem Tool expiretable schützen wir es vor Brute-Force-Angriffen. Die Kombination dieser beiden Ansätze erhöht die Sicherheit unseres Systems merklich.

> **Hinweis:** Nach dem Ändern der Firewallkonfiguration muss diese natürlich neu geladen werden (siehe Kapitel 7.2.6, »pf steuern«).

7.3.1 Dienste mit sshguard schützen

sshguard analysiert eine oder mehrere Log-Dateien und erkennt darin enthaltene Meldungen über fehlgeschlagene Login-Versuche. Anders als der Name dieses

Werkzeugs vermuten lassen mag, unterstützt es nicht nur SSH, sondern auch Dovecot, Pure-FTPd und andere Dienste.

Dazu legen wir uns eine persistente Table mit dem Namen `sshguard` an.

```
table <sshguard> persist
```

Mithilfe der folgenden Regel werden alle Zugriffe von den Clients auf den Standard-SSH-Port 22 blockiert, die in dieser Table enthalten sind. Es steht Dir natürlich frei, diese Regel allgemeiner zu fassen (siehe Kapitel 7.3.2, »Brute-Force-Schutz mit expire-Table«).

```
block in quick on $if proto tcp from <sshguard> to any port 22
```

> **Hinweis:** Falls Du den Port von SSH geändert hast, musst Du diesen natürlich hier anstelle der 22 angeben.

Jetzt installieren wir den Port `security/sshguard-pf`, da wir pf als Firewallsystem nutzen. Der Masterport `security/sshguard` wird dabei automatisch installiert.

Nach der erfolgreichen Installation müssen wir noch folgende Zeile, die bereits in die Konfiguration des Log-Daemons eingefügt wurde, aktivieren, sodass Meldungen vom Typ auth.info und authpriv.info von `sshguard` geparst werden:

```
auth.info;authpriv.info | exec /usr/local/sbin/sshguard
```

Anschließend laden wir die Konfiguration von `syslogd` mit folgendem Befehl neu. Ab diesem Zeitpunkt werden fehlerhafte Login-Versuche von `sshguard` verarbeitet, und unsere `pf`-Table wird gefüllt.

```
# /etc/rc.d/syslogd reload
```

Sshguard: http://www.sshguard.net/

7.3.2 Brute-Force-Schutz mit expire-Table

pf bringt von Haus aus einen sehr guten Brute-Force-Schutz mit, der IP-Adressen von Angreifern in eine Table schreibt und mithilfe der entsprechenden Firewallregel den Zugriff von diesen Adressen aus unterbindet.

Würden wir die Table nicht in regelmäßigen Abständen leeren, wäre unser Server irgendwann von einer Vielzahl von Adressen aus nicht mehr erreichbar, da viele dynamisch vergebene IP-Adressen gesperrt wären. Das regelmäßige Entleeren übernimmt für uns das Tool `expiretable`.

Zunächst definieren wir in unserer Firewallkonfiguration eine weitere persistente Table mit dem Namen `bruteforce`. Persistent deswegen, da diese auch existieren muss, wenn kein Eintrag vorhanden ist.

```
table <bruteforce> persist
```

Anschließend definieren wir eine Regel, die den Zugriff von sämtlichen IP-Adressen blockiert, die in unserer Table enthalten sind. Da wir Datenpakete von bösartigen Clients gar nicht erst weiter validieren wollen, kürzen wir die Verarbeitung mit dem Zusatz `quick` ab.

```
block quick from <bruteforce>
```

Aber wie erkennen wir nun Brute-Force-Attacken? Wir haben in unserer Firewallkonfiguration bereits eine Regel, die den Zugriff auf bestimmte Ports erlaubt. Diese ergänzen wir nun um ein paar Parameter, sodass unsere `bruteforce`-Table gefüllt wird.

Vorher:

```
pass in on $if proto tcp from any to any port $open_tcp keep state
```

Nachher:

```
pass in on $if proto tcp from any to any port $open_tcp \
    flags S/SA keep state (max-src-conn 100, \
    max-src-conn-rate 15/5, overload <bruteforce> flush global)
```

Der Wert von `max-src-conn` gibt an, wie viele Verbindungen von einem Client aus gleichzeitig bestehen dürfen, bevor er in die Table `bruteforce` eingetragen wird, die wir über den Parameter `overload` angegeben haben.

Ein weiteres Kriterium ist die Anzahl der Verbindungen pro Zeiteinheit. Diese geben wir über den Parameter `max-src-conn-rate` an. Der Wert 15/5 besagt, dass ein Client höchstens 15 Verbindungen pro 5 Sekunden herstellen darf, bevor er gesperrt wird.

Nun installieren wir noch `expiretable` mithilfe des Ports security/expiretable. Anschließend konfigurieren wir es in der /etc/rc.conf.

```
expiretable_enable="YES"
expiretable_flags="-v -d -t 24h bruteforce"
```

Wichtig sind die Parameter `-t 24h` und `bruteforce`. Diese Parameter bewirken, dass die Table mit dem Namen `bruteforce` alle 24 Stunden geleert wird.

Anschließend starten wir `expiretable` mithilfe des folgenden Befehls:

```
# /usr/local/etc/rc.d/expiretable start
```

Expiretable: http://expiretable.fnord.se/

7.4   Firewall-Monitoring mit pftop

 Den Status der Firewall zu überwachen, kann in einigen Situationen sehr wichtig sein. Sicherlich werden nur wenige regelmäßig das Verbindungshandling in Echtzeit beobachten, aber trotzdem sollten wir im Falle eines Falles wissen, nach welchem Werkzeug wir greifen müssen.

Für dieses Vorhaben bietet sich das Tool pftop an. Angelehnt an das beliebte Prozessüberwachungswerkzeug top, können wir damit Informationen über aktuelle Verbindungen abfragen.

Der Port von pftop heißt sysutils/pftop. Nach der Installation können wir das Programm mithilfe des folgenden Befehls starten:

```
# pftop
```

Mit den Pfeiltasten nach links und rechts können wir zwischen den Ansichten *default*, *long*, *state*, *time*, *size*, *rules*, *label*, *speed* und *queue* wechseln. Für die Ansicht *queue* muss allerdings Packet Queueing in den Kernel kompiliert sein (siehe dazu Kapitel 7.5, »Packet Queueing und Priorisierung«).

Mithilfe des Buchstabens o (wie »Order«) lässt sich die Sortierung der Tabelle verändern. Je nachdem, welche Informationen wir suchen, kommen wir so schneller ans Ziel.

Über den Buchstaben s (wie »Seconds«) lässt sich das Aktualisierungsintervall einstellen. Durch Drücken dieser Taste wird eine kleine Eingabeaufforderung sichtbar, in die wir den Wert eintragen können.

Es lohnt sich definitiv, mit diesem Werkzeug ein wenig zu spielen, um festzustellen, welche Informationen wir aus pf herauskitzeln können.

Ein Druck auf den Buchstaben q (wie »Quit«) beendet das Tool.

7.5   Packet Queueing und Priorisierung

> **Hinweis:** Dieses Kapitel ist für Einsteiger harte Kost, verdeutlicht aber sehr gut, wie leistungsfähig pf ist. Sollten Firewallsysteme für Dich ohnehin Neuland sein, kannst Du dieses Kapitel bedenkenlos überspringen.

 Packet Queueing und Priorisierung sind Funktionen, mit deren Hilfe vereinzelten Diensten und Verbindungen gewisse Bandbreitenressourcen fest zugeordnet werden können. Dies ist vor allem dann wichtig, wenn der Server mit hohem Datentransfervolumen umzugehen hat und dennoch eine gewisse Bandbreite – beispielsweise für eine SSH-Verbindung – freigehalten werden soll.

> **Hinweis:** Der Standardkernel von FreeBSD unterstützt kein Packet Queueing und
> keine Priorisierung. Daher muss ein eigener Kernel kompiliert und installiert werden.
> Zudem ist vor der Umsetzung zu prüfen, ob der eingesetzte Netzwerkkartentreiber
> diese Funktionen unterstützt. Wie Du einen eigenen Kernel kompilierst, ist in Kapitel
> 12, »Für Fortgeschrittene«, beschrieben.

Bevor wir den Kernel neu kompilieren, legen wir uns eine Kopie der aktuellen
Kernelkonfiguration an. Stelle sicher, dass die folgenden Zeilen in der Konfiguration enthalten sind:

```
device pf
device pflog
device pfsync
```

Nun müssen wir folgende Kerneloptionen ergänzen:

```
options   ALTQ
options   ALTQ_CBQ
options   ALTQ_RED
options   ALTQ_RIO
options   ALTQ_HFSC
options   ALTQ_PRIQ
options   ALTQ_NOPCC
```

Nach dem Speichern kompilieren wir den Kernel. Wenn das System nach dem
Testen des Kernels erfolgreich startet, können wir Packet Queueing und Priorisierung in unserer pf-Konfiguration verwenden.

pf kennt drei sogenannte Scheduler: *First In First Out* (FIFO), *Class Based
Queueing* (CBQ) und *Priority Queueing* (PRIQ), wobei FIFO standardmäßig
verwendet wird. Bei der Datenflusssteuerung werden *Random Early Detection*
(RED) und *Explicit Congestion Notification* (ECN) unterstützt.

Der FIFO-Scheduler leitet Pakete nach dem Prinzip »Wer zuerst kommt,
mahlt zuerst« weiter und ist der Standard-Scheduler, der keine Anpassungen am
Kernel erfordert.

Beim *Class Based Queueing* wird die gesamte Bandbreite in mehrere Klassen
aufgeteilt, wobei die Zuordnung des Datentransfers auf Basis von Quell- bzw.
Ziel-Host bzw. -Port erfolgt. Beispielsweise könnten wir bei einer 100-MBit-
Anbindung 80 MBit für den Port 80 (Webserver), 18 MBit für den Port 143
(IMAP) und 2 MBit für den Port 22 (SSH) reservieren.

Priority Based Queueing hingegen weist Queues Prioritäten zu und verarbeitet die zugewiesenen Datenpakete auf deren Basis.

Wie auch bei den anderen Anweisungen ist die Reihenfolge innerhalb der
Konfigurationsdatei entscheidend. Daher muss ALTQ zunächst für das entsprechende Interface mit dem gewünschten Scheduler aktiviert werden und es müssen
die zu verwendenden Queues übergeben werden, wobei je Interface nur ein Scheduler gleichzeitig verwendet werden kann.

7.5.1   Priority Based Queueing

Für *Priority Based Queueing* wird PRIQ als Schlüsselwort verwendet.

```
altq on re0 priq bandwidth 100Mb queue { www_q, imap_q, ssh_q }
```

Anschließend müssen die Queues definiert und deren Eigenschaften übergeben werden. Wir haben in unserem Beispiel PRIQ verwendet, daher weisen wir den einzelnen Queues Prioritäten zu.

```
queue www_q  priq(default)
queue imap_q priority 2 priq(red)
queue ssh_q  priority 3 priq(ecn)
```

> **Hinweis:** Welche Einstellungen für Dich Sinn machen, musst Du selbst herausfinden. Die gezeigte Konfiguration ist nur ein Syntaxbeispiel.

Die Zuweisung der Queues erfolgt unabhängig vom gewählten Verfahren mit der gleichen Syntax, die wir uns am Ende dieses Kapitels ansehen.

7.5.2   Class Based Queueing

Anders als beim *Priority Based Queueing* wird beim *Class Based Queueing* nicht die Priorität der Datenpakete berücksichtigt, sondern die zugewiesene Bandbreite.

Die Syntax, um ALTQ für ein Interface zu aktivieren, ist identisch mit der für PRIQ, lediglich das Schlüsselwort muss ersetzt werden.

```
altq on $if cbq bandwidth 100% queue { www_q, imap_q, ssh_q }
```

Die Queue-Definition beinhaltet beim CBQ die zugewiesene Bandbreite, die sowohl in fixen Werten wie auch als Anteile in Prozent formuliert werden können.

```
queue www_q      bandwidth 90Mb              cbq(default borrow)
queue mail_q     bandwidth 5Mb               { imap_q, smtp_q }
queue imap_q     bandwidth 50% priority 1    cbq(red borrow)
queue smtp_q     bandwidth 50% priority 2    cbq(borrow)
queue ssh_q      bandwidth 5Mb priority 3    cbq(borrow)
```

In diesem Beispiel haben wir zwei Sub-Queues angelegt, nämlich die imap_q-Queue und die smtp_q-Queue. Damit haben wir die übergeordnete mail_q-Queue aufgeteilt. Was die Optionen in Klammern bedeuten (beispielsweise borrow), schauen wir uns gleich in einem kurzen Überblick an.

7.5.3   Scheduler-Optionen

Sowohl der CBQ-Scheduler als auch der PRIQ-Scheduler lassen sich mit diversen Optionen konfigurieren, wie wir bereits gesehen haben. Nachfolgend eine kurze Übersicht möglicher Werte:

- *default*: Definiert eine Default-Queue, in die alle Pakete eingeordnet werden, die zu keiner anderen Queue passen.
- *red:* Aktiviert Random Early Detection.
- *rio:* Aktiviert RED mit IN/OUT in Hinsicht auf die *Quality of Service* (kurz: QoS).
- *ecn*: Aktiviert Explicit Congestion Notification.
- *borrow:* Wenn CBQ verwendet wird, bewirkt diese Option, dass Bandbreite von der Parent-Queue verwendet werden kann, falls diese nicht zu 100 Prozent ausgelastet ist.

7.5.4   Queues zuweisen

Abschließend müssen wir den `pass`-Regeln die jeweilige Queue zuweisen. Das erreichen wir, indem wir ans Ende jeder Regel folgende Parameter anfügen:

```
pass in on ... to port 22 queue(ssh_q)
```

Du kannst mehrere Queues verwenden, wobei diese jeweils durch ein Komma getrennt werden müssen.

```
pass in on ... to port 22 queue(ssh_q, scp_q)
```

Ob alle Parameter richtig gesetzt sind, kannst Du mithilfe von `pfctl` prüfen. Gegebenenfalls musst Du die Regeln noch laden (siehe Kapitel 7.2, »Firewall mit `pf`«).

Packet Queueing and Prioritization: http://www.openbsd.org/faq/pf/queueing.html

Random Early Detection: http://de.wikipedia.org/wiki/Random_early_detection

Explicit Congestion Notification:
   http://de.wikipedia.org/wiki/Explicit_Congestion_Notification

7.6   Zusammenfassung

Eine Firewall zu konfigurieren ist nicht leicht, bedarf guter Planung und Konzentration. Das mitgelieferte Firewallsystem `pf` ist – wie wir gesehen haben – sehr leistungsfähig und hat eine vergleichsweise einfache Syntax, was die Arbeit mit ihm erleichtert.

Wir werden im weiteren Verlauf des Buchs die Firewalleinstellungen immer wieder anpassen, um Dienste, wie beispielsweise den Webserver, nach außen freizugeben. Es ist daher wichtig, dass Du die grundlegenden Regeln verstanden hast und deren Syntax kennst.

Für den Anfang empfehle ich Dir, ein einfaches Regelwerk zu verwenden, um es dann Schritt für Schritt auszubauen und zu verbessern.

8 Arbeiten mit Jails

8.1 Was sind Jails?

Virtuelle Server (kurz: vServer) sind in aller Munde, und jeder, der sich mit Servern eingehender beschäftigt, erfährt früher oder später von ihnen. Zwar sind Jails (engl. »Gefängnis«) keine virtuellen Server im eigentlichen Sinne, sie sind aber mit ihnen vergleichbar.

Je nach Virtualisierungsverfahren lässt sich auf einem virtuellen Server beinahe jedes beliebige Betriebssystem installieren. Diese Server können – wie echte Server auch – gestartet und gestoppt werden. Zudem lassen sich vServer zwischen Hostsystemen hin und her schieben, um beispielsweise mehr Ressourcen zur Verfügung zu stellen.

Jails funktionieren ähnlich, allerdings kann in einer Jail nicht jedes beliebige Betriebssystem installiert werden. Das liegt daran, dass sich das Hostsystem und die Jails den gleichen Kernel teilen. Der Performance-Verlust gegenüber einer vollständigen Virtualisierung ist dank dieses Aufbaus im Gegensatz zu gewöhnlichen vServern zu vernachlässigen. Auf den ersten Blick unterscheidet sich eine Jail demnach nicht von einer normalen FreeBSD-Installation.

Genau wie klassische vServer auch, lassen sich Jails starten, stoppen und von einem Hostsystem auf ein anderes übertragen. Seit FreeBSD 9 ist auch eine feste Ressourcenzuweisung möglich.

Wir werden Jails verwenden, um sämtliche Dienste voneinander zu trennen. Somit werden wir eine Jail für den Webserver anlegen, eine für den Datenbankserver etc.

Die Aufteilung des Systems in mehrere kleine Einheiten hat einige Vorteile. Einer besteht beispielsweise in der gewonnenen Übersichtlichkeit des Systems. Es ist so klar strukturiert und kann auch in Bezug auf das Berechtigungsmodell entsprechend gestaltet werden.

Durch die Trennung der Dienste in mehrere Jails wird auf dem Hostsystem nur sehr wenig Zusatzsoftware installiert, die sich als Sicherheitslücke herausstellen könnte. Der Host bleibt damit sehr schlank.

Falls ein Eindringling eine Jail kompromittiert, hat er nur Zugriff auf diesen kleinen Teil des Systems. Sobald wir das bemerken, können wir die Jail stoppen, die Schwachstelle untersuchen und eine sichere Jail – gegebenenfalls aus einem Backup – starten. So gehen keine Informationen, die den Einbruch betreffen, verloren, und die Sicherheitslücke kann gestopft werden.

Die nachfolgende Tabelle listet alle Jails und deren non-routable IP-Adressen auf, die wir im Laufe dieses Buchs anlegen werden. Der Jail-Name entspricht dabei dem Hostnamen der Jail.

Jail-Name	IP-Adresse	Funktion
db	10.0.0.1	Datenbankserver
www	10.0.0.2	Web- und FTP-Server
mail	10.0.0.3	Mailserver
cache	10.0.0.4	Cache-Server
svn	10.0.0.5	Subversion-Server
samba	10.0.0.6	Samba-Server

Hinweis: Jails können auch ohne IP-Adressen angelegt werden, allerdings ist die Kommunikation mit der Außenwelt dann unmöglich, was auch das Aktualisieren der darin installierten Software erschwert. Wir verwenden non-routable IP-Adressen, da die Jails in einer Art Intranet verbunden sind.

8.2   Das System für Jails vorbereiten

In unserem Systemaufbau wird das Hostsystem, also das System, auf dem die Jails laufen werden, als Gateway zwischen dem externen Netzwerk und dem internen Jail-Netzwerk fungieren.

8.2.1   IP-Aliase anlegen

Unser Server hat bisher eine Haupt-IP-Adresse, die dem Netzwerk-Device zugewiesen ist. Das Netzwerk-Konfigurationstool ifconfig zeigt uns die aktuellen Einstellungen; hier für das Device re0:

```
# ifconfig
re0: flags=8843<UP,BROADCAST,RUNNING,SIMPLEX,MULTICAST> metric 0 mtu 1500
     options=389b<RXCSUM,TXCSUM,VLAN_MTU,VLAN_HWTAGGING, \
        VLAN_HWCSUM,WOL_UCAST,WOL_MCAST,WOL_MAGIC> \
     ether 00:19:66:3e:00:45 inet xxx.xxx.xxx.xxx \
     netmask 0xffffff00 \
     broadcast xxx.xxx.xxx.0
     media: Ethernet autoselect (100baseTX <full-duplex>)
     status: active
```

Anstelle von xxx.xxx.xxx.xxx bzw. xxx.xxx.xxx.0 steht bei Dir die IP-Adresse Deines Servers bzw. die zugehörige Netzmaske.

Wir können einer Schnittstelle mehrere IP-Adressen, sogenannte Aliase, zuweisen. Diese brauchen wir, um unseren Jails eigene Adressen zuordnen zu können.

> **Hinweis:** Die IP-Adressen unserer Jails binden wir an das sogenannte »Loopback«-Interface *lo0*. Diese spezielle Schnittstelle verweist auf den Server selbst und ist nicht von außen erreichbar. Da einige unserer Jails allerdings von außen erreichbar sein sollen, wird unsere Firewall die entsprechende Weiterleitung vornehmen (rdr- und nat-Regeln).

Um Aliase dauerhaft zu erstellen, sodass sie auch nach einem Neustart wieder angelegt werden, fügen wir für jeden eine Zeile in die zentrale Konfigurationsdatei /etc/rc.conf ein, wobei lo0 das Loopback-Device ist und die Aliase von 0 bis n hochgezählt werden. xxx.xxx.xxx.xxx/32 bezeichnet die Alias-IP-Adresse und die Kurzschreibweise der Netzmaske 255.255.255.255.

```
ifconfig_lo0_alias0="inet xxx.xxx.xxx.xxx/32"
```

Für unsere sechs Jails fügen wir also folgende Zeilen ein:

```
# db
ifconfig_lo0_alias0="inet 10.0.0.1/32"
# www
ifconfig_lo0_alias1="inet 10.0.0.2/32"
# mail
ifconfig_lo0_alias2="inet 10.0.0.3/32"
# cache
ifconfig_lo0_alias3="inet 10.0.0.4/32"
# svn
ifconfig_lo0_alias4="inet 10.0.0.5/32"
# samba
ifconfig_lo0_alias5="inet 10.0.0.6/32"
```

Jetzt haben wir die Aliase zwar definiert, diese werden aber erst beim nächsten Neustart angelegt. Da wir aber nur deswegen nicht gleich den Server neu starten wollen, legen wir die Aliase noch von Hand nach folgendem Muster an. Eine Nummerierung der Aliase wie in der rc.conf ist hier nicht erforderlich.

```
# ifconfig lo0 10.0.0.1/32 alias
```

Sobald die Aliase zugewiesen sind, sieht die Ausgabe von ifconfig wie folgt aus:

```
# ifconfig
lo0: flags=8049<UP,LOOPBACK,RUNNING,MULTICAST> metric 0
    mtu 16384 options=3<RXCSUM,TXCSUM>
    inet 10.0.0.1 netmask 0xffffffff
    inet 10.0.0.2 netmask 0xffffffff
```

```
inet 10.0.0.3 netmask 0xffffffff
inet 10.0.0.4 netmask 0xffffffff
inet 10.0.0.5 netmask 0xffffffff
inet 10.0.0.6 netmask 0xffffffff
nd6 options=21<PERFORMNUD,AUTO_LINKLOCAL>
```

8.2.2   Firewallregeln anpassen

Jetzt, wo wir den Host so weit vorbereitet haben, müssen wir die Firewallregeln anpassen. Und zwar müssen wir die Network Address Translation (kurz: NAT) konfigurieren, sodass die Datenpakete der internen IP-Adressen (10.0.0.x) über das externe Netz transportiert werden können.

Hierzu fügen wir folgende Regel in die /etc/pf.conf ein:

```
nat on $if proto {tcp udp icmp} from $mail to any -> $ip
```

> **Hinweis:** Wenn Du Dir die Beispielkonfiguration aus Kapitel 7, »Die Firewall konfigurieren«, ansiehst, findest Du genau diese Regel direkt nach den Redirect-Regeln (kurz: rdr).

Diese Regel passen wir nun aber konkret auf unsere sieben Jails an. Und zwar definieren wir eine Liste mit den Jail-IPs.

```
jails = "{ 10.0.0.1, 10.0.0.2, 10.0.0.3, 10.0.0.4, 10.0.0.5, 10.0.0.6 }"
```

In der NAT-Regel ersetzen wir nun noch $mail durch $jails. Sobald die Regeln nochmals geladen wurden, werden Datenpakete aus dem lokalen Netz an das externe Netz weitergeleitet.

Was nun noch fehlt, sind Regeln, um die Datenpakete, die von außen kommen, an das interne Netz weiterzuleiten. Dies bewerkstelligen wir mit den aus dem Firewall-Kapitel bekannten rdr-Regeln:

```
rdr on $if proto {tcp udp} from any to $if port $j2_tcp_udp -> $www
```

$j2_tcp_udp ist eine Liste mit Ports, die für die Jail $www geöffnet werden sollen. In dieser Regel sind die Ports für TCP- und UDP-Pakete geöffnet.

> **Hinweis:** Für jede Jail muss eine eigene Regel angelegt werden. Wie diese Regeln für unsere einzelnen Jails aussehen, schauen wir uns in den entsprechenden Kapiteln an.

Für eine Webserver-Jail könnten dies beispielsweise folgende Ports sein:

```
j2_tcp_udp = "{ 80, 443 }"
```

$www ist eine Variable, der in unserem Fall die IP-Adresse 10.0.0.2 zugewiesen ist:

```
www = 10.0.0.2
```

> **Hinweis:** Wie wir bereits gelernt haben, folgen die Regeln der `pf`-Konfiguration einer vorgegebenen Reihenfolge (siehe Kapitel 7, »Die Firewall konfigurieren«). `$j2_tcp_udp` und `$www` müssen daher nach den Tables definiert werden, und die `rdr` - Regeln müssen vor der `nat` -Regel stehen.

8.2.3   FreeBSD-Quellcode auschecken

Unsere Jails werden sich später dank des Jail-Frameworks ezJail eine Basis-Jail teilen, um Speicherplatz zu sparen. Zur Erstellung dieser Basis-Jail benötigen wir allerdings den Quellcode von FreeBSD, da wir diese selbst kompilieren werden.

Um den Quellcode auszuchecken, verwenden wir den vorinstallierten CVS-Client csup. Die Beispielkonfiguration, die die Angaben für das Laden des Quellcodes enthält, kopieren wir in das Verzeichnis /etc und passen sie an unsere Bedürfnisse an.

```
# cp /usr/share/examples/cvsup/standard-supfile /etc/standard-supfile
```

In der neuen Datei /etc/source-supfile ändern wir zum einen den Quellen-Server.

```
*default host=CHANGE_THIS.FreeBSD.org
*default host=cvsup.de.FreeBSD.org
```

Zum anderen passen wir das Release-Tag an die von uns verwendete FreeBSD-Version an, falls es nicht bereits den korrekten Wert hat.

```
*default release=cvs tag=RELENG_9
```

> **Hinweis:** Falls Du eine andere FreeBSD-Version als 9 verwendest, musst Du RELENG_9 ändern. Die Version 8.2 hat beispielsweise das Tag RELENG_8_2.

Nachdem die Änderungen gespeichert sind, können wir den Quellcode mit folgendem Befehl auschecken, was einige Zeit in Anspruch nimmt:

```
# csup /etc/source-supfile
```

8.3   Das Jail-Framework ezJail

Das Erstellen und der Betrieb von Jails ist dank des Frameworks ezJail stark vereinfacht worden. ezJail ist uns nicht nur bei der Erstellung und bei der Aktualisierung der Jails eine große Hilfe. ezJail erstellt eine Basis-Jail mit allen Systembibliotheken, die sich alle von uns erstellten Jails teilen, wodurch Festplattenplatz gespart wird.

Neben zahlreichen anderen Funktionen bietet ezJail auch die Möglichkeit, sogenannte Flavours zu erstellen. Ein Flavour ist eine Art Vorlage, die vorkonfiguriert als Basis für eine neue Jail dient.

ezJail finden wir als Port unter sysutils/ezjail. Die Konfiguration passen wir in der Datei /usr/local/etc/ezjail.conf an.

Die Kommentare innerhalb der Beispielkonfiguration beschreiben die einzelnen Parameter sehr gut. Die wichtigsten schauen wir uns dennoch kurz an.

- ezjail_jaildir: Dieser Parameter definiert den Pfad, unter dem unsere Jails erstellt werden sollen.
- ezjail_jailtemplate: Mithilfe dieses Parameters wird der Pfad zu unserer Jail-Vorlage festgelegt.
- ezjail_jailbase: Mit diesem Parameter wird der Pfad zur Basis-Jail definiert.
- ezjail_sourcetree: Dieser Parameter legt den Pfad zum FreeBSD-Quellcode fest.
- ezjail_archives: Hier wird der Zielpfad angegeben, unter dem Backups der Jails abgelegt werden, wenn die Archivierungsfunktion genutzt wird.

Ist ezJail konfiguriert, können wir die Basis-Jail mit folgendem Befehl erstellen, was im Prinzip einer Kompilierung von FreeBSD entspricht und daher – je nach Rechenpower – einige Zeit in Anspruch nehmen kann.

> **Hinweis:** Falls Du den Compiler-Cache ccache installiert hast, musst Du in der /etc/make.conf die Variable NOCCACHE= yes definieren, um ccache vorübergehend zu deaktivieren.

```
# ezjail-admin update -b
```

ezJail: http://erdgeist.org/arts/software/ezjail/

8.4   Jails anlegen, starten und konfigurieren

Bevor wir unsere erste Jail anlegen und starten, sollten wir in der rc.conf noch ein paar Einstellungen vornehmen.

Der systemweite Log-Daemon syslogd, der für die meisten Logfiles im Verzeichnis /var/log verantwortlich ist, bindet sich automatisch an alle IP-Adressen des Systems. Da wir in den Jails eigene syslogd-Instanzen betreiben werden, sollten wir die Instanz des Hostsystems auf dieses beschränken und das automatische Binden an alle IP-Adressen verhindern, um irreführende Fehlermeldungen zu vermeiden. Hierzu tragen wir folgende Zeile in die rc.conf ein. Der zusätzliche Parameter -C weist syslogd an, nicht existierende Log-Dateien automatisch zu erstellen.

```
syslogd_flags="-ss -a 127.0.0.1 -C"
```

Zusätzlich sollten wir folgende Zeile ergänzen, sodass unsere Jails beim Systemstart automatisch gestartet werden:

```
ezjail_enable="YES"
```

8.4.1   Jail-Vorlage anpassen

Beim Erstellen einer neuen Jail verwendet ezJail eine Kopiervorlage, deren Pfad im Parameter `ezjail_jailtemplate` in der `ezjail.conf` hinterlegt ist. Wir werden unsere Jail-Vorlage rudimentär an unsere Bedürfnisse anpassen. ezJail sieht hierfür zwar die sogenannten »Flavours« vor, allerdings sollen die Einstellungen, die wir hier vornehmen, auch für alle Flavours identisch sein.

Die Berücksichtigung der korrekten Zeitzone unseres FreeBSD-Systems wird mithilfe der Steuerungsdatei /etc/`localtime` gesteuert. Diese sollten wir nun auch in unsere Vorlage kopieren, sodass alle Jails mit derselben Zeitzone arbeiten. Hierzu kopieren wir die genannte Datei in das Verzeichnis /etc/ des Flavours.

```
# cp /etc/localtime /usr/jails/newjail/etc/
```

> **Hinweis:** Den Pfad zur Jail-Vorlage musst Du gegebenenfalls entsprechend Deiner Konfiguration in der Datei `ezjail.conf` anpassen.

Als nächsten Schritt sollten wir unsere Nameserverkonfiguration in die Vorlage übernehmen. Hierzu kopieren wir unsere /etc/`resolv.conf` an die entsprechende Stelle.

```
# cp /etc/resolv.conf /usr/jails/newjail/etc/
```

8.4.2   Jail anlegen

Mit der Installation von ezJail wird das zentrale Administrations-Tool `ezjail-admin` installiert, mit dem wir unsere Jails erstellen, steuern und löschen können.

Dank dieses Tools ist das Anlegen einer neuen Jail ein Kinderspiel. Mithilfe des folgenden Befehls wird die Jail mit dem Namen `mail` angelegt. Wo diese erstellt wird, haben wir in der `ezjail.conf` mithilfe des Parameters `ezjail_jaildir` festgelegt.

```
# ezjail-admin create mail 10.0.0.3
```

Der Parameter `create` gibt sinnvollerweise an, dass wir eine Jail anlegen wollen, wobei wir erst den Namen der Jail und anschließend optional eine Liste der zugewiesenen IP-Adressen angeben.

> **Hinweis:** Wir folgen in diesem Buch der Konvention, dass der Jail-Name dem Hostnamen der Jail entspricht. Die Jail mit dem Namen »mail« hat demnach den Hostnamen »mail.example.com«.

Die Man-Page von `ezjail-admin` gibt ausführlich Auskunft über die weiteren Optionen beim Anlegen einer Jail. So ist beispielsweise das Erstellen von Jails in

einem eigenständigen .img-Container oder auch das Verschlüsseln der Jail möglich.

> **Hinweis:** Wir werden eine ganze Reihe von Jails in diesem Buch verwenden. Du
> kannst sie entweder jetzt direkt oder zu Beginn des jeweiligen Kapitels anlegen. Eine
> vollständige Liste findest Du am Anfang dieses Kapitels.

8.4.3 Jail starten

Bevor wir unsere erste Jail starten, lassen wir uns eine Liste der verfügbaren Jails
anzeigen.

```
# ezjail-admin list
```

Unsere erste Jail können wir nun mit folgendem Befehl starten:

```
# ezjail-admin start mail
```

Wenn wir den Namen der Jail nicht angeben, werden alle Jails gestartet. Jetzt
kannst Du mithilfe des folgenden Befehls eine Liste der derzeit laufenden Jails
ausgeben lassen:

```
# jls
```

In der Spalte JID wird uns die ID der Jail angegeben. Diese brauchen wir, wenn
wir mit dem Befehl jexec in unsere Jail wechseln oder darin einen Befehl ausführen möchten. Diese ID wird bei jedem Start neu vergeben.

8.4.4 Jail betreten und verlassen

Wenn nun unsere erste Jail läuft, können wir mithilfe des folgenden Befehls vom
Hostsystem aus in die Jail mit der angegebenen JID wechseln. In dieser Jail bist
Du direkt als root angemeldet.

```
# jexec <JID> su
```

Die JID der gewünschten Jail kannst Du mithilfe des Befehls jls auslesen.

Wie auch beim normalen Abmelden vom System verwendest Du zum Verlassen der Jail den Befehl exit. Dann landest Du wieder auf dem Hostsystem.

Vom Hostsystem aus können wir uns mit Hilfe von jexec in der Jail ohne Eingabe eines Passworts als root anmelden. Innerhalb der Jail ist nach dem Anlegen
kein Passwort für root gesetzt, sodass jeder Benutzer Superuser-Rechte erlangen
kann, der Mitglied in der Gruppe wheel ist. Zwar sind die Berechtigungen auf die
Jail begrenzt, sicherheitshalber solltest Du aber direkt nach dem Anlegen der Jail
für deren Benutzer root ein Passwort vergeben.

8.4.5   Jail stoppen

Eine Jail lässt sich jederzeit mithilfe des folgenden Befehls stoppen:

```
# ezjail-admin stop mail
```

Wenn Du den Namen der Jail nicht angibst (hier: `mail`), werden alle Jails gestoppt.

8.4.6   Jail löschen

Jails lassen sich deaktivieren und löschen. Das Schlüsselwort ist hierbei das gleiche, nämlich `delete`. Beim Löschen wird allerdings noch ein zusätzlicher Parameter `-w` (für write) übergeben. Die Jail wird dann von der Festplatte gelöscht.

```
# ezjail-admin delete -w mail
```

8.4.7   Jail deaktivieren und aktivieren

Wie bereits erwähnt wurde, können Jails auch lediglich deaktiviert werden. Die Syntax ist dabei fast identisch mit der beim Löschen.

```
# ezjail-admin delete mail
```

Eine deaktivierte Jail wird mithilfe des create-Parameters wieder aktiviert, allerdings muss hier zusätzlich das Flag `-x` (für exists) gesetzt werden. Der Name der alten und der neuen Jail muss dabei übereinstimmen, da die Jail hier anhand des Verzeichnisnamens identifiziert wird.

```
# ezjail-admin create -x mail 10.0.0.1
```

8.4.8   Portstree in eine Jail mounten

Falls zahlreiche Jails zum Einsatz kommen, macht es durchaus Sinn, einen gemeinsamen Portstree für alle zu verwenden. Da wir auf dem Host bereits eine aktuelle Version haben, mounten wir das Verzeichnis /usr/ports/ von dort in die Jails.

Hierfür entfernen wir zunächst den symbolischen Link ports, den ezJail für uns im Verzeichnis /usr/jails/basejail/usr/ angelegt hat.

```
# rm /usr/jails/basejail/usr/ports
```

Anschliessend erstellen wir an dieser Stelle ein Verzeichnis mit dem Namen ports.

```
# mkdir /usr/jails/basejail/usr/ports
```

In dieses Verzeichnis können wir nun selektiv bei Bedarf den Portstree mit Hilfe des folgenden Befehls mounten:

```
# mount_nullfs /usr/ports /usr/jails/<JAILNAME>/usr/ports
```

Wir können diesen Vorgang allerdings auch automatisieren. Hierfür erstellen wir einen entsprechenden Eintrag in der Datei fstab.**<JAILNAME>** im Verzeichnis /etc/ des Host-Systems. Diese Ergänzung muss für jede Jail einzeln vorgenommen werden und folgt dem Aufbau:

```
/usr/ports /usr/jails/<JAILNAME>/usr/ports nullfs ro 0 0
```

Nach einem Neustart der Jail ist der Portstree darin in schreibgeschützter Form zugänglich. Erforderliche Anpassungen in der Datei /etc/make.conf der jeweiligen Jail hat ezJail bereits für uns vorgenommen.

8.5   Backup einer Jail anlegen und wiederherstellen

 ezJail bietet mit den Befehlen archive und restore eigene Backup-Mechanismen, die auf dem Tool cpio basieren. Mit folgendem Befehl legen wir ein Backup-Archiv im Verzeichnis /usr/local/backup/ von der Jail mail an. Die Jail muss zuvor gestoppt werden.

```
# ezjail-admin archive -d /usr/local/backup/ mail
```

Der nachfolgende Befehl stellt das Archiv der Jail mail im Verzeichnis /usr/local/backup in das Jail-Verzeichnis wieder her.

```
# ezjail-admin restore -d /usr/local/backup/ mail
```

Anschließend kann die Jail wieder gestartet werden.

> **Hinweis:** Vor dem Backup sollte der Portstree mit Hilfe des Befehls unmount aus der Jail entfernt werden, um Speicherplatz zu sparen.

8.6   ccache-Konfiguration anpassen

Falls Du – wie in Kapitel 6, »Software installieren«, beschrieben wurde – ccache installiert hast, wäre jetzt der richtige Zeitpunkt, um das Cache-Verzeichnis /tmp/ccache/ in die Jails zu mounten.

```
# mount_nullfs -o rw /tmp/ccache /usr/jails/mail/tmp/ccache
```

Mit diesem Befehl mounten wir das Cache-Verzeichnis von ccache in das Cache-Verzeichnis in der Jail mail. In der Jail selbst muss natürlich ebenfalls ccache installiert und die Datei .tcshrc des Benutzers root in der Jail angepasst werden. Wie das funktioniert, ist in Kapitel 3.6, »Die Shell anpassen«, beschrieben.

Um das Cache-Verzeichnis bei jedem Neustart des Hosts in die Jails zu mounten, solltest Du für jede Deiner Jails eine Zeile nach folgendem Muster am Ende der Datei /etc/fstab einfügen:

```
/tmp/ccache /usr/jails/<JAILNAME>/tmp/ccache nullfs rw 0 0
```

8.7   Binary-Update für die Basejail

Im Falle eines Updates für das Basissystem musst Du auch die Basejail aktualisieren. In ezJail ist ein Befehl integriert, der freebsd-update für die Jails ausführt. Dieser lautet wie folgt:

```
# ezjail-admin update -u
```

Dabei ist es nicht möglich, nur bestimmte Jails zu aktualisieren.

> **Hinweis:** Siehe auch das Kapitel 5, »Das System aktuell halten«, für weitere Tipps und Hinweise.

8.8   Ressourcenbeschränkungen für Jails

> **Hinweis:** Um Ressourcenbeschränkungen zu nutzen, muss ein eigener Kernel kompiliert und installiert werden. Wie das geht, ist in Kapitel 12, »Für Fortgeschrittene«, beschrieben.

Seit FreeBSD 9 haben wir die Möglichkeit, Jails mit Ressourcenbeschränkungen zu belegen. Zwar geht das in älteren Versionen zum Teil auch, allerdings weniger komfortabel.

Mithilfe des sogenannten RCTL-Frameworks lassen sich allerdings nicht nur Jails, sondern auch Prozesse, Login-Klassen oder Benutzer mit Einschränkungen versehen. Wir könnten so zum Beispiel auch einem Benutzer Obergrenzen in der CPU-Nutzung zuweisen.

8.8.1   RCTL-Unterstützung aktivieren

Bevor wir die Möglichkeiten von RCTL näher betrachten können, müssen wir dessen Unterstützung zunächst in unserem Kernel aktivieren. Hierfür ergänzen wir unsere Kernelkonfiguration um folgende Zeilen, bevor wir den Kernel kompilieren:

```
options RACCT
options RCTL
```

Nachdem der neue Kernel mit RCTL-Unterstützung geladen ist, können wir mithilfe des Befehls rctl Ressourcenbeschränkungen lesen und setzen.

RCTL: http://wiki.freebsd.org/Hierarchical_Resource_Limits

8.8.2   Obergrenzen festlegen

Das RCTL-Framework arbeitet mit einem Regelsatz, um Grenzüberschreitungen zu erkennen und entsprechend zu reagieren. Eine solche Regel setzt sich aus einem *Subjekt*, einer *Ressource*, einer *Aktion* und einem *Grenzwert* zusammen.

Eine Nutzungsbeschränkung bezieht sich immer auf ein Subjekt, in unserem Fall eine Jail. Diesem Subjekt wird die Nutzung einer Ressource, beispielsweise des Arbeitsspeichers, bis zu einem Grenzwert erlaubt. Wird dieser Wert überschritten, wird eine Aktion ausgeführt.

Als Aktion kann beispielsweise festgelegt werden, dass der Jail die Belegung des zusätzlichen Arbeitsspeichers einfach verweigert, der betreffende Dienst beendet oder der Überschreitungsversuch lediglich protokolliert wird.

Hinweis: Derzeit stehen 4 Subjekte, 23 Ressourcen und 4 Aktionen zur Verfügung. Welche das sind und welche zusätzlichen Funktionen RCTL bietet, kannst Du jederzeit in den Man-Pages mithilfe des Befehls man rctl nachlesen.

Eine RCTL-Regel ist syntaktisch folgendermaßen aufgebaut:

```
Subjekt:Subjekt-ID:Ressource:Aktion=Wert
```

Einzelne Komponenten können in einer RCTL-Regel auch weggelassen werden. Folgende Regel bedeutet demnach, dass sie sich auf alle Jails bezieht, da der Wert nach dem zweiten Doppelpunkt leer geblieben ist:

```
jail::vmem:log=2G
```

Wenn wir also unserer Jail mit dem Namen www die Nutzung des Arbeitsspeichers auf 2 GB beschränken möchten, können wir folgenden Befehl verwenden. Im Falle einer Überschreitung wollen wir allerdings lediglich darüber informiert werden.

```
# rctl -a jail:www:vmem:log=2G
```

Wird `rctl` ohne Parameter aufgerufen, werden alle derzeit aktiven Regeln ausgegeben.

8.8.3   Ressourcennutzung anzeigen

Wir können uns die aktuelle Ressourcennutzung eines Subjekts, auf das eine Regel zutrifft, mithilfe des folgenden Befehls anzeigen lassen:

```
# rctl -uh jail:www
```

So können wir erkennen, ob wir die Obergrenze eventuell zu niedrig angesetzt haben. Der Zusatz h bewirkt, dass die Werte in besser lesbaren Einheiten wie beispielsweise Megabyte statt Byte ausgegeben werden.

8.8.4   Einschränkungen entfernen

Sollten wir Einschränkungen wieder entfernen wollen, können wir dies entweder für alle oder nur für einzelne Subjekte tun. Um alle Regeln zu löschen, verwenden wir den folgenden Befehl:

```
# rctl -r
```

Falls nur die Jail www ihre Einschränkungen verlieren soll, übergeben wir zusätzlich noch einen Filter, der das Subjekt identifiziert:

```
# rctl -r jail:www
```

8.9   Zusammenfassung

In unserem System spielen Jails eine zentrale Rolle. Wir werden fast alle Dienste und Services, die wir in diesem Buch besprechen, in separaten Jails installieren. Daher ist es wichtig, dass Du deren Prinzip verstanden hast.

Seit FreeBSD 9 haben wir eine komfortable Möglichkeit, die Nutzung von Systemressourcen für einzelne Systembestandteile zu beschränken. Damit haben wir unter FreeBSD eine leistungsfähige Alternative zu virtuellen Servern, deren Virtualisierungsverfahren das Basissystem zusätzlich belastet.

Im folgenden Kapitel werden wir einige Jails erstellen. Um den Überblick darüber zu behalten, was in welcher Jail betrieben wird, findest Du zu Beginn jedes Abschnitts den verwendeten Jail-Namen und die IP-Adresse der Jail. Diese Werte sind frei wählbar; ich empfehle Dir aber, diese vorerst bei meinen Werten zu belassen, um Verwirrung zu vermeiden.

9 Appliances konfigurieren

In diesem Kapitel, das nüchtern betrachtet den Hauptteil dieses Buchs darstellt, werden wir unserem Server beibringen, bestimmte Aufgaben zu erfüllen.

Wie bereits angekündigt, werden wir jeden Dienst in eine eigene Jail verbannen. Das erleichtert nicht nur unsere Arbeit, sie macht das Ergebnis auch erheblich sicherer und lässt unser Hostsystem weitestgehend unangetastet.

Jede Jail bzw. Appliance wird anhand des Hostnamens und der IP-Adresse identifiziert. Dies soll Dir dabei helfen, die Übersicht zu bewahren.

Zur Erinnerung nochmals die Liste der Jails, die wir verwenden werden. Sofern nicht anders angegeben, bezieht sich das jeweilige Kapitel auf die in der Einleitung genannte Jail, die Du zuvor erstellen musst, falls das noch nicht geschehen ist. Achte darauf, dass Du in die richtige Jail beziehungsweise in das Hostsystem wechselst, bevor Du Änderungen vornimmst.

Jail-Name	IP-Adresse	Funktion
db	10.0.0.1	Datenbankserver
www	10.0.0.2	Web- und FTP-Server
mail	10.0.0.3	Mailserver
cache	10.0.0.4	Cache-Server
svn	10.0.0.5	Subversion-Server
samba	10.0.0.6	Samba-Server

9.1   Datenbankserver

Jail-Name	IP-Adresse	Funktion
db	10.0.0.1	Datenbankserver

 Heutzutage kennen wir nicht mehr nur die klassischen relationalen Datenbanken wie etwa das wohl bekannteste Datenbanksystem MySQL, in letzter Zeit machen auch immer mehr sogenannte NoSQL-Systeme wie MongoDB oder CouchDB von sich reden.

Relationale Datenbanksysteme

In diesem Kapitel werden wir uns verschiedene relationale Datenbanken ansehen, nämlich MySQL, MariaDB und Drizzle. Die letzten beiden stammen von MySQL ab und wurden weiterentwickelt bzw. spezialisiert.

MariaDB ist ein sogenanntes Drop-In-Replacement für MySQL und ist somit ein Datenbanksystem, das den MySQL-Server meist ohne Änderungen an den darauf zugreifenden Applikationen ersetzen kann. Umgekehrt gilt dies allerdings nicht immer.

Drizzle hingegen ist eine abgespeckte Version von MySQL und für die Nutzung in der Cloud und auf verteilten Systemen optimiert.

9.1.1   MySQL

 MySQL liegt in den Ports in mehreren Versionen vor. Wir werden hier die Version 5.5.x verwenden, daher installieren wir den Port `databases/mysql55-server` in der Jail db. Auf dem Konfigurationsbildschirm aktivieren wir den Austausch von `mutexes` mit `spin-locks [FASTMTX]`.

Nachdem die Installation abgeschlossen ist, erhöhen wir die Sicherheit durch Anwendung des Tools `strip` auf den MySQL-Server:

```
# strip /usr/local/libexec/mysqld
```

Bevor wir die Beispieldatenbank installieren, tragen wir folgende Zeile in die /etc/rc.conf ein, um den automatischen Start des MySQL-Servers beim Start der Jail zu aktivieren:

```
mysql_enable="YES"
```

Nach dem Start installieren wir die Beispieldatenbank, sodass wir erste Daten in den Systemtabellen vorfinden.

```
# cd /usr/local/ && mysql_install_db
```

Mit diesem Befehl wechseln wir in das Verzeichnis /usr/local/ und führen das Installationsskript `mysql_install_db` aus.

Standardmäßig ist unter /usr/local/etc/ keine Konfigurationsdatei hinterlegt, daher kopieren wir uns eine Standardkonfiguration dorthin und bearbeiten von jetzt an nur diese.

```
# cp /usr/local/share/mysql/my-medium.cnf /usr/local/etc/my.cnf
```

> **Hinweis:** Solltest Du MySQL nicht in einer separaten Jail installieren, kannst Du den Zugriff über das Netz mit folgendem Parameter im Abschnitt [mysqld] in der my.cnf deaktivieren: `skip-networking`. Das erhöht die Sicherheit, ist für unseren Einsatz in einer Jail allerdings nicht hilfreich, da wir über die IP-Adresse darauf zugreifen werden.

Wir können zudem den Zugriff auf Dateien unterbinden, indem wir ebenfalls im Abschnitt [mysqld] folgenden Parameter setzen:

```
local-infile = 0
```

Falls es nicht bereits in den Voreinstellungen geschehen ist, deaktivieren wir das external-locking und setzen den standardmäßigen Zeichensatz auf UTF-8. Dieses Verfahren wird nur benötigt, wenn außer des MySQL-Servers weitere Prozesse auf die Datenbankdateien zugreifen, was bei uns allerdings nicht der Fall ist.

```
skip-external-locking
character-set-server = utf8
collation-server = utf8_general_ci
```

MySQL schreibt jede Abfrage, die auf eine der Datenbanken ausgeführt wird, in das sogenannte Binary Log. In Replikationsszenarien ist dieses Protokoll erforderlich, um den Datenbestand konsistent zu halten. Fällt eine Instanz aus, kann sie alle Veränderungen später anhand dieses Binary Logs nachführen und ist somit wieder auf dem aktuellen Stand.

Diese Aufzeichnungen sind aber auch für die Datenrettung hilfreich, sollte eine Datenbank beschädigt werden. Daher sollte das Binary Log nur in Ausnahmefällen deaktiviert werden. Da MySQL standardmäßig alle Aufzeichnungen aufhebt, steigt die Speicherbelegung der Protokolldateien je nach Beanspruchung des Servers allerdings schnell an. Daher legen wir mithilfe des Parameters `expire_logs_days` fest, wie viele Tage die Aufzeichnungen in die Vergangenheit zurückreichen sollen, bevor sie gelöscht werden.

```
expire_logs_days = 10
```

Nach einem Neustart sind die Einstellungen aktiv. Jetzt passen wir noch die Berechtigungen an, um MySQL auf Benutzer-Ebene noch etwas sicherer zu machen.

Zum ersten Mal verbinden wir uns jetzt mit dem MySQL-Server und setzen ein Passwort für den Datenbank-Superuser root. Ersetze daher <MYSQL_ROOT-PASSWORT> durch ein sicheres Passwort Deiner Wahl.

```
# mysql -u root
mysql> SET PASSWORD FOR root@localhost= \
PASSWORD(,<MYSQL_ROOT-PASSWORT>');
```

Nun löschen wir noch die Testdatenbank test, löschen den anonymen Benutzer und benennen zur Erhöhung der Sicherheit den Datenbank-Superuser root um. In diesem Beispiel ändern wir root in mysql_root:

```
mysql> DROP DATABASE test;
mysql> USE mysql;
mysql> DELETE FROM db;
mysql> DELETE FROM user WHERE user='';
mysql> UPDATE user SET user="mysql_root" WHERE user="root";
mysql> FLUSH PRIVILEGES;
mysql> EXIT;
```

Abschließend löschen wir noch den MySQL-Befehlsverlauf aus unserem Homeverzeichnis:

```
# rm -P ~/.mysql_history
```

Jetzt haben wir MySQL installiert und grundlegend abgesichert.

> **Hinweis:** Wenn wir später verschiedene Datenbanken anlegen, werden wir für jede einen eigenen Benutzer erstellen und nur diesem von einer bestimmten IP-Adresse aus den Zugriff gewähren.

MySQL: http://mysql.com/

9.1.2   MySQL-Server-Tuning

 Mit der Installation von MySQL ist es bei Weitem nicht getan. Jetzt beginnt die eigentliche Arbeit mit MySQL, nämlich die Konfiguration und das Tuning.

MySQL bietet zahlreiche Optionen, um die Performance abhängig von den jeweiligen Anforderungen und des Nutzungsszenarios zu optimieren. Für einen Laien ist die Optimierung bis ins letzte Detail eine schier unlösbare Aufgabe.

Es gibt allerdings gute Helferlein, die einem für die erste Konfiguration zur Seite stehen. Eines dieser Helferskripte ist MySQLTuner, das in Perl geschrieben ist. Sobald Du es von der Webseite *http://mysqltuner.com/* heruntergeladen hast, kannst Du es mit folgendem Befehl ausführen:

```
# perl mysqltuner.pl
```

Anschließend folgst Du den Aufforderungen der Textausgabe und erhältst daraufhin eine Empfehlung zur Anpassung Deiner Konfiguration. Die Änderungen musst Du allerdings selbst vornehmen.

Wie immer gilt auch hier: Je länger der Server läuft, desto genauer ist das Ergebnis. Aber Vorsicht: Unüberlegte Anpassungen in zu großem Stil können dazu führen, dass MySQL den gesamten verfügbaren RAM belegt und der Server langsamer wird oder gar abstürzt, was zu Datenverlust führen kann.

> **Hinweis:** So gut Skripte auch sind, alles können sie nicht abdecken. Allerdings muss an dieser Stelle kein falscher Ehrgeiz entwickelt werden. Wenn der MySQL-Server ausreichend schnell ist und nicht den Flaschenhals darstellt, muss hier nicht viel mehr optimiert werden, zumal ein noch so gut konfigurierter MySQL-Server langsam sein kann, wenn die darauf ausgeführten Abfragen nicht optimiert sind.

MySQLTuner: http://mysqltuner.com/

9.1.3 MariaDB

Die Installation und Konfiguration von MariaDB verläuft sehr ähnlich zu der von MySQL, was aufgrund der Abstammung auch nicht verwundert. Der Port heißt `databases/mariadb`.

> **Hinweis:** MariaDB ist ein Drop-In-Replacement für MySQL. Da die Dateinamen teilweise identisch sind, sollten bzw. können der MySQL- und MariaDB-Server nicht in der gleichen Jail betrieben werden.

Nach der Installation ist das Vorgehen identisch zu dem bei der MySQL-Installation. Demnach führen wir genauso das Installationsskript aus, um die Datenbanken zu befüllen, kopieren die `my.cnf` in das Verzeichnis `/usr/local/etc/` und passen sie entsprechend an.

Auch hier empfehle ich, den Datenbank-Superuser und dessen Passwort zu ändern, so wie es im MySQL-Server-Kapitel beschrieben ist.

Nachdem wir die folgende Zeile in die `/etc/rc.conf` eingetragen haben, können wir den MariaDB-Server starten. In der Prozessliste taucht er als MySQL-Server auf. Das soll uns aber nicht weiter stören. Besonderheiten von MariaDB und Informationen, wie Du diese Datenbank benutzen kannst, findest Du auf der MariaDB-Webseite.

```
mysql_enable="YES"
```

MariaDB: http://mariadb.org/

9.1.4   Drizzle

Drizzle basiert zwar auch auf MySQL, allerdings können wir MySQL nicht so einfach durch Drizzle ersetzen, wie das mit MariaDB der Fall ist. Die Installation ist aber ebenfalls mithilfe des entsprechenden Ports möglich.

Wir installieren den Port `databases/drizzle` und wählen bei den Abhängigkeiten die Default-Einstellungen. Nur bei der Installation des benötigten Ports `databases/sqlite3` empfehle ich, die Parameter [RAMTABLE] und [MEMMAN] zu aktivieren. Hierdurch werden temporäre Tabellen im RAM gespeichert bzw. wird ungenutzter Speicher wieder freigegeben.

Nach Abschluss der Installation müssen wir zur Aktivierung von Drizzle folgende Zeile in unsere `rc.conf` eintragen:

```
drizzle_enable="YES"
```

Bei der Installation wird anders als bei MySQL oder MariaDB keine Beispielkonfiguration angelegt. Daher müssen wir unsere `drizzle.conf` unter `/usr/local/etc/` selbst anlegen.

Die Konfigurationsparameter sind dabei mit denen von MySQL und MariaDB identisch, weshalb wir uns diese nicht näher ansehen. Ich rate Dir allerdings, vor dem Einsatz von Drizzle in der Dokumentation auf der Webseite genau zu prüfen, ob die von Dir eingesetzte Software Features von MySQL nutzt, die Drizzle nicht mit an Bord hat.

Nach der Konfiguration kannst Du Drizzle – so wie jeden anderen Dienst auch – starten.

Drizzle: http://www.drizzle.org/

9.1.5   Replikation von MySQL- und MariaDB-Datenbanken

MySQL und MariaDB unterstützen verschiedene Arten der Replikation, also des automatischen Abgleichs mehrerer Serverinstanzen. Wir schauen uns sowohl die Master/Slave-Replikation als auch die Master/Master-Replikation an. In beiden Fällen verwenden wir OpenSSL für die verschlüsselte Kommunikation zwischen den Servern. Da die Konfiguration für beide Datenbanksysteme identisch ist, schauen wir uns hier nur die für MySQL an.

> **Hinweis:** Falls Du bereits eine Firewall konfiguriert hast, musst Du für die Replikation den Port 3306 des zu replizierenden Servers freigeben.

Um Überraschungen zu vermeiden, stellen wir zunächst sicher, dass MySQL mit OpenSSL kompiliert ist. Dies können wir mit folgendem Befehl direkt auf dem MySQL-Server nachprüfen:

```
mysql> SHOW VARIABLES LIKE '%ssl%';
```

Jetzt sollten die Variablen have_openssl und have_ssl auf DISABLED stehen. Ist das Ergebnis der Abfrage leer, ist OpenSSL nicht vorhanden. In diesem Fall solltest Du es nachholen oder die Verbindung zwischen den Instanzen anderweitig, beispielsweise per VPN, absichern.

9.1.5.1 Master/Slave-Replikation

Bei der Master/Slave-Replikation (MSR) nimmt nur ein Server Änderungen am Datenbestand entgegen: der Master-Server. Dieser protokolliert sämtliche Änderungen an den zu replizierenden Tabellen und überträgt diese an den Slave. Der Slave hält somit eine beinahe Echtzeit-Kopie des Datenbestands des Masters bereit.

MSR: Konfiguration des Masters

Zunächst konfigurieren wir den Master, der die Änderungen an seinem Datenbestand aufzeichnen soll. Folgende Zeilen fügen wir daher in den Abschnitt [mysqld] der my.cnf ein, wobei wir dem Master die Nummer 1 geben. Die ID darf nicht mehrfach vergeben werden.

```
log-bin = /var/log/mysql/mysql-bin.log
server-id = 1
```

Zusätzlich können wir für jede Datenbank, die repliziert werden soll, eine Zeile in folgendem Format einfügen. Lassen wir diesen Parameter frei, werden alle repliziert. Das Beispiel zeigt den Eintrag für eine Datenbank mit dem Namen meine_datenbank.

```
binlog-do-db = meine_datenbank
```

SSL

Um SSL für die Verbindung zwischen den Instanzen zu verwenden, müssen wir noch die Zertifikate und Schlüssel erstellen sowie SSL aktivieren.

Als Erstes legen wir uns unter /usr/local/etc/ das Verzeichnis mysql/ssl/ an, in dem alle SSL-Daten hinterlegt werden, und wechseln dorthin, um uns Schreibarbeit zu ersparen. Danach erstellen wir mit folgenden Befehlen das CA-Zertifikat. Bei den Eingabeaufforderungen trägst Du am besten sinnvolle Werte ein. Bei Common Name solltest Du jeweils den Hostnamen des MySQL-Servers eintragen.

```
# openssl genrsa 2048 > ca-key.pem
# openssl req -new -x509 -nodes -days 3650 \
    -key ca-key.pem > ca-cert.pem
```

Jetzt brauchen wir noch ein Serverzertifikat, das wir mit den folgenden Befehlen anlegen:

```
# openssl req -newkey rsa:2048 -days 3650 \
    -nodes -keyout master-key.pem > master-req.pem
# openssl x509 -req -in master-req.pem -days 3650 \
    -CA ca-cert.pem -CAkey ca-key.pem -set_serial 01 \
    > master-cert.pem
```

Anschließend entfernen wir noch das Passwort des Schlüssels, da MySQL dies derzeit nicht unterstützt.

```
# openssl rsa -in master-key.pem -out master-key.pem
```

Zu guter Letzt müssen wir noch ein Client-Zertifikat für den Slave erstellen. Dies erreichen wir mit diesen Befehlen:

```
# openssl req -newkey rsa:2048 -days 3650 -nodes \
    -keyout slave-key.pem > slave-req.pem
# openssl x509 -req -in slave-req.pem -days 3650 \
    -CA ca-cert.pem -CAkey ca-key.pem -set_serial 01 \
    > slave-cert.pem
```

Auch hier entfernen wir das Passwort:

```
# openssl rsa -in slave-key.pem -out slave-key.pem
```

> **Hinweis:** Stelle sicher, dass der Benutzer, unter dem MySQL läuft, Lesezugriff auf das Zertifikat (master-cert.pem) und den Key (master-key.pem) hat.

Bevor wir die Client-Zertifikate auf den Slave übertragen, sollten wir auf diesem ebenfalls ein Verzeichnis anlegen, in dem die Daten abgelegt werden können. Hier bietet sich die gleiche Struktur wie auf dem Master an: /usr/local/etc/mysql/ssl/.

Nun übertragen wir die SSL-Dateien slave-* auf den Slave. Hierfür bietet sich scp an, da es leicht zu bedienen ist und verschlüsselt überträgt. Achte darauf, dass Du in den folgenden Befehlen den Benutzernamen, den SSH-Port und die IP-Adresse des Slaves richtig ersetzt.

> **Hinweis:** Sollte Dein Benutzer keinen Zugriff auf dieses Verzeichnis haben, kopiere die Dateien in das Homeverzeichnis des Remote-Benutzers, und verschiebe die Dateien anschließend mit einem privilegierten Benutzer.

```
# scp -P 4711 ca-cert.pem root@192.168.0.10:/usr/local/etc/mysql/ssl
# scp -P 4711 slave-cert.pem root@192.168.0.10:/usr/local/etc/mysql/ssl
# scp -P 4711 slave-key.pem root@192.168.0.10:/usr/local/etc/mysql/ssl
```

> **Hinweis:** Ich habe hier bewusst eine IP-Adresse aus einem anderen Netz gewählt (wir nutzen 10.0.0.x für unsere Jails), um darauf hinzuweisen, dass ein Slave sinnvollerweise auf einem anderen Server betrieben wird.

Sobald das erledigt ist, passen wir die Konfiguration des MySQL-Servers erneut an. Wir müssen ihm jetzt mitteilen, dass er SSL verwenden soll und wo er die dafür notwendigen Zertifikate findet. Daher fügen wir folgende Zeilen in die my.cnf unter /usr/local/etc/ im Abschnitt [mysqld] ein.

```
ssl-ca = /usr/local/etc/mysql/ssl/ca-cert.pem
ssl-cert = /usr/local/etc/mysql/ssl/master-cert.pem
ssl-key = /usr/local/etc/mysql/ssl/master-key.pem
```

Benutzer anlegen

Anschließend müssen wir den MySQL-Daemon neu starten, sodass die Einstellungen wirksam werden. Nun legen wir noch einen Replikationsbenutzer an, der die Berechtigung hat, die Binärprotokolle zu lesen.

Hierzu melden wir uns über den MySQL-Client am Master-Server an und geben folgende Befehle ein, wobei einige Dinge ersetzt werden müssen.

Ersetze repl_user durch einen Benutzernamen Deiner Wahl und repl_passwort durch ein sicheres Passwort für diesen Benutzer. Zudem muss die IP-Adresse 192.168.0.10 durch die IP-Adresse des Slave-Servers ersetzt werden.

```
mysql> GRANT REPLICATION SLAVE ON *.* \
    TO 'repl_user'@'192.168.0.10' IDENTIFIED BY 'repl_passwort' REQUIRE SSL;
mysql> FLUSH PRIVILEGES;
```

Jetzt sperren wir alle Datenbanken, um Änderungen daran zu verhindern, sodass wir initial einen identischen Datenbestand herstellen können.

```
mysql> FLUSH TABLES WITH READ LOCK;
```

Mit dem folgenden Befehl lassen wir uns die wichtigen Daten zur Replikation anzeigen. Diese benötigen wir später, wenn wir den Slave mit der Replikation beauftragen.

```
mysql> SHOW MASTER STATUS;
```

Aus der Ausgabe dieses Befehls müssen wir uns die Werte von File und Position notieren.

Jetzt erstellen wir einen Dump in unserem Homeverzeichnis und führen daher folgenden Befehl aus. Auch hier musst Du die entsprechenden Werte ersetzen.

```
# mysqldump -u mysql_root -pmysql_root-Passwort \
    --opt meine_datenbank > /root/meine_datenbank.dump.sql
```

> **Hinweis:** Zwischen dem Parameter -p und dem MySQL-Passwort steht kein Leerzeichen.

Bevor wir diesen Dump per scp an den Slave übertragen, komprimieren wir ihn noch, um die Übertragungsdauer zu reduzieren. Den scp-Befehl kennst Du ja bereits.

```
# tar -czf /root/meine_datenbank.dump.sql.tar.gz \
    /root/meine_datenbank.dump.sql
# scp -P 4711 /root/meine_datenbank.dump.sql.tar.gz \
    root@192.168.0.10:/root
```

Nun können wir die Lese-Sperre der Datenbanken wieder entfernen und uns vom MySQL-Server abmelden.

```
mysql> UNLOCK TABLES;
mysql> EXIT;
```

MSR: Konfiguration des Slave

Jetzt ist der Slave dran. Auch für den Slave tragen wir eine eindeutige ID in seine my.cnf ein. Gleichzeitig sagen wir ihm, wie lange er versuchen soll, eine Verbindung zum Master herzustellen, und welche Datenbanken er replizieren soll.

```
server-id = 2
master-connect-retry = 60
replicate-do-db = meine_datenbank
```

SSL müssen wir in der my.cnf nicht weiter konfigurieren. Jetzt müssen wir den MySQL-Server neu starten. Anschließend erstellen wir eine leere Datenbank, die denselben Namen hat wie die Datenbank, die repliziert werden soll.

```
mysql> CREATE DATABASE meine_datenbank;
mysql> EXIT;
```

Nachdem wir den Replizierprozess auf dem Slave gestoppt haben, importieren wir den Dump vom Master in diese leere Datenbank. Diesen müssen wir zuvor aber natürlich erst wieder dekomprimieren.

```
# tar -xzf meine_datenbank.dump.sql.tar.gz
# mysqladmin --user=mysql_root --password=mysql_root-Passwort stop-slave
# mysql -u mysql_root -pmysql_root-Passwort meine_datenbank < \
    meine_datenbank.dump.sql
```

Nach dem erfolgreichen Import sagen wir dem Slave, wer sein Master ist und wie er mit ihm kommunizieren kann. In dem nachfolgenden Befehl musst Du xxx.xxx.xxx.xxx durch die IP-Adresse des Masters ersetzen, über die er vom Slave aus erreichbar ist. repl_user und repl_passwort müssen durch Deinen Replizier-User ersetzt werden.

In diesem Befehl benötigen wir nun auch die Daten, die wir uns im vorherigen Abschnitt notiert haben. 000001 muss durch den Wert von File, 12 durch den Wert von Position ersetzt werden.

```
mysql> CHANGE MASTER TO MASTER_HOST='xxx.xxx.xxx.xxx', \
    MASTER_USER='repl_user', \
    MASTER_PASSWORD='repl_passwort', \
    MASTER_LOG_FILE='mysql-bin.000001', \
    MASTER_LOG_POS=12, \
    MASTER_SSL=1, \
    MASTER_SSL_CA = '/usr/local/etc/mysql/ssl/ca-cert.pem', \
    MASTER_SSL_CERT = '/usr/local/etc/mysql/ssl/slave-cert.pem', \
    MASTER_SSL_KEY = '/usr/local/etc/mysql/ssl/slave-key.pem';
```

Anschließend starten wir den Replizierprozess und schauen uns den aktuellen Status an.

```
mysql> START SLAVE;
mysql> SHOW SLAVE STATUS;
```

Wenn die Flags Slave_IO_Running und Slave_SQL_Running den Wert Yes haben, hat alles funktioniert und die Replikation ist im Gange. Werden Änderungen am Master vorgenommen, so werden diese direkt auch auf dem Slave angewendet.

Sollte die Replikation nicht funktionieren, geben die Log-Dateien Auskunft und erste Anhaltspunkte, wo ein Fehler aufgetreten sein könnte.

9.1.5.2 Master/Master-Replikation

Anders als bei der Master/Slave-Replikation (MSR) können bei der Master/Master-Replikation (MMR) beide MySQL-Instanzen Änderungen entgegen nehmen. Dies ist beispielsweise für Loadbalancing- und Failover-Szenarien interessant, in denen mehrere Systeme parallel den gleichen Datenbestand bereitstellen aber auch Änderungen entgegen nehmen sollen.

Schreibvorgänge auf beiden Master-Instanzen gleichzeitig zu ermöglichen ist allerdings riskant und muss beim Entwurf des Datenmodells berücksichtigt werden, da hier Inkonsistenzen auftreten können. Vielmehr ist diese Art der Replikation in Failover-Szenarien interessant, da so Schreibvorgänge im Falle eines Aus-

falls des ersten Masters einfach auf den zweiten umgeleitet werden können.
Sobald der erste Master wieder aktiv ist, repliziert er die Daten des zweiten und
steht wieder als Failover-System bereit.

MMR: Konfiguration des ersten Masters

Die Konfiguration des ersten Masters ist identisch mit der bei der Master/Slave-
Konfiguration, daher schauen wir uns nur die Unterschiede an.

In der my.cnf müssen wir zusätzlich folgende Zeilen im Abschnitt [mysqld]
eintragen. Da wir zwei Replizierbenutzer haben (einen auf Master1 und einen auf
Master2), habe ich hier jeweils eine Zahl an den Benutzernamen bzw. das Passwort gehängt, wobei repl_user2 auf dem zweiten Master angelegt wurde.

```
replicate-same-server-id = 0
auto-increment-increment = 2
auto-increment-offset = 1
master-host = 192.168.0.10
master-user = repl_user2
master-password = repl_passwort2
relay-log = /var/db/mysql/slave-relay.log
relay-log-index = /var/db/mysql/slave-relay-log.index
```

Auch hier müssen wieder die entsprechenden Werte ersetzt werden. Nach einem
Neustart sind die Einstellungen aktiv.

Wie auch in der MSR schauen wir uns den aktuellen Status an und erstellen
einen Dump unserer Datenbank meine_datenbank.

```
mysql> USE meine_datenbank;
mysql> FLUSH TABLES WITH READ LOCK;
mysql> SHOW MASTER STATUS;
```

Von der Ausgabe des letzten Befehls notieren wir uns wieder die Werte von File
und Position. Nachdem wir anschließend den Dump wie bei der MSR erstellt
und auf den zweiten Master übertragen haben, kümmern wir uns um ihn.

MMR: Konfiguration des zweiten Masters

Der zweite Master muss identisch zum ersten Master konfiguriert werden. Allerdings müssen auch hier die server-id und die hervorgehobenen Werte im nachfolgenden Auszug aus der my.cnf angepasst werden.

```
replicate-same-server-id = 0
auto-increment-increment = 2
auto-increment-offset = 2
master-host = xxx.xxx.xxx.xxx
master-user = repl_user1
master-password = repl_passwort1
```

```
master-connect-retry = 60
relay-log = /var/db/mysql/slave-relay.log
relay-log-index = /var/db/mysql/slave-relay-log.index
```

Wie auch auf dem ersten Master versehen wir unsere Datenbank mit einer Sperre und lassen uns den Status ausgeben.

```
mysql> USE meine_datenbank;
mysql> FLUSH TABLES WITH READ LOCK;
mysql> SHOW MASTER STATUS;
```

Auch diese Werte müssen wir uns notieren. Anschließend können wir die Schreibsperre wieder entfernen.

```
mysql> UNLOCK TABLES;
```

Jetzt können wir den ersten Master zum Master des zweiten Masters machen und den Replizierprozess starten.

```
mysql> CHANGE MASTER TO MASTER_HOST='xxx.xxx.xxx.xxx', \
    MASTER_USER='repl_user1', \
    MASTER_PASSWORD='repl_passwort1', \
    MASTER_LOG_FILE='mysql-bin.000001', \
    MASTER_LOG_POS=12, \
    MASTER_SSL=1, \
    MASTER_SSL_CA = '/usr/local/etc/mysql/ssl/ca-cert.pem', \
    MASTER_SSL_CERT = '/usr/local/etc/mysql/ssl/master1-cert.pem', \
    MASTER_SSL_KEY = '/usr/local/etc/mysql/ssl/master1-key.pem';
mysql> START SLAVE;
mysql> SHOW SLAVE STATUS;
```

Auch hier ist wie bereits zuvor darauf zu achten, dass die Flags Slave_IO_Running und Slave_SQL_Running auf Yes stehen.

Anschließend wiederholen wir diese Schritte, um den zweiten Master zum Master des ersten Masters zu machen. Zuvor müssen wir aber den Replizierprozess stoppen.

```
mysql> STOP SLAVE;
mysql> CHANGE MASTER TO MASTER_HOST='192.168.0.10', \
    MASTER_USER='repl_user2', \
    MASTER_PASSWORD='repl_passwort2', \
    MASTER_LOG_FILE='mysql-bin.000007', \
    MASTER_LOG_POS=67, \
    MASTER_SSL=1, \
    MASTER_SSL_CA = '/usr/local/etc/mysql/ssl/ca-cert.pem', \
    MASTER_SSL_CERT = '/usr/local/etc/mysql/ssl/master2-cert.pem', \
    MASTER_SSL_KEY = '/usr/local/etc/mysql/ssl/master2-key.pem';
```

Nun aktivieren wir die Replikation wieder. Mithilfe der Ausgabe der Statusabfrage können wir überprüfen, ob diese funktioniert.

```
mysql> START SLAVE;
mysql> SHOW SLAVE STATUS;
```

Wenn alles geklappt hat, kannst Du auf dem ersten Master Änderungen vornehmen, die automatisch auf den zweiten Master übertragen werden und umgekehrt. Dieses Szenario lässt sich um weitere Server erweitern.

9.1.6   Zusammenfassung

Die Installation unserer ersten Appliance ist nun abgeschlossen. Wir haben einen Datenbankserver aufgesetzt, der mit zu den zentralen Diensten auf unserem Server zählt.

Der Datenbankserver wird später nicht nur unseren E-Mail-Verkehr steuern, er wird auch die Datenversorgung von Webseiten übernehmen und die Benutzerdaten des FTP-Servers beherbergen.

Mit der Replikation haben wir uns ein Thema angesehen, das für Dich als Einsteiger sicherlich nicht von größter Bedeutung ist und eher zu den komplexen Aufgaben zählt. Dennoch sollten Dir die Möglichkeiten bekannt sein, Daten permanent zu spiegeln, gerade auch wegen der zentralen Rolle, die der Datenbankserver übernimmt.

9.2   Webserver

Jail-Name	IP-Adresse	Funktion
www	10.0.0.2	Web- und FTP-Server

Der wohl bekannteste Webserver ist der Apache. Er ist sehr leistungsfähig und der am weitesten verbreitete Webserver im Internet. Wir werden uns aber mit einem moderneren und leichtgewichtigeren Webserver beschäftigen, nämlich mit nginx (sprich: »engine-x«).

Da PHP die wohl meistgenutzte Programmiersprache für Webapplikationen ist, werden wir uns ansehen, wie wir deren Interpreter mit dem Webserver verbinden.

9.2.1 nginx

Wenn es um die richtige Wahl des Webservers geht, ist nginx mein Top-Favorit. Er bringt alles mit, was einen modernen Webserver ausmacht. Gleichzeitig wird er permanent weiterentwickelt und lässt sich aufgrund der zahlreichen Erweiterungen zum Alleskön-ner umfunktionieren.

nginx: http://nginx.org/

9.2.1.1 Installation und Konfiguration

nginx installieren wir aus den Ports, wobei wir für unsere Instal-lation folgende Parameter auswählen:

- [FILE_AIO]
- [HTTP_MODULE]
- [HTTP_REALIP_MODULE]
- [HTTP_REWRITE_MODULE]
- [HTTP_SSL_MODULE]

Die Konfigurationssyntax von nginx kennt mehrere logische Unterteilungen, sogenannte Direktiven, wobei http, server und location die wichtigsten sind.

> **Hinweis:** Schau Dir beim Lesen dieses Abschnitts parallel die nachfolgend abgebil-dete Konfiguration an, um besser zu verstehen, wie das Ganze am Ende aussehen soll.

Im allgemeinen Teil, der außerhalb eines definierten Abschnitts liegt, werden grundlegende Einstellungen vorgenommen. Hier stehen beispielsweise der Benut-zer, unter dem nginx laufen soll, und die Anzahl der Worker-Prozesse.

Direktiven beginnen in der nginx-Konfiguration mit einem Schlüsselwort, optionalen Parametern und einer öffnenden geschweiften Klammer. In diesem Abschnitt werden dann Parameter gesetzt, URL-Umschreibungen vorgenommen etc. Ein solcher Abschnitt wird mit einer schließenden geschweiften Klammer abgeschlossen.

Manche dieser logischen Bereiche dürfen nur einmal auftreten, manche mehr-fach. Beispielsweise kann der Abschnitt http nur einmal definiert werden. Hierin werden Einstellungen vorgenommen, die für alle virtuellen Hosts (kurz: vHosts) gelten sollen.

Andererseits kann der Abschnitt server so oft vorkommen, wie es vHosts gibt, das Gleiche gilt für die location-Direktive, mit der besondere Regeln und Einstellungen für Dateien und Verzeichnisse definiert werden können.

> **Hinweis:** Das Wiki von nginx ist sehr gut. Hier ist genau beschrieben, welche Direktive in welchem Kontext verwendet wird bzw. welche Werte ein Parameter annehmen kann.

Sobald Du den Aufbau der nginx-Konfiguration anhand des nachfolgenden Beispiels verstanden hast, nehmen wir die Grund-konfiguration unter /usr/local/etc/nginx/nginx.conf vor. Hierin definieren wir auch einen Default-Host, der immer dann angesprochen wird, wenn kein anderer vHost auf die Anfrage passt.

Die folgende Konfiguration bietet Dir eine gute Ausgangsbasis, die bereits einige Optimierungen enthält, wobei Du den einen oder anderen Parameter an Deine Systemumgebung anpassen musst.

Ein paar Parameter schauen wir uns gleich noch an. Wenn Du mehr zu einzelnen Parametern wissen willst, empfehle ich einen Blick ins Wiki auf *http://wiki.nginx.org/.* Wichtig ist erst mal, dass Dir der Aufbau klar wird.

```
user    www www;
worker_processes    8;
pid    /var/run/nginx.pid;
worker_rlimit_nofile    8192;

events {
    use    kqueue;
    worker_connections    8192;
}

http {
    set_real_ip_from    xxx.xxx.xxx.xxx;
    real_ip_header    'X-Forwarded-For';

    # Logging
    log_format  main '$remote_addr - $remote_user \
    [$time_local] $status ' \
        '"$request" $body_bytes_sent "$http_referer" \
        "$http_user_agent" \
        "$http_x_forwarded_for"';
    access_log    off;
    error_log    /var/log/nginx-error.log crit;

    # MIME-Types
    include    mime.types;
    default_type    application/octet-stream;
```

```
# Allgemeines
index    index.php index.htm;
server_tokens    off;
client_header_timeout    5;
client_body_timeout    10;
client_max_body_size    16m;
ignore_invalid_headers    on;
send_timeout    10;

# Performance-Tuning
sendfile    on;
server_names_hash_bucket_size    128;
tcp_nodelay    on;
tcp_nopush    on;
aio    sendfile;
keepalive_timeout    15;

# GZIP
gzip    on;
gzip_min_length    1000;
gzip_vary    on;
gzip_http_version    1.1;
gzip_comp_level    6;
gzip_proxied    any;
gzip_buffers    16 8k;
gzip_types    text/plain text/css application/x-javascript \
    text/xml application/xml application/xml text/javascript;
gzip_disable    "MSIE [1-6]\.";

# SSL
ssl_ciphers    ALL:!aNULL:!ADH:!eNULL:!MEDIUM:!LOW:!EXP: \
    RC41RSA:1HIGH:!kEDH;

# vHost-Konfigurationen
include    /www/vhosts/config/<domain>;

# Leerer vHost (Default)
server {
   server_name    _;
   listen    80    default;
   access_log    off;
   error_log    off;

   root    /www/vhosts/defaulthost/htdocs;

   # Error-Pages
   include    error_pages.conf;

   location / {
      index    index.htm;
      rewrite    ^    index.htm;
   }
 }
}
```

Die Variable `worker_processes` spiegelt die Anzahl der Worker-Prozesse wider. Die allgemeine Empfehlung ist hier, je CPU-Thread einen Worker zu starten. Bei einer QuadCore-CPU mit jeweils zwei Threads würden wir demnach den Wert 8 angeben (4 Cores * 2 Threads).

Unter `set_real_ip_from` musst Du die IP-Adresse des Loadbalancers beziehungsweise Deines Reverse-Proxies angeben. Dieser Parameter berichtigt die Log-Einträge, sollte nginx hinter einem Loadbalancer oder Reverse-Proxy betrieben werden. Ist das nicht der Fall, dann kannst Du Dir diese Anweisung sparen.

Der Parameter `client_max_body_size` ist dann interessant, wenn Du die maximale Upload-Größe beispielsweise in PHP begrenzen willst. Diese beiden Werte müssen aneinander angeglichen werden. Das bedeutet: Wenn der Parameter `upload_max_filesize` in der PHP-Konfiguration auf 16m (= 16 MB) gesetzt ist, muss hier auch 16m angegeben werden, da der kleinere Wert eine beschränkende Wirkung hat.

Die vHost-Konfigurationen legen wir unter /www/vhosts/config/ ab, wobei ich gerne den Domainnamen als Dateinamen der Konfiguration verwende. Zwar kannst Du anstelle von <domain> auch ein * schreiben, dann werden alle Dateien in diesem Verzeichnis eingebunden. Allerdings empfehle ich, für jede Konfiguration eine eigene Zeile zu schreiben, um den Überblick zu behalten.

Wo Du Deine vHosts ablegst, ist grundsätzlich Dir überlassen. Du musst aber darauf achten, dass die Berechtigungen für den gewählten Speicherort richtig gesetzt sind. Für die vHosts erstellen wir ein separates Verzeichnis mithilfe der folgenden Befehle:

```
# mkdir -p /www/vhosts/config/
# chown -R www:www /www/
# chown root:wheel /www/vhosts/config/
```

> **Hinweis:** Wir haben nginx so konfiguriert, dass es unter dem Benutzer www läuft, weshalb wir ihn zum Besitzer des Verzeichnisses machen.

Da nginx später automatisch starten soll, tragen wir die folgende Zeile in die rc.conf der Webserver-Jail ein:

```
nginx_enable="YES"
```

9.2.1.2 vHosts anlegen

In der oben gezeigten Grundkonfiguration ist am Ende ein Default-vHost angegeben. Sollte keiner der zuvor abgefragten Servernamen zutreffen, wird dieser vHost verwendet.

Bei einer Anfrage an den Server arbeitet nginx die einzelnen Host-Definitionen ab und prüft anhand der Variable `server_name`, welche nun passend ist. Passt keine, wird der Host mit dem Zusatz `default` bzw. mit dem Namen `_` (Unterstrich) verwendet.

> **Hinweis:** Zwar unterstützt nginx auch Wildcards in der Liste der Servernamen (beispielsweise `*.example.com`), allerdings wird empfohlen, die zutreffenden Domainnamen explizit auszuschreiben, um die Suche nach einem passenden vHost zu verkürzen.

Ein funktionierender vHost besteht grundsätzlich nur aus einem Namen und dem Wurzelverzeichnis der Webseite, sieht also prinzipiell so aus:

```
server {
    server_name   example.com www.example.com;
    root    /www/vhosts/example.com/htdocs;
}
```

Für statische Inhalte wäre der Server nun bereits fertig konfiguriert und könnte Daten ausliefern. Wir wollen nginx aber zumindest noch für den Einsatz in Verbindung mit PHP konfigurieren.

9.2.1.3 Die location-Direktive

Am einfachsten lässt sich diese Direktive anhand eines konkreten Beispiels erklären. Und zwar wollen wir erreichen, dass alle Dateien, die auf ».php« enden, vom PHP-Interpreter verarbeitet werden.

> **Hinweis:** PHP muss für die Kommunikation mit nginx erst konfiguriert werden. Wie das funktioniert, erkläre ich im nachfolgenden Abschnitt. Die Konfiguration von nginx ist demnach nur einer von zwei Schritten.

Innerhalb unserer server-Direktive erstellen wir einen neuen Abschnitt. Dieser arbeitet mit einem logischen Ausdruck (kurz: regex) der definiert, welchem Muster eine Anfrage entsprechen muss, um die in diesem Abschnitt definierten Einstellungen anzuwenden.

```
location ~ \.php$ {
    fastcgi_pass   10.0.0.2:9000;
    fastcgi_index index.php;
    fastcgi_param SCRIPT_FILENAME $document_root$fastcgi_script_name;
    include fastcgi_params;
}
```

> **Hinweis:** Zwischen $document_root und $fastcgi_script_name steht kein Leer-
> zeichen und kein / (Backslash). Der Backslash ist bereits Bestandteil von
> $fastcgi_script_ name.

Hier geben wir an, dass alle Anfragen mit der Endung ».php« an den FastCGI-
Prozess weitergeleitet werden sollen, der unter der IP-Adresse 10.0.0.2 auf Port
9000 erreichbar ist. FastCGI deshalb, da nginx nicht anders mit PHP kommunizieren kann.

Ein FastCGI-Prozess kann auch so konfiguriert werden, dass er nicht an eine
IP-Adresse gebunden ist, sondern dass mit ihm per Socket kommuniziert werden
kann. In diesem Fall verwendest Du folgenden Parameter, wobei Du den Pfad zur
Socket-Datei an Deine Konfiguration anpassen musst:

```
fastcgi_pass  unix:/var/run/php-fpm.sock;
```

> **Hinweis:** Ob der Server per Socket oder besser per IP-Adresse mit dem FastCGI-Pro-
> zess kommunizieren soll, wird regelmäßig ausgiebig diskutiert. Zwar ist die Socket-
> Verbindung etwas schneller, allerdings hat PHP hin und wieder Probleme beim Zugriff
> per Socket. Meine Empfehlung ist daher, beides auszuprobieren und die Einstellung
> zu verwenden, die weniger Probleme macht. Sollte allerdings Loadbalancing ein
> Thema sein, fällt die Socket-Option weg.

Zudem legen wir in unserem Beispiel fest, dass die Datei index.php die Standard-
seite ist, die aufgerufen wird, falls kein Dateiname angegeben ist. Der abschlie-
ßende include-Befehl integriert die in der Datei fastcgi_params eingetragenen
FastCGI-Parameter.

Für PHP haben sich folgende Einstellungen in der Datei /usr/local/etc/nginx/
fastcgi_params bewährt:

```
fastcgi_param  QUERY_STRING $query_string;
fastcgi_param  REQUEST_METHOD $request_method;
fastcgi_param  CONTENT_TYPE $content_type;
fastcgi_param  CONTENT_LENGTH $content_length;
fastcgi_param  SCRIPT_NAME $fastcgi_script_name;
fastcgi_param  REQUEST_URI $request_uri;
fastcgi_param  DOCUMENT_URI $document_uri;
fastcgi_param  DOCUMENT_ROOT $document_root;
fastcgi_param  SERVER_PROTOCOL $server_protocol;
fastcgi_param  GATEWAY_INTERFACE CGI/1.1;
fastcgi_param  SERVER_SOFTWARE nginx/$nginx_version;
fastcgi_param  REMOTE_ADDR $remote_addr;
fastcgi_param  REMOTE_PORT $remote_port;
fastcgi_param  SERVER_ADDR $server_addr;
fastcgi_param  SERVER_PORT $server_port;
fastcgi_param  SERVER_NAME $server_name;
fastcgi_param  REDIRECT_STATUS 200;
```

```
fastcgi_connect_timeout    60;
fastcgi_send_timeout      180;
fastcgi_read_timeout      180;
fastcgi_buffer_size       128k;
fastcgi_buffers    256 16k;
fastcgi_busy_buffers_size      256k;
fastcgi_temp_file_write_size    256k;
fastcgi_intercept_errors    on;
fastcgi_max_temp_file_size    0;
```

Nach einem Neustart von nginx werden PHP-Dateien nun vom FastCGI-Prozess verarbeitet, falls PHP bereits als FastCGI-Prozess läuft, was bei unserem Server bisher nicht der Fall ist.

9.2.1.4 Ein vollständiger vHost

Ein nginx-vHost lässt sich mit zahlreichen Parametern konfigurieren. Nachfolgend findest Du ein Beispiel, das den einen oder anderen Tipp enthält und Dir als Ausgangsbasis für eigene Konfigurationen dienen soll. Hierbei werden alle vHosts unterhalb des Verzeichnisses /www/vhosts/ abgelegt.

```
server {
    # Domainnamen dieses vHosts
    server_name    example.com www.example.com;

    # vHost-Verzeichnis festlegen
    set $dir    example.com;
    listen    80;
    access_log    /www/vhosts/$dir/.log/nginx.access.log main;
    error_log    /www/vhosts/$dir/.log/nginx.error.log crit;
    root    /www/vhosts/$dir/htdocs;
    index    index.php index.htm;

    # Logge diese 404-Fehler nicht
    location ~ ^/(robots\.txt|favicon\.ico) {
        log_not_found    off;
    }

    # Zugriff auf .-Files verhindern
    location ~ /\. {
        deny    all;
    }

    # Falls die gesuchte Datei existiert, Verarbeitung abkürzen
    if (-f $request_filename) {
        break;
    }
```

```
# DocumentRoot
location / {
    # Expiry-Header für Grafiken
    location ~ \.(jp(e)?g|gif|css|png|js)$ {
        access_log   off;
        expires   30d;
    }

    # PHP-Instanz
    location ~ \.php$ {
        fastcgi_pass   10.0.0.2:9000;
        # unix:/var/run/php-example_com.sock;
        fastcgi_index   index.php;
        fastcgi_param   SCRIPT_FILENAME \
            $document_root$fastcgi_script_name;
        include   fastcgi_params;
    }
}
}
```

9.2.1.5 Berechtigungen richtig setzen

 Standardmäßig wird nginx unter dem Benutzer www betrieben, weshalb dieser natürlich Zugriff auf die im Wurzelverzeichnis der Webseite abgelegten Dateien haben muss. Folgende Verzeichnisstruktur empfehle ich je vHost, falls nur statische Inhalte lesend ausgeliefert werden sollen:

```
drwxr-x---   www   www   .log/
dr-xr-x---   www   www   htdocs/
```

Im Verzeichnis .log werden die access- und error-Logdateien abgelegt. Das Verzeichnis htdocs enthält die eigentliche Webseite. Für dieses Verzeichnis reichen dem Benutzer www lesende Rechte aus, falls nur statische Inhalte bereitgestellt werden sollen. Die darin enthaltenen Dateien können folgende Berechtigungen aufweisen:

```
-r--r-----   www   www   index.htm
```

> **Hinweis:** Für den Einsatz mit PHP werden wir die Verzeichnisstruktur noch erweitern und die Berechtigungen anpassen.

9.2.1.6 Passwortschutz für Verzeichnisse

 Einzelne Verzeichnisse lassen sich mittels der sogenannten »Basic Authentication« vor unbefugtem Zugriff schützen. Hierzu muss einerseits der Zugriff auf das zu schützende Verzeichnis im Webserver konfiguriert werden, andererseits ist eine Benutzerdatenbank erforderlich, die zulässige Benutzernamen und deren Passwörter bereithält.

Die location-Direktive haben wir bereits kennengelernt. Hiermit können wir Einstellungen für einzelne Verzeichnisse vornehmen.

Wollen wir also beispielsweise das Unterverzeichnis »admin« mit einem Passwortschutz belegen, fügen wir folgende hervorgehobene Direktive innerhalb der DocumentRoot-Direktive aus unserem Beispiel ein:

```
# DocumentRoot
location / {
    (...)
    location ^~ /admin/ {
        auth_basic     "Restricted";
        auth_basic_user_file    /www/vhosts/$dir/basic_auth.conf;
    }
}
```

Nach einem Neustart wird nginx Dich nun auffordern, einen Benutzernamen und ein Passwort einzugeben, sobald Du per Browser auf das Verzeichnis /admin/ zugreifen willst.

Jetzt müssen wir natürlich noch die Benutzerdatenbank pflegen, deren Pfad wir im Parameter auth_basic_user_file angegeben haben.

Ein Datensatz in dieser Datenbank hat folgendes Format, wobei das Passwort verschlüsselt gespeichert wird:

```
BENUTZER:PASSWORT:KOMMENTAR
```

Das verschlüsselte Passwort können wir leicht mithilfe einer Code-Zeile in der Programmiersprache Perl erstellen.

Wenn Perl installiert ist, kannst Du folgenden Befehl auf der Shell ausführen, wobei Du password durch das Passwort des Benutzers und salt durch zufällig gewählte Zeichen, die für die Verschlüsselung verwendet werden, ersetzt.

```
perl -le 'print crypt("password", "salt")'
```

So sähe demnach der Aufruf aus, wenn wir das Passwort klIHnjKms mit der Zeichenkette XyZ0123 verschlüsseln möchten:

```
perl -le 'print crypt("klIHnjKms", "XyZ0123")'
```

Das Ergebnis dieses Befehls lautet dann Xy6jahvTqOt6o, was wir in die Benutzerdatenbank einfügen. Unser erster Datensatz für den Benutzer »admin« sähe dann wie folgt aus, wobei wir »Administrator« als Kommentar mit angeben:

```
admin:Xy6jahvTqOt6o:Administrator
```

Hinweis: Das Passwort lässt sich nicht nur mit Perl erstellen, sondern auch beispielsweise mit Python oder Ruby.

Wenn Du jetzt das geschützte Verzeichnis erneut aufrufst und den Benutzernamen und das Passwort angibst, solltest Du in den geschützten Bereich gelangen.

9.2.1.7   SSL-Verschlüsselung für vHosts

 Die Verbindung zu einem Webserver lässt sich einfach per *Secure Socket Layer* (SSL) absichern. Auf diese Weise werden keine Daten im Klartext zwischen dem Webbrowser auf dem Client und dem Webserver übertragen. Das ist insbesondere dann von Bedeutung, wenn persönliche Daten und Zugangsdaten übermittelt werden sollen.

Die ersten Vorbereitungen für den Einsatz von SSL haben wir bereits während der Installation von nginx getroffen, indem wir das SSL-Modul aktiviert haben.

SSL lässt sich für einen vHost sehr einfach aktivieren. Hierfür müssen wir lediglich den Parameter listen anpassen und zwei weitere SSL-Parameter einfügen, mit deren Hilfe wir die Pfade zum Zertifikat und dessen Schlüssel angeben. Da verschlüsselte http-Verbindungen (https) auf dem Port 443 aufgebaut werden, ersetzen wir den Port 80 in unserer Anweisung demnach durch den https-Port und fügen das Schlüsselwort ssl an.

```
(...)
listen    443   ssl;
ssl_certificate   /www/vhosts/example.com/ssl/example.com.crt;
ssl_certificate_key /www/vhosts/example.com/ssl/example.com.key;
ssl_session_cache    shared:ssl_cache:5m;
ssl_prefer_server_ciphers  on;
(...)
```

Bevor wir nginx nun neu starten, müssen wir noch das SSL-Zertifikat erstellen. Dieses legen wir zusammen mit dem Schlüssel im Verzeichnis ssl/ unterhalb des vHost-Verzeichnisses ab, welches wir mit folgenden Befehlen erstellen:

```
# cd /www/vhosts/example.com/
# mkdir ssl
# chown root:wheel ssl
# chmod 700 ssl
```

Zunächst erstellen wir den Schlüssel für das SSL-Zertifikat. Wenn Du aufgefordert wirst ein Passwort einzugeben, lege eines fest, wir werden es später aber wieder entfernen, da nginx sonst bei jedem Start nach einem Passwort verlangt.

```
# openssl genrsa -des3 -out ssl/example.com.key 1024
```

Mithilfe des folgenden Befehls entfernen wir das Passwort des Schlüssels.

```
# openssl rsa -in ssl/example.com.key -out ssl/example.com.key
```

Anschliessend müssen wir den *Certificate Signing Request* (CSR) erstellen. Die Fragen nach Land, Organisation etc. solltest Du, so gut es geht, beantworten. Wichtig ist, dass der *Common Name* mit dem Domain-Namen für den das Zertifikat gültig sein soll, übereinstimmt. Das Passwort solltest Du leer lassen.

```
# openssl req -new -key ssl/example.com.key -out ssl/example.com.csr
```

> **Hinweis:** Wir erstellen hier ein sogenanntes »selbstsigniertes« Zertifikat. Das bedeutet, dass wir keine vertrauenswürdige Organisation damit beauftragen, die Gültigkeit zu bestätigen, sondern dies selbst tun. Der »Nachteil« daran ist, dass Besucher der Webseite mit einem Hinweis darüber informiert werden. Für öffentliche Webseiten ist es daher empfehlenswert, ein »fremdsigniertes« Zertifikat zu kaufen.
>
> Um ein Zertifikat von einer vertrauenswürdigen Organisation signieren zu lassen, benötigst Du den soeben erstellten *Certificate Signing Request* (CSR). Diesen musst Du in der Regel bei der Bestellung direkt übermitteln.

Nun erstellen und signieren wir unser Zertifikat mit einer Gültigkeit von 10 Jahren und setzen die Berechtigungen möglichst eng, bevor wir nginx neu starten.

```
# openssl x509 -req -days 3650 -in ssl/example.com.csr \
    -signkey ssl/example.com.key -out ssl/example.com.crt
# chmod 400 ssl/example.com*
# /usr/local/etc/rc.d/nginx restart
```

Sobald wir in der Firewall den Port 443 freigegeben und eine Weiterleitungsregel an die Webserver-Jail für diesen Port definiert haben, ist dieser vHost auch über eine verschlüsselte Verbindung erreichbar.

9.2.1.8 nginx gegen (D)DoS-Attacken rüsten

Es gibt zahlreiche Möglichkeiten, einen Server in die Knie zu zwingen und darauf betriebene Dienste somit in ihrer Erreichbarkeit einzuschränken.

Ein sehr beliebtes Ziel sind Webserver, da hier der größte sichtbare Effekt erzielt wird. Je nach Art und Umfang eines Angriffs kann diesem mehr oder weniger standgehalten werden.

Zwar hängt die Standhaftigkeit von einer Vielzahl von Faktoren ab (Bandbreite, eingesetzte Software, Infrastruktur etc.), allerdings sollten wir im Falle eines Falles nichts unversucht lassen und neben der Firewall – die wir ja bereits entsprechend konfiguriert haben – auch nginx bestmöglich auf Angriffe vorbereiten.

Das Ziel der meisten Angriffsarten ist die Auslastung der Systemressourcen oder der zur Verfügung stehenden Bandbreite, mit der der Server ans Internet angeschlossen ist. Unser Ziel ist es daher, die Ressourcenverwendung von nginx weiter zu reduzieren und je Anfrage die verfügbare Bandbreite zu beschränken.

Bei einem (D)DoS (kurz für (Distributed) Denial of Service) ist es wichtig, ressourcenfressende Verbindungen schnellstmöglich wieder zu beenden. In der oben genannten Beispielkonfiguration sind im Abschnitt http die relevanten Timeout-Parameter bereits auf recht kleine Werte gesetzt. Es kann aber nicht schaden, diese noch einmal zu kontrollieren.

Interessant sind für uns dabei vor allem folgende Parameter, wobei wir den Wert von keepalive_timeout zum Zeitpunkt eines Angriffs auf 5 reduzieren sollten:

```
keepalive_timeout   5;
client_header_timeout   5;
client_body_timeout   10;
send_timeout   10;
```

Ein weiteres Problem bei einem Angriff ist häufig das Überfluten der Log-Dateien, was einerseits speicherplatzhungrig ist, andererseits auch eine erhöhte Belastung der Festplatten bedeuten kann. Es kann daher ratsam sein, die Protokollierung von Zugriffen für den Angriffszeitraum abzuschalten.

```
access_log   off;
```

> **Hinweis:** Hierbei ist abzuwägen, ob Dir die Protokollierung der Zugriffe bei der Analyse des Angriffs behilflich sein kann oder nicht. Solltest Du keine Verbesserung durch die Deaktivierung feststellen, ist es ratsam, diese aktiviert zu lassen.

Ein letzter Schritt ist die Beschränkung der Bandbreite je Verbindung. Die Definition von Bandbreitenbeschränkungen erfolgt mithilfe von zwei Parametern. Zunächst definieren wir sogenannte Zonen im Abschnitt http. Du kannst so viele Zonen definieren, wie Du möchtest.

```
limit_req_zone   $binary_remote_addr zone=antiddos:10m rate=1r/s;
```

Diese Beispielzone mit dem Namen »antiddos« ist 10 MB groß. Sie kann für das Vorhalten von Statusinformationen zu Verbindungen verwendet werden. Als Richtwert gilt, dass eine 1 MB große Zone ca. 16.000 solcher Datensätze vorhalten kann. Gleichzeitig wird definiert, dass im Schnitt pro Sekunde nur ein Request erlaubt ist (rate=1r/s).

Anschließend legen wir fest, wo welche Zone zum Tragen kommen soll und ob wir eine Überschreitung tolerieren. Soll unsere Zone »antiddos« für den gesamten vHost gelten, ergänzen wir den entsprechenden server-Abschnitt mit der folgenden limit_req-Zeile:

```
server {
    limit_req zone=antiddos   burst=5   nodelay;
}
```

Der Burst-Wert gibt an, mit welcher Toleranz die Verbindungen gehandhabt werden sollen, bevor Anfragen mit einer Fehlermeldung beantwortet werden. Konkret bedeutet das hier in Verbindung mit dem Parameter `nodelay`, dass die Zone »antiddos« angewendet werden soll, wobei die durchschnittliche Bandbreite von einer Anfrage pro Sekunde fünfmal überschritten werden darf, bevor weitere Anfragen mit einer Fehlermeldung beantwortet werden, sobald deren Zeitabstände über die definierte Frequenz hinausgehen.

Nach einem Neustart von nginx sind diese Einstellungen aktiv. In Verbindung mit einer relativ restriktiv konfigurierten Firewall zeigen diese Optimierungen die beste Wirkung.

9.2.2 PHP 5 per FastCGI

Der in diesem Buch vorgestellte Webserver nginx unterstützt PHP ausschließlich per FastCGI, was einige Vorteile mit sich bringt. So können wir für jeden vHost eine eigene PHP-Konfiguration (`php.ini`) verwenden, was uns zusätzliche Freiheiten einräumt, und für jeden vHost einen eigenen Benutzer anlegen, was die Sicherheit unseres Systems erhöht.

> **Hinweis:** PHP 5.2 wird nicht mehr aktiv weiterentwickelt. Obwohl es noch in den Ports zu finden ist (`languages/php52`), werden wir uns nur die Installation von PHP 5.3 ansehen. Bis auf ein paar Besonderheiten läuft die Konfiguration ohnehin identisch ab.

PHP: http://php.net/

9.2.2.1 Installation

Die Installation von PHP 5.3 starten wir mithilfe des Ports `languages/php5`, wobei wir folgende Optionen aktivieren:

- [CLI]
- [CGI]
- [FPM]
- [SUHOSIN]
- [MAILHEAD]

Damit haben wir PHP in einer Minimal-Version installiert. Allerdings benötigen wir noch einige Erweiterungen, die von einigen beliebten Anwendungen vorausgesetzt werden.

In den Ports folgen alle verfügbaren Erweiterungen der Namenskonvention `php5-<ERWEITERUNG>`. Um nun nicht jede Erweiterung einzeln installieren zu müssen, können wir den Meta-Port `lang/php5-extensions` verwenden.

Der Konfigurationsbildschirm dieses Ports stellt uns alle zur Verfügung stehenden Ports in einer übersichtlichen Auswahl zusammen. Wir müssen daher lediglich die Erweiterungen auswählen, die wir installieren wollen. Anschließend werden diese installiert.

In einer Standard-Installation, die nicht speziell optimiert wurde, installiere ich in der Regel folgende Ports, sodass die meisten gängigen PHP-Applikationen fehlerfrei laufen.

- [BCMATH]
- [BZ2]
- [CTYPE]
- [CURL]
- [DOM]
- [FILTER]
- [FTP]
- [GD]
- [GETTEXT]
- [HASH]
- [ICONV]
- [JSON]
- [MBSTRING]
- [MCRYPT]
- [MYSQL]
- [MYSQLI]
- [OPENSSL]
- [PDO]
- [POSIX]
- [SESSION]
- [SIMPLEXML]
- [TOKENIZER]
- [XML]
- [XMLREADER]
- [XMLWRITER]
- [ZIP]
- [ZLIB]

Das Beste ist natürlich, eine Anwendung auf dem Webserver zu installieren und nur die vorausgesetzten Erweiterungen nachträglich zu integrieren. Aber dieser Prozess kann einige Zeit in Anspruch nehmen, sofern die Anforderungen vom Hersteller nicht klar spezifiziert sind.

Jede Erweiterung wird automatisch in der Datei /usr/local/etc/php/ extensions.ini aktiviert und kann dort auch wieder deaktiviert werden, falls sie nicht benötigt wird.

9.2.2.2 PHP-FPM als FastCGI-Manager

Da wir PHP per FastCGI betreiben werden, benötigen wir einen sogenannten Wrapper bzw. Prozessmanager, der sich um die Fast-CGI-Prozesse kümmert und diverse Dinge für uns erledigt.

Der wohl modernste Prozessmanager für PHP 5 heißt PHP-FPM. Er bietet viele Funktionen, die andere nicht bieten. Wir werden PHP-FPM nutzen, um jedem vHost eine eigene PHP-Instanz zuzuordnen und sie jeweils unter eigenem Benutzernamen zu betreiben. Somit können wir für jeden vHost eigene PHP-Einstellungen vornehmen und so die Sicherheit individuell anpassen.

Die Konfiguration von PHP wird in einer zentralen php.ini abgelegt, deren Parameter in der jeweiligen PHP-FPM-Konfiguration einzeln überschrieben werden können.

PHP-FPM hat auch die Entwickler von PHP überzeugt, weshalb es in PHP 5.3 bereits enthalten ist und nicht zusätzlich integriert werden muss.

PHP-FPM: http://php-fpm.org/

9.2.2.3 Benutzer und Gruppe anlegen

Es hat einige Vorteile, jeden PHP-Prozess unter einem eigenen Benutzer laufen zu lassen. Einerseits können wir so sehen, welcher vHost wie viele Systemressourcen belegt, andererseits gewinnen wir an Sicherheit, da die Berechtigungen feiner vergeben und so unberechtigte Zugriffe verhindert werden können.

Auf jedem System existiert die Standardgruppe www, der der Benutzer www angehört. Unter diesem Benutzer wird in der Regel der Webserver betrieben.

Da der Webserver Zugriff auf die Dateien in unserem htdocs-Verzeichnis benötigt, um diese ausliefern zu können, legen wir für jeden vHost einen eigenen Benutzer und eine eigene Gruppe an, nehmen den Benutzer www in die Gruppe des neuen vHost-Benutzers auf und übergeben ihm alle Dateien.

```
# pw user add example.com -s /sbin/nologin
# pw group mod example.com -m www
```

Der erste Befehl legt einen Benutzer example.com an und weist ihm eine ungültige Login-Shell zu, sodass er sich nicht am System anmelden kann. Mit diesem Befehl wird gleichzeitig eine gleichnamige Gruppe erstellt, der der Benutzer www mit dem zweiten Befehl zugewiesen wird. Natürlich kannst Du den Benutzernamen frei wählen.

Nun müssen wir den neuen Benutzer als Besitzer der Dateien und Verzeichnisse im htdocs-Verzeichnis festlegen und die Berechtigungen möglichst eng setzen.

```
# chown example.com:example.com /www/vhosts/example.com/
# chmod 550 /www/vhosts/example.com/
```

Anschließend erstellen wir noch ein paar Verzeichnisse für dynamische Daten und setzen die Berechtigungen entsprechend. Das Verzeichnis /www/vhosts/example.com/ sollte anschließend wie folgt aussehen:

```
drwxr-x---   www   example.com   .log/
drwx------   example.com   example.com   .sessions/
drwxr-x---   example.com   example.com   .tmp/
dr-xr-x---   example.com   example.com   htdocs/
```

> **Hinweis:** Falls Du später Memcached für das Session-Handling von PHP konfigurieren willst, benötigst Du das Verzeichnis .sessions nicht.

Die Verzeichnisse unterhalb des Ausgangsverzeichnisses htdocs versehen wir mit Lese- und Ausführberechtigung für den Benutzer und die Gruppe example.com sowie für den Benutzer www, der ja der Gruppe example.com angehört. Für darin enthaltene Dateien vergeben wir nur eine Leseberechtigung.

Mit folgenden beiden Befehlen kannst Du diese Massenänderungen sehr leicht vornehmen, wobei ich hier davon ausgehe, dass Du Dich bereits im Unterverzeichnis htdocs befindest. Der erste Befehl bezieht sich auf Verzeichnisse (-type d), der zweite auf Dateien (-type f).

```
# find . -type d -exec chmod 550 {} \;
# find . -type f -exec chmod 440 {} \;
```

Manche Anwendungen benötigen Schreibberechtigung auf das ein oder andere Verzeichnis. Diese kannst Du anschließend selektiv mit entsprechenden Berechtigungen versehen.

> **Hinweis:** Einem Verzeichnis solltest Du niemals ohne triftigen Grund die Berechtigung 777 geben, auch wenn das in vielen Internet-Foren als Problemlösung beschrieben wird. Solltest Du Dein Skript nur mit Lese-, Schreib- und Ausführberechtigung für alle und jeden zum Laufen kriegen, hast Du entweder etwas falsch konfiguriert oder die Software ist schlecht geschrieben. In letzterem Fall solltest Du Dich nach einer Alternative umsehen.

9.2.2.4 PHP 5 absichern

Um PHP möglichst sicher zu konfigurieren, sehen wir uns ein paar Parameter in der zentralen Konfigurationsdatei /usr/local/ etc/php.ini an, die wir aus einem der mitgelieferten Beispiele übernehmen.

Die nachfolgenden Einstellungen sind Empfehlungen, die Du gegebenenfalls an Deine Bedürfnisse anpassen musst. Was sie im Einzelnen bedeuten, kannst Du auf der Webseite von PHP unter *http://php.net/* nachlesen.

```
short_open_tag = Off
asp_tags       = Off
disable_functions = show_source, shell_exec, passthru, exec, \
    popen, proc_open, system
expose_php     = Off
display_errors = Off
display_startup_errors = Off
magic_quotes_gpc = Off
magic_quotes_runtime = Off
allow_url_fopen    = Off
allow_url_include  = Off
```

Vielleicht hast Du schon einmal von den Parametern safe_mode und open_basedir gehört. Der Safemode von PHP wird seit PHP 5.3 nicht mehr unterstützt. Den Parameter open_basedir werden wir – neben ein paar anderen auch – direkt in der PHP-FPM-Konfiguration anpassen, weshalb er hier nicht auftaucht.

> **Hinweis:** Wir haben bei der Installation den Suhosin-Patch mit installiert. Dieser ermöglicht es uns, einige Einstellungen vorzunehmen, die die Sicherheit von PHP an sich weiter erhöhen. Details dazu findest Du auf der Webseite des Projekts.

Hardened PHP Project: http://www.hardened-php.net/

9.2.2.5 PHP 5-Prozesse konfigurieren und starten

PHP-FPM wird in der Datei /usr/local/etc/php-fpm.conf konfiguriert. Folgende Einstellungen nehmen wir darin vor:

```
[global]
pid = /var/run/php-fpm.pid
error_log = /var/log/php-fpm.log
log_level = error
emergency_restart_threshold = 10
emergency_restart_interval = 1m
```

```
process_control_timeout = 5s
daemonize = yes

[example_com]
include = /usr/local/etc/php/example_com.conf
```

Für jeden vHost, für den wir PHP konfigurieren wollen, legen wir im Verzeichnis /usr/local/etc/php/ eine eigene Konfigurationsdatei an, die wir mit einer include-Anweisung an die php-fpm.conf anfügen. Die Zeichenfolge in den eckigen Klammern über dem include definiert dabei einen sogenannten Pool.

In unserer Konfigurationsdatei example_com.conf für unseren vHost nehmen wir folgende Einstellungen vor:

```
listen = 10.0.0.2:9000
; listen = /var/run/php-example_com.sock
listen.backlog = -1
listen.allowed_clients = 10.0.0.2
listen.owner = www
listen.group = www
listen.mode = 0660

user = example.com
group = example.com

pm = dynamic
pm.max_children = 300
pm.start_servers = 5
pm.min_spare_servers = 5
pm.max_spare_servers = 10
pm.max_requests = 200

request_terminate_timeout = 30s
request_slowlog_timeout = 15s
slowlog = /www/vhosts/example.com/.log/php-fpmslow.log
rlimit_files = 8192
rlimit_core = 0

chroot =
chdir = /www/vhosts/example.com
catch_workers_output = yes

env[HOSTNAME] = $HOSTNAME
env[PATH] = /usr/local/bin:/usr/bin:/bin
env[TMP] = .tmp
env[TMPDIR] = .tmp
env[TEMP] = .tmp
env[OSTYPE] = $OSTYPE
env[MACHTYPE] = $MACHTYPE
env[MALLOC_CHECK_] = 2

php_admin_flag[display_errors] = off
php_admin_value[error_log] = /www/vhosts/example.com/.log/fpm-php.log
php_admin_flag[log_errors] = off
```

```
php_admin_value[open_basedir] = /www/vhosts/example.com
php_admin_value[upload_tmp_dir] = /www/vhosts/example.com/.tmp
php_admin_value[session.save_path] = /www/vhosts/example.com/.sessions
php_admin_value[session.save_handler] = file
```

Unter listen geben wir an, auf welcher IP-Adresse und welchem Port der Fast-CGI-Prozess lauschen soll. In der Zeile darunter findest Du die entsprechende Syntax, falls Du den FastCGI-Prozess über ein Socket-File ansprechen möchtest, was in der Regel schneller ist. Die gewählte Alternative musst Du später auch in Deiner vHost-Konfiguration des Webservers angeben.

listen.allowed_clients ist eine Sicherheitseinstellung, mit der der Zugriff auf den FastCGI-Prozess auf bestimmte Clients beschränkt werden kann. Setze hier die IP-Adresse Deiner Webserver-Jail ein.

Mit den Parametern user und group legen wir fest, unter welchem Benutzer PHP laufen soll. Hier trägst Du am besten den Benutzer und die Gruppe ein, die wir zuvor für den vHost angelegt haben, also beispielsweise example.com.

Der Parameter pm steuert, wie die Prozesse skaliert werden sollen. PHP-FPM kann entweder eine definierte Anzahl FastCGI-Server und sogenannte Children starten (pm = static) oder aber dynamisch abhängig von der Auslastung skalieren (pm = dynamic oder pm = ondemand). Weitere Details dazu findest Du auf der Webseite von PHP. In unserem Beispiel skalieren wir dynamisch. Wir starten mit 5 Servern und jeweils maximal 300 Children. Diese Parameter geben die maximale Anzahl gleichzeitiger Verbindungen vor. Die beiden Parameter pm.min_spare_servers und pm.max_spare_servers legen fest, wie viele Server mindestens beziehungsweise höchstens aktiv sein dürfen, während das System nicht ausgelastet ist.

Der Parameter pm.max_requests legt fest, wie viele Anfragen von einem Child-Prozess bearbeitet werden sollen, bevor er neu gestartet wird. Falls die eingesetzten PHP-Skripte Memory Leaks aufweisen, kann es Sinn machen, die Anzahl möglichst niedrig zu halten.

> **Hinweis:** Die Einstellungen, die Du hier vornimmst, musst Du an die Leistungsfähigkeit Deines Servers anpassen. Jeder gestartete Prozess belegt Arbeitsspeicher. Achte darauf, dass Dein System nicht durch zu Hohe Werte überlastet wird.

In der php.ini gibt es Parameter, die lediglich Flags darstellen, also den Wert »On« oder »Off« annehmen können. Es gibt aber auch Parameter, in die beispielsweise ein Pfad oder eine beliebige Zeichenfolge gesetzt werden kann. Um die Standardwerte zu übersteuern, stehen uns die Parameter php_admin_**flag**[] für »On«- und »Off«-Parameter und php_admin_**value**[] für Zeichenfolgen zur Verfügung.

In den eckigen Klammern steht dabei der Parametername, und hinter dem Gleichheitszeichen folgt der zuzuweisende Wert. In unserem Beispiel legen wir demnach die open_basedir-Restriktion auf den Wert /www/vhosts/example.com fest.

Nun müssen wir nur noch die folgende Zeile in die rc.conf unserer Jail eintragen:

```
php_fpm_enable="YES"
```

Anschließend kannst Du PHP mit folgendem Befehl starten:

```
# /usr/local/etc/rc.d/php-fpm start
```

> **Hinweis:** Falls Du PHP-FPM so konfiguriert hast, dass PHP über eine IP-Adresse erreichbar ist, kannst Du mithilfe von telnet prüfen, ob PHP auf dem konfigurierten Port lauscht.

PHP-FPM: http://php.net/manual/de/install.fpm.configuration.php

9.2.2.6   PHP 5 im vHost konfigurieren

Wir dürfen natürlich nicht vergessen – sofern es noch nicht geschehen ist –, in der vHost-Konfiguration anzugeben, wie nginx mit unserer FastCGI-Instanz kommunizieren kann.

Hierfür müssen wir die Zeilen in die jeweilige vHost-Konfiguration eintragen, die wir bereits in Abschnitt 9.2.1.3, »Die location-Direktive«, gesehen haben.

```
location ~ \.php$ {
    fastcgi_pass  10.0.0.2:9000;
    # fastcgi_pass unix:/var/run/php-example_com.sock;
    fastcgi_index index.php;
    fastcgi_param SCRIPT_FILENAME $document_root$fastcgi_script_name;
    include fastcgi_params;
}
```

Wo Du diese am besten einträgst, kannst Du in der Beispielkonfiguration nachvollziehen. Den Wert des Parameters fastcgi_pass musst Du entsprechend Deiner PHP-FPM-Konfiguration anpassen.

9.2.3   Webapplication-Firewall mit nginx

Häufig entpuppen sich webbasierte Applikationen und Skripte als Sicherheitslücken, da sie ein hohes Maß an Interaktion mit dem System zulassen. Wenn wir in einem Blog einen Kommentar hinterlassen, greifen wir beispielsweise auf die Datenbank zu und legen einen neuen Datensatz an.

Wenn die eingesetzte Blogsoftware den eingegebenen Text nicht korrekt verarbeitet und so SQL-Befehle in den Programmablauf einschleust werden können, kann immenser Schaden entstehen. Über die Konsequenzen daraus kannst Du in letzter Zeit immer häufiger etwas in den Nachrichten lesen.

Wir werden in unseren Webserver eine Firewall auf Applikationsebene integrieren, die potenziell gefährliche Anfragen erkennt und blockiert. Diese Firewall ist ein nginx-Modul mit dem Namen NAXSI, das mit einem Standardregelsatz ausgeliefert wird. Zu diesem Regelsatz werden wir eine Whitelist generieren, die für jede eingesetzte Webapplikation individuell erstellt wird.

NAXSI: http://code.google.com/p/naxsi/

9.2.3.1 Das NAXSI-Modul installieren

nginx haben wir bereits in unserer Webserver-Jail installiert. Daher erweitern wir die Konfiguration um das NAXSI-Modul und re-installieren nginx.

Zunächst wechseln wir in das Verzeichnis des nginx-Ports und ändern die Konfiguration mithilfe der folgenden Befehle:

```
# cd /usr/ports/www/nginx/
# make config
```

In dem erscheinenden Konfigurationsfenster aktivieren wir folgendes Modul:

- NAXSI_MODULE

Anschließend kompilieren wir nginx mit folgendem Befehl neu:

```
# make deinstall clean reinstall
```

Sobald der Kompiliervorgang abgeschlossen ist, können wir NAXSI konfigurieren.

9.2.3.2 Den vHost für NAXSI konfigurieren

NAXSI aktivieren wir, indem wir das Grundregelwerk in der http-Direktive der nginx-Konfiguration einbinden.

```
http {
   (...)
   include      "/usr/local/etc/nginx/naxsi_core.rules";
}
```

Jetzt legen wir in unserem vHost-Konfigurationsverzeichnis das Unterverzeichnis naxsi/ an, in dem wir unsere NAXSI-Regeln und Konfigurationen ablegen.

```
# mkdir /www/vhosts/config/naxsi/
# chmod 700 /www/vhosts/config/naxsi/
```

In diesem Verzeichnis legen wir nun für unseren vHost *example.com* die Konfigurationsdatei example.com.conf mit folgendem Inhalt an:

```
LearningMode;
SecRulesEnabled;
DeniedUrl "/RequestDenied";
include "/www/vhosts/config/naxsi/example.com.rules";
CheckRule "$SQL >= 8" BLOCK;
CheckRule "$RFI >= 8" BLOCK;
CheckRule "$TRAVERSAL >= 4" BLOCK;
CheckRule "$EVADE >= 4" BLOCK;
CheckRule "$XSS >= 8" BLOCK;
```

Die erste Zeile bewirkt, dass NAXSI im Lernmodus gestartet wird. Diesen aktivieren wir, bis unsere Whitelist example.com.rules erstellt ist. Anschließend werden wir diesen Modus wieder deaktivieren.

Mit dem Parameter DeniedUrl legen wir die nginx-location fest, an die geblockte Anfragen weitergeleitet werden sollen. Das kann entweder eine statische HTML-Seite, eine Fehlermeldung oder eine andere Webseite sein.

Die include-Anweisung lädt die Whitelist für den jeweiligen vHost. Da wir noch keine solche Whitelist angelegt haben, wird beim Neustart von nginx später eine leere Datei für uns angelegt.

Die CheckRule-Anweisungen geben an, gegen welche Regeln Anfragen geprüft werden sollen, wobei die Bedingung "$SQL >= 8" BLOCK bedeutet, dass Anfragen mit einer Risikoeinschätzung von mehr als acht Punkten geblockt werden sollen.

NAXSI für den vHost aktivieren

Nachdem dies erledigt ist, müssen wir unseren vHost für NAXSI konfigurieren. In unserem Beispiel schützen wir vor allem die nginx-location, die Anfragen an unsere PHP-Instanz weiterleitet, da gerade Skripte mit Verarbeitungslogik gefährdet sind.

```
location ~* \.php$ {
    include    "/www/vhosts/config/naxsi/example.com.conf";

    fastcgi_pass unix:/var/run/php-fpm/example.com;
    fastcgi_index index.php;
    fastcgi_param SCRIPT_FILENAME \
        $document_root$fastcgi_script_name;
    include fastcgi_params;
}
```

Wir aktivieren NAXSI für einen vHost, indem wir die NAXSI-Konfiguration in der entsprechenden `location`-Direktive einbinden. Zusätzlich müssen wir das Loglevel in der `error_log`-Anweisung für den vHost auf `debug` setzen.

```
error_log        /www/vhosts/$dir/.log/nginx.error.log debug;
```

DeniedUrl-location definieren

Zusätzlich müssen wir noch die location definieren, die wir im Parameter `Denied-Url` angegeben haben. Sollte die Bewertung der Anfrage über dem Grenzwert liegen, wird die Anfrage an die `DeniedUrl`-location weitergeleitet. Während der Lernphase werden wir diese Anfragen nicht auf eine Fehlerseite, sondern an einen Mini-Webserver weiterleiten, der aus den Regelverstößen eine Whitelist für NAXSI erstellt. Den Zugriff auf diesen Mini-Webserver werden wir nur von unserem eigenen System aus erlauben, auf dem unser Webbrowser läuft. Du musst daher `x.x.x.x` durch die IP-Adresse Deines Clients ersetzen.

```
location /RequestDenied {
    allow x.x.x.x;
    deny all;
    proxy_pass http://10.0.0.2:4242;
}
```

9.2.3.3 Die Whitelist erstellen

Unsere Whitelist lassen wir von dem bereits erwähnten Mini-Webserver generieren. Dieser ist in der Programmiersprache Python geschrieben, deren Interpreter bereits installiert sein sollte. Wir müssen noch einen weiteren Port installieren, der die SQLite-Unterstützung für Python aktiviert.

```
# cd /usr/ports/databases/py-sqlite3/ && make install clean
```

Nachdem die Installation abgeschlossen ist, laden wir von der NAXSI-Webseite den Quellcode in unser Benutzerverzeichnis und entpacken ihn dort.

```
# cd /root/
# fetch http://naxsi.googlecode.com/files/naxsi-0.45.tar.gz
# tar -xzf naxsi-0.45.tar.gz
```

> **Hinweis:** Zu dem Zeitpunkt, als dieses Buch geschrieben wurde, war die Version 0.45 aktuell. Bitte passe den Link entsprechend der aktuellen Version an.

Jetzt können wir den Mini-Webserver mit folgendem Befehl unter dem Benutzer root starten, sodass wir nginx während des Lernmodus über den Mini-Webserver neu starten können. Hierfür bietet sich der Einsatz von `sudo` an.

```
# python naxsi-0.45/contrib/rules_generator/http_config.py \
    --dst /www/vhosts/config/naxsi/example.com.rules \
    --rules /usr/local/etc/nginx/naxsi_core.rules \
    --cmd "/usr/local/etc/rc.d/nginx reload"
    --port 4242
```

Nach dem Start wartet der Mini-Webserver auf Anfragen.

```
Creating (new) database.
Finished DB creation.
Touched TMP rules file.
done.
Starting server, use <Ctrl-C> to stop
```

Bevor wir nun die ersten Anfragen an unseren Server schicken können, müssen wir noch die Firewall auf dem Host so anpassen, dass der Port 4242 an unsere Webserver-Jail weitergeleitet wird. Zudem müssen wir im Verzeichnis /www/vhosts/config/naxsi/ ein leeres Regelwerk anlegen, da nginx sich sonst nicht starten lässt.

```
# touch /www/vhosts/config/naxsi/example.com.rules
```

Nach dem Neustart von nginx rufen wir unseren Server im Browser über den Port 4242 auf. Jetzt landen wir auf dem Whitelist-Generator, der uns über Regelverstöße informiert.

Der Mini-Webserver erstellt für uns die Whitelist, indem wir über unsere Webapplikation(en) navigieren, Kommentare verfassen, suchen und so weiter. Je umfangreicher unsere Tests sind, desto vollständiger und fehlerfreier ist am Ende unsere Whitelist.

9.2.3.4   Die Whitelist aktivieren

Sobald unser Mini-Webserver keine weiteren Regelverstöße mehr meldet, können wir den Regelsatz speichern und dauerhaft in unsere nginx-Konfiguration aufnehmen.

In unserem naxsi-Verzeichnis unter /www/vhosts/config/naxsi/ liegt nach der Erstellung unserer Whitelist eine Datei mit dem Namen *example.com.rules.xxxxxxxxxxxxxxxxxxxxxxxxxxxxx*.

Diese benennen wir nun in ihren endgültigen Namen um und laden die nginx-Konfiguration neu. Ab jetzt ist NAXSI aktiv und schützt unsere Applikation.

```
# mv /www/vhosts/config/naxsi/example.com.rules.xx...x \
    /www/vhosts/config/naxsi/example.com.rules
```

Den Mini-Webserver sollten wir jetzt beenden, da er nur während der Lernphase benötigt wird. Zudem sollten wir die /RequestDenied-Direktive anpassen, sodass einem potenziellen Angreifer eine Fehlerseite angezeigt wird. Sie könnte demnach wie folgt aussehen:

```
location /RequestDenied {
    deny all;
}
```

Nun müssen wir abschliessend noch in der Datei /www/vhosts/config/ naxsi/example.com.conf den Lernmodus deaktivieren und anschließend nginx neu starten.

9.2.4   Zusammenfassung

Der Webserver ist wohl der am häufigsten eingesetzte Systemdienst auf einem Server. Häufig wird der Webserver auch fälschlicherweise als »der Server« bezeichnet.

Wir haben uns mit nginx einen leistungsfähigen Webserver ausgesucht, der uns viele Einsatzmöglichkeiten bietet. Dabei geht er dank seiner Architektur sparsam mit Systemressourcen um und kann Anfragen sehr schnell bearbeiten.

Das Anlegen der Systembenutzer mag anfangs etwas umständlich erscheinen, ist allerdings die Arbeit wert. Jeder virtuelle Host hat einen eigenen Benutzer, der der Gruppe www angehört. Diese Angaben benötigen wir anschließend bei der Installation des FTP-Servers.

In manchen Situationen ist es nützlich, den (D)DoS-Schutz in nginx zu konfigurieren, Du solltest Dir aber über die Grenzen dieser Funktion im Klaren sein. Es ist sinnvoller, die Drosselung auf Firewall-Ebene zu implementieren, was wir uns ja bereits angesehen haben.

PHP gehört zu den am weitesten verbreiteten Sprachen im Bereich der Web-Programmierung, weshalb sie praktisch zur Grundausstattung vieler Webserverinstallationen zählt. Bei unserer Konfiguration haben wir darauf geachtet, dass jeder virtuelle Host seinen eigenen Systembenutzer und eigene Parameter verwenden kann.

Sprachenunabhängig hingegen können wir mithilfe von NAXSI unsere Webapplikationen schützen. Die Regelerstellung ist sehr komfortabel und recht wartungsarm. Du musst allerdings sicherstellen, dass Deine Applikation weiterhin funktioniert, was nicht immer einfach ist.

9.3   FTP-Server mit Pure-FTPd

Jail-Name	IP-Adresse	Funktion
www	10.0.0.2	Web- und FTP-Server

 Die wohl bekannteste Methode, um Daten auf einen Server zu übertragen, ist die Nutzung des »File Transfer Protocol«, kurz FTP.

> **Hinweis:** Falls nur eine überschaubare Zahl von Benutzern Dateien auf den Server übertragen können soll, ist in vielen Fällen die Nutzung von SCP/SFTP – einem Datei-Transfer-Protokoll über SSH – ausreichend. Verbinde Dich dazu einfach per SCP-Client über den SSH-Port Deines Servers, und nutze die Zugangsdaten Deines System-benutzers zur Anmeldung. Beim Anlegen weiterer Benutzer musst Du eine gültige Shell angeben, also beispielsweise /bin/sh.

Wir nutzen für die Übertragung von Dateien auf den Server Pure-FTPd. Dieser FTP-Server ist sicher, sehr performant und sehr flexibel. In diesem Buch installieren wir ihn in unserer Webserver-Jail mithilfe des Ports `ftp/pure-ftpd`. Bei den Kompilieroptionen wählen wir die folgenden aus:

- [MYSQL]
- [PRIVSEP]
- [PERUSERLIMITS]
- [THROTTLING]
- [UTF8]
- [SENDFILE]
- [LARGEFILE]

> **Hinweis:** Du kannst natürlich Pure-FTPd auch in einer eigenen Jail betreiben.

Wir wählen [MYSQL] aus, weil wir die Benutzerverwaltung über MySQL vornehmen werden. So können wir über ein Datenbank-Verwaltungstool – beispielsweise PHPMyAdmin – sehr komfortabel Benutzer anlegen, bearbeiten und löschen.

> **Hinweis:** Pure-FTPd bringt auch eine eigene MySQL-unabhängige Benutzerverwaltung mit. Details zur Benutzung findest Du in den Man-Pages zu `pure-pw`.

Nach der Installation legen wir den Systembenutzer `ftp` an, unter dem wir Pure-FTPd betreiben werden.

```
# pw user add ftp -u 21 -s /sbin/nologin
```

Als Konfigurationsparameter setzen wir die folgenden Werte in der Datei /usr/local/etc/pure-ftpd.conf. Auch hier sind die fett gedruckten Parameter an Deine eigenen Anforderungen anzupassen. xxx.xxx.xxx.xxx steht hierbei für die externe IP-Adresse Deines Servers, über die der FTP-Server erreichbar sein soll.

```
ChrootEveryone    yes
BrokenClientsCompatibility    yes
MaxClientsNumber    50
Daemonize    yes
MaxClientsPerIP    4
VerboseLog    no
DisplayDotFiles    yes
AnonymousOnly    no
NoAnonymous    yes
AnonymousCanCreateDirs    no
SyslogFacility    ftp
DontResolve    yes
MaxIdleTime    15
LimitRecursion    10000    8
MaxLoad    4
PassivePortRange    30000    50000
ForcePassiveIP    xxx.xxx.xxx.xxx
AntiWarez    yes
Bind    10.0.0.2,21
Umask    137:027
MinUID    1000
AllowUserFXP    yes
AllowAnonymousFXP    no
ProhibitDotFilesWrite    no
ProhibitDotFilesRead    no
AutoRename    no
AnonymousCantUpload    yes
CreateHomeDir    yes
MaxDiskUsage    99
CustomerProof    yes
MySQLConfigFile    /usr/local/etc/pureftpd-mysql.conf
```

ChrootEveryone legt fest, ob alle Benutzer in ihrem Homeverzeichnis eingesperrt werden sollen. Diese Einstellung ist empfohlen, da es den FTP-Benutzern sonst gegebenenfalls möglich ist, Deinen gesamten Server bzw. die gesamte Jail zu durchsuchen.

Mit MaxClientsNumber kannst Du die Obergrenze der gleichzeitigen Client-Verbindungen zum Server definieren. Sind in unserem Fall 50 FTP-Clients mit dem Server verbunden, werden weitere Verbindungsversuche abgewiesen.

Der Parameter `MaxClientsPerIP` legt fest, wie viele gleichzeitige Client-Verbindungen von einer IP-Adresse ausgehen können.

Falls Du Probleme mit Pure-FTPd hast, kannst Du durch Setzen des Parameters `VerboseLog` auf yes etwas ausführlichere Log-Einträge erstellen lassen.

Mit den Parametern `AnonymousOnly`, `NoAnonymous` und `AnonymousCanCreateDirs` steuern wir die Zugriffsberechtigungen von nicht autorisierten, also anonymen Benutzern.

Der Parameter `PassivePortRange` legt den bisher ungenutzten Port-Bereich fest, den Pure-FTPd für die Client-Verbindungen nutzen darf. Diesen müssen wir später auch in der Firewall freigeben (siehe Kapitel 9.3.2, »Firewall anpassen«).

Mit `ForcePassiveIP` geben wir die IP-Adresse an, die Pure-FTPd als eigene IP-Adresse verwenden soll.

Der Parameter `Bind` legt fest, dass sich Pure-FTPd an die interne IP-Adresse der Jail binden und auf Port 21 lauschen soll. Der Port 21 ist der Standard-FTP-Port.

Wenn neue Dateien oder Verzeichnisse auf den Server geladen werden, müssen diese eine Berechtigung erhalten. Der Benutzer und die Gruppe sind durch den Benutzer festgelegt, der die Daten hochlädt. Die standardmäßige Lese- und Schreibberechtigung wird durch den Parameter `Umask` definiert. Die Rechte vor dem Doppelpunkt spiegeln die Dateirechte wider, die Rechte dahinter sind die Verzeichnisrechte.

> **Hinweis:** Die Umask enthält die Rechte, die einer Datei oder einem Verzeichnis entzogen werden sollen – ausgehend von der höchsten Berechtigung 777 (Lesen, Schreiben und Ausführen für den Besitzer, die Gruppe und alle anderen). Die hier angegebene Umask erzeugt demnach Dateien mit der Berechtigung 640 (777 - 137) und Verzeichnisse mit 750 (777 - 027).

Die Benutzerdaten beziehen wir aus einer MySQL-Datenbank. Die Verbindungsdaten zum MySQL-Server sind in der Datei /usr/local/etc/pureftpd-mysql.conf abgelegt. Ihren Speicherort haben wir im Parameter `MySQLConfigFile` angegeben. Darin definieren wir auch die Datenbankabfragen, über die Pure-FTPd seine Zugangsdaten bezieht.

> **Hinweis:** Auch für Pure-FTPd empfehle ich einen eigenen MySQL-Benutzer mit eigener Datenbank und lediglich SELECT-Berechtigung anzulegen. Die Zugangsdaten sind entsprechend hier zu pflegen.

```
MYSQLServer    10.0.0.1
MYSQLPort      3306
MYSQLUser      db_pureftpd
MYSQLPassword  <DAS-DB-PUREFTPD-PASSWORT>
MYSQLDatabase  db_pureftpd
MYSQLCrypt     md5

# \L is replaced by the login of the user trying to authenticate.
# \I is replaced by the IP address the user connected to.
# \P is replaced by the port number the user connected to.
# \R is replaced by the IP address the user connected from.
# \D is replaced by the remote IP address, as a long decimal number.

MYSQLGetPW     SELECT password FROM users WHERE user="\L" AND \
   status="1" AND (ipaccess="*" OR ipaccess LIKE "%\R%")
MYSQLGetUID    SELECT uid FROM users WHERE user="\L" AND \
   status="1" AND (ipaccess="*" OR ipaccess LIKE "%\R%")
MYSQLGetGID    SELECT gid FROM users WHERE user="\L" AND \
   status="1" AND (ipaccess="*" OR ipaccess LIKE "%\R%")
MYSQLGetDir    SELECT dir FROM users WHERE user="\L" AND \
   status="1" AND (ipaccess="*" OR ipaccess LIKE "%\R%")
MySQLGetQTAFS  SELECT quotafiles FROM users WHERE \
   user="\L" AND status="1" AND (ipaccess="*" OR ipaccess LIKE "%\R%")
MySQLGetQTASZ  SELECT quotasize FROM users WHERE \
   user="\L" AND status="1" AND (ipaccess="*" OR ipaccess LIKE "%\R%")
MySQLGetBandwidthUL  SELECT ulbandwidth FROM users \
   WHERE user="\L" AND status="1" AND (ipaccess="*" OR \
   ipaccess LIKE "%\R%")
MySQLGetBandwidthDL  SELECT dlbandwidth FROM users WHERE \
   user="\L" AND status="1" AND (ipaccess="*" OR ipaccess LIKE "%\R%")
```

Um Pure-FTPd beim Start der Jail ebenfalls mit zu starten, müssen wir folgende Zeile in die /etc/rc.conf eintragen:

```
pureftpd_enable="YES"
```

Anschließend können wir Pure-FTPd bereits starten. Daten übertragen können wir aber noch nicht, da wir zunächst noch Benutzer anlegen müssen.

Pure-FTPd: http://www.pureftpd.org/

9.3.1   FTP-Benutzer anlegen

Die Benutzerverwaltung erfolgt in unserem Szenario über die in der Konfiguration angegebene Tabelle users in der Datenbank db_pureftpd. Das Passwort wird dabei als MD5-Hash hinterlegt. Benutzerspezifische Einstellungen können hier ebenfalls gesetzt werden. Zunächst müssen wir allerdings die Tabelle users anlegen.

```
CREATE TABLE `db_pureftpd`.`users` (
    `user` varchar( 16  )   NOT NULL DEFAULT '',
    `status` enum( '0', '1' )   NOT NULL DEFAULT '0',
    `password` varchar( 64 )   NOT NULL DEFAULT  '',
    `uid` varchar( 11 )   NOT NULL DEFAULT  '-1',
    `gid` varchar( 11 )   NOT NULL DEFAULT  '-1',
    `dir` varchar( 128 )   NOT NULL DEFAULT  '',
    `ulbandwidth` smallint( 5 )   NOT NULL DEFAULT  '0',
    `dlbandwidth` smallint( 5 )   NOT  NULL DEFAULT '0',
    `comment` tinytext   NOT NULL,
    `ipaccess` varchar( 255 )   NOT NULL DEFAULT '*',
    `quotasize` smallint( 5 )   NOT NULL DEFAULT '0',
    `quotafiles` int( 11 )   NOT NULL DEFAULT '0',
       PRIMARY  KEY ( `user` ) )
    ENGINE = InnoDB
    DEFAULT CHARSET = utf8;
```

Einen Benutzer kannst Du mit jedem MySQL-Client Deiner Wahl anlegen. Die Spalten haben folgende Bedeutung:

- user: Benutzername
- status: 1 = aktiv, 0 = gesperrt
- password: Passwort als MD5-Hash
- uid: Benutzer-ID (siehe /etc/passwd)
- gid: Gruppen-ID (siehe /etc/group, beispielsweise 80 für www)
- dir: Homeverzeichnis des Benutzers
- ulbandwidth: Maximale Upload-Bandbreite in kb/s
- dlbandwidth: Maximale Download-Bandbreite
- comment: Kommentar zum Benutzer
- ipaccess: Anmeldung nur von diesen IP-Adressen erlauben, * (Sternchen), wenn von allen der Zugriff gestattet ist
- quotasize: Maximal belegbarer Speicherplatz in MB
- quotafiles: Maximale Anzahl an Dateien

Den MD5-Hash des Passworts kannst Du mithilfe des folgenden Befehls erstellen:

```
# md5 -qs <PASSWORT>
```

9.3.2   Firewall anpassen

 Wir müssen in der Firewall den Port-Range 30000 bis 50000 sowie den Port 21 für eingehende Verbindungen freigeben, da wir diese für den passiven Modus in der pure-ftpd.conf angegeben haben (Parameter: PassivePortRange) bzw. weil Pure-FTPd standardmäßig auf Port 21 lauscht.

> **Hinweis:** Auch hier kannst Du die gefühlte Sicherheit erhöhen, indem Du Pure-FTPd auf einem anderen Port als 21 lauschen lässt. Dies kannst Du aber auch über die Firewallregeln steuern.

```
rdr on $if proto tcp from any to $if port { 21, 30000:50000 } -> $www
```

Diese Regel leitet Anfragen auf dem Interface $if, die auf den Ports 21 bzw. 30000 bis 50000 ankommen, an die Webserver-Jail weiter.

9.4   Mailserver mit IMAP und POP3

Jail-Name	IP-Adresse	Funktion
mail	10.0.0.3	Mailserver

Einen Mailserver zu konfigurieren ist für einen Einsteiger eines der schwersten Unterfangen überhaupt. Nicht nur, weil sich ein funktionierender Mailserver aus mehreren Diensten zusammensetzt, sondern auch, weil er noch immer zu den Top-Zielen von Cyber-Angriffen zählt.

Beim letzten Punkt geht es nicht nur darum, dass ungesicherte Mailserver für den Versand von Spam und Schadsoftware missbraucht werden, sondern auch um die Übermittlung solcher Software bis auf das System eines Benutzers.

Wir werden uns also einen Mailserver konfigurieren, der nur den registrierten Benutzern und den Systemprozessen den Versand von Nachrichten erlaubt, Schadsoftware wie Viren und Trojaner bereits auf dem Server bestmöglich herausfiltert und die Übermittlung von Spam verhindert.

Gleichzeitig werden wir das ein oder andere Plug-in konfigurieren, um die Qualität der Filterung stetig zu verbessern, ohne dass die Benutzerfreundlichkeit darunter leidet.

> **Hinweis:** Die Anmeldedaten, wie Benutzername und Passwort, werden wir in einer Datenbank auf unserem MySQL-Server speichern. Es ist daher Voraussetzung, dass der Datenbankserver bereits installiert und konfiguriert ist.

Wir werden Dovecot für die Nutzung des POP3- und IMAP-Protokolls konfigurieren. Vereinfacht gesagt, ist bei der Nutzung von POP3 der Client für die dauerhafte Speicherung der E-Mails verantwortlich, da nach dem Abrufen in der Regel die Nachrichten vom Server gelöscht werden. Bei der Nutzung von IMAP verbleiben die E-Mails dagegen dauerhaft auf dem Server, sodass sie von überall zugänglich sind. Es gibt demnach nur einen zentralen Speicherort, was die Nutzung von verschiedenen Clients aus vereinfacht (Gruppenpostfächer).

> **Hinweis:** Dieses Kapitel ist sehr umfangreich und birgt einige Stolpersteine, da der Aufbau eines Mailservers sehr komplex ist. Daher empfehle ich Dir dringend, nach jedem Abschnitt zu prüfen, ob nach dem Start eines Dienstes Fehlermeldungen in den Logdateien auftauchen, und die Ursache vor dem nächsten Schritt zu beheben. Eine nachträgliche Fehlersuche kann sehr langwierig und ermüdend sein.

9.4.1   Die Mailserverkomponenten

 Um besser zu verstehen, was wir in diesem Kapitel tun werden, schauen wir uns kurz an, aus welchen Komponenten sich unser Mailserver zusammensetzt und welche Aufgaben die einzelnen Komponenten übernehmen. Eine eingehende E-Mail durchläuft die einzelnen Dienste dabei in der folgenden Reihenfolge:

Die Firewall

Wir werden unsere Firewall später zur Spam-Abwehr verwenden. Hierbei werden ganze Server anhand ihrer IP-Adresse daran gehindert, sich mit unserem Mailserver zu verbinden. Die Vor- und Nachteile dieser Lösung schauen wir uns auch an.

Der Mail Transfer Agent

Als Mail Transfer Agent (kurz: MTA) werden wir Postfix einsetzen. Dieser wird E-Mails entgegennehmen, verschiedene Spam-Abwehrmechanismen anwenden und den Inhalt der Nachrichten mithilfe von DSPAM analysieren. Anhänge werden gleichzeitig auf Viren geprüft. Sofern alle Prüfungen positiv verlaufen sind, reicht Postfix die E-Mail an den Mail Delivery Agent weiter.

Der Mail Delivery Agent

Als Mail Delivery Agent werden wir Dovecot verwenden. Dieser ist dafür zuständig, dem Client die E-Mails zur Verfügung zu stellen. Zusätzlich werden wir ihn um ein paar Funktionen erweitern, sodass er uns etwas Arbeit im Alltag abnimmt.

9.4.2   Der MTA: Postfix

 Postfix ist ein Mail Transfer Agent, der das etwas in die Tage gekommene sendmail ersetzen kann. Wir sprechen hier von einem sogenannten »drop-in replacement«, also der Möglichkeit, sendmail durch Postfix zu ersetzen, ohne dass andere Software-produkte, die sendmail nutzen, dies bemerken bzw. umkonfiguriert werden müssen (vgl. MySQL und MariaDB). Postfix ist zudem leicht zu administrieren, schnell und sicher.

Postfix: http://www.postfix.org/

9.4.2.1   sendmail deaktivieren

Wir werden in unserer Mailserver-Jail sendmail durch Postfix ersetzen. Daher beenden und deaktivieren wir zunächst diesen bereits installierten MTA.

```
# /etc/rc.d/sendmail stop
```

In der Datei /etc/rc.conf tragen wir nun folgenden Parameter ein, der den Start von sendmail in Zukunft verhindern wird:

```
sendmail_enable="NONE"
```

Regelmäßig werden für sendmail Wartungsskripte ausgeführt. Diese brauchen wir nach der Konfiguration von Postfix nicht mehr. Daher schalten wir diese ab, indem wir die Datei /etc/periodic.conf anlegen, sofern sie noch nicht existiert, und folgende Einträge darin vornehmen:

```
daily_clean_hoststat_enable="NO"
daily_status_mailq_enable="NO"
daily_status_mail_rejects_enable="NO"
daily_queuerun_enable="NO"
```

Jetzt ist sendmail nicht mehr aktiv, sodass wir mit der Installation von Postfix beginnen können.

9.4.2.2   Postfix installieren

Den Postfix-Port finden wir im Verzeichnis /usr/ports/mail/ postfix/. Diesen installieren wir unter FreeBSD wie gewohnt mit dem folgenden Befehl:

```
# make install clean
```

Im erscheinenden Konfigurationsfenster wählen wir folgende Einstellungen:

- ▨ [PCRE]
- ▨ [DOVECOT2]
- ▨ [TLS]
- ▨ [MYSQL]
- ▨ [SPF]

Da wir Dovecot als Mail Delivery Agent (kurz: MDA) einsetzen werden und diesen bereits bei der Installation von Postfix ausgewählt haben, wird der Port mail/dovecot2 direkt mit installiert. Für Dovecot wählen wir folgende Parameter:

- ▨ [KQUEUE]
- ▨ [SSL]
- ▨ [MYSQL]

Im Installationsprozess werden wir gefragt, ob wir Postfix in der Datei
/etc/mail/mailer.conf aktivieren wollen, was wir bejahen.

```
Would you like to activate Postfix in \
    /etc/mail/mailer.conf [n]? y
```

Kurz darauf ist die Installation bereits abgeschlossen, sodass wir uns der Konfiguration widmen können, wobei wir mit der Datenhaltung, also dem MySQL-
Server, beginnen.

9.4.2.3 Die MySQL-Datenbank pflegen

 Für die Verwaltung der Benutzerdaten setzen wir auf eine
MySQL-Datenbank. Das hat den Vorteil, dass die Verwaltung
der Postfächer und E-Mail-Adressen erheblich leichter fällt.

Für den Mailserver legen wir einen eigenen Benutzer
db_mailserver inklusive gleichnamiger Datenbank an, der nur
Berechtigungen für die Befehle »SELECT«, »UPDATE«,
»INSERT« und »DELETE« auf dieser Datenbank hat.

> **Hinweis:** Der Datenbankbenutzer benötigt zu diesem Zeitpunkt nur die Berechtigung
> für »SELECT«. Da wir später den gleichen Benutzer für den Spam-Filter DSPAM nut-
> zen werden, vergeben wir schon hier die für DSPAM erforderlichen Berechtigungen.

```
CREATE DATABASE `db_mailserver`;
    CREATE USER 'db_mailserver'@'10.0.0.3' IDENTIFIED BY \
        '<PASSWORT>';
    GRANT SELECT,UPDATE,INSERT,DELETE ON `db_mailserver` . * TO \
        'db_mailserver'@'10.0.0.3';
    FLUSH PRIVILEGES;
```

> **Hinweis:** Solltest Du einen anderen Benutzernamen oder Datenbanknamen wählen,
> musst Du diese Angaben hier anpassen. Das Gleiche gilt für die IP-Adresse der Mail-
> server-Jail, die gegebenenfalls nicht stimmt, und natürlich für das Passwort.

Sobald das erledigt ist, erstellen wir in unserer neuen Datenbank drei Tabellen:

- alias: Diese enthält sämtliche E-Mail-Adressen, für die unser Mailserver
  Nachrichten entgegennehmen soll.
- domain: Diese Tabelle enthält alle Domains, für die unser Mailserver zuständig
  sein soll.
- mailbox: In dieser Tabelle werden die Zugangsdaten der Benutzer gepflegt.

Mit folgenden SQL-Befehlen werden die Tabellen in ihrer vorgesehenen Struktur erstellt. Anschließend widmen wir uns dann der Konfiguration von Postfix.

> **Hinweis:** Die Konfigurationsdateien und auch dieses Skript stehen auf der Webseite des Buchs als Download zur Verfügung.

```
CREATE TABLE `alias` (
    `address` varchar(255) NOT NULL default '',
    `goto` text NOT NULL,
    `domain` varchar(255) NOT NULL default '',
    `created` datetime NOT NULL default '0000-00-00 00:00:00',
    `modified` datetime NOT NULL default '0000-00-00 00:00:00',
    `active` tinyint(1) NOT NULL default '1',
        PRIMARY KEY  (`address`) )
ENGINE=InnoDB
DEFAULT CHARSET=utf8;

CREATE TABLE `domain` (
    `domain` varchar(255) NOT NULL default '',
    `description` varchar(255) NOT NULL default '',
    `aliases` int(10) NOT NULL default '0',
    `mailboxes` int(10) NOT NULL default '0',
    `maxquota` int(10) NOT NULL default '0',
    `transport` varchar(255) default NULL,
    `backupmx` tinyint(1) NOT NULL default '0',
    `created` datetime NOT NULL default '0000-00-00 00:00:00',
    `modified` datetime NOT NULL default '0000-00-00 00:00:00',
    `active` tinyint(1) NOT NULL default '1',
        PRIMARY KEY  (`domain`) )
ENGINE=InnoDB
DEFAULT CHARSET=utf8;

CREATE TABLE `mailbox` (
    `username` varchar(255) NOT NULL default '',
    `password` varchar(255) NOT NULL default '',
    `name` varchar(255) NOT NULL default '',
    `maildir` varchar(255) NOT NULL default '',
    `quota` int(10) NOT NULL default '0',
    `local_part` varchar(255) NOT NULL default '',
    `domain` varchar(255) NOT NULL default '',
    `created` datetime NOT NULL default '0000-00-00 00:00:00',
    `modified` datetime NOT NULL default '0000-00-00 00:00:00',
    `active` tinyint(1) NOT NULL default '1',
        PRIMARY KEY  (`username`) )
ENGINE=InnoDB
DEFAULT CHARSET=utf8;
```

9.4.2.4   Postfix konfigurieren

 Zunächst erstellen wir die Konfigurationen für den Zugriff auf die soeben erstellte Datenbank. Anschließend nehmen wir die Konfiguration von Postfix selbst in der Datei /usr/local/etc/ postfix/main.cf vor.

> **Hinweis:** Bevor wir uns an die Konfiguration des Mailservers machen, sollten wir überprüfen, ob der Parameter hostname in der Datei /etc/rc.conf den gewünschten Namen des Mailservers enthält. Dieser hat Einfluss auf die Funktion von Postfix. Nach einer Änderung ist ein Neustart der Jail erforderlich.

Die Konfigurationsdateien von Postfix liegen im Verzeichnis /usr/local/etc/ postfix/. Hierin legen wir ein neues Verzeichnis mysql_cf an und erstellen darin die Konfigurationsdateien für den Datenbankzugriff. Da wir hier das Passwort im Klartext speichern werden, erlauben wir nur dem Benutzer root den Zugriff.

```
# cd /usr/local/etc/postfix/
# mkdir mysql_cf
# chown root:postfix mysql_cf
# chmod 550 mysql_cf
```

In diesem neuen Verzeichnis legen wir nun folgende Konfigurationsdateien ab, wobei die Zugangsparameter (Benutzername, Passwort, IP-Adresse der Datenbank-Jail etc.) an Deine Angaben aus dem vorherigen Abschnitt angepasst werden müssen.

▪ virtual_alias_maps.cf

```
user = db_mailserver
password = <PASSWORT>
hosts = 10.0.0.1
dbname = db_mailserver
table = alias
select_field = goto
where_field = address
additional conditions = and active = '1'
```

▪ virtual_domains_maps.cf

```
user = db_mailserver
password = <PASSWORT>
hosts = 10.0.0.1
dbname = db_mailserver
table = domain
select_field = description
where_field  = domain
additional_conditions = and backupmx = '0' and active = '1'
```

▧ virtual_mailbox_maps.cf

```
user = db_mailserver
password = <PASSWORT>
hosts = 10.0.0.1
dbname = db_mailserver
table = mailbox
select_field = CONCAT(domain,'/',username,'/')
where_field = username
additional_conditions = and active = '1'
```

Die Berechtigungen legen wir hier wie folgt fest:

```
# chown root:postfix *.cf
# chmod 440 *.cf
```

Die nun erstellten Konfigurationsdateien beinhalten die Datenbankabfragen für die existierenden Postfächer, E-Mail-Adressen etc. Diese wird Postfix später verwenden, um zu prüfen, ob eine E-Mail zugestellt werden kann und an wen.

Die Datei main.cf ist die Konfigurationsdatei von Postfix. Nachfolgend schauen wir uns ein umfangreiches Beispiel an, das wir Abschnitt für Abschnitt betrachten werden. Die einzelnen Teile müssen wir zu einer großen Datei zusammenfügen.

> **Hinweis:** Wir werden nicht jeden Parameter diskutieren, da das den Rahmen sprengen würde. Postfix ist sehr gut dokumentiert, sodass sich die Bedeutung jedes Parameters im Handbuch nachlesen lässt.

Allgemeine Einstellungen

```
smtpd_banner = $myhostname ESMTP $mail_name (FreeBSD)
biff = no
append_dot_mydomain = no
myorigin = $mydomain
mydestination = localhost
mynetworks = 10.0.0.0/8
mailbox_size_limit = 0
recipient_delimiter = +
message_size_limit = 52428800
smtpd_helo_required = yes
disable_vrfy_command = yes
strict_rfc821_envelopes = yes
inet_protocols = ipv4
```

Der Parameter mynetworks gibt das oder die Systeme an, denen Postfix vertrauen soll. Wie wir später noch sehen werden, erlauben wir mit dieser Einstellung jeder Jail, unsere Postfix-Instanz als Mailserver zu verwenden, ohne sich mit Benutzername und Passwort anmelden zu müssen. Sollte Dir das zu gefährlich sein, kannst Du auch einzelne IP-Adressen in folgendem Format angeben:

```
mynetworks = 10.0.0.1, 10.0.0.3, 10.0.0.5
```

Die maximale Postfachgröße können wir mit dem Parameter `mailbox_size_limit`
in Byte festlegen. 0 bedeutet, dass das Postfach unbegrenzt groß werden kann.

Mit `message_size_limit` legen wir die Maximalgröße einer E-Mail inklusive
Anhang in Byte fest. Der angegebene Wert entspricht 50 MB.

Benutzerdaten

```
proxy_read_maps = $local_recipient_maps,
                  $myhostname,
                  $mynetworks,
                  $virtual_mailbox_domains,
                  $virtual_mailbox_maps,
                  $virtual_alias_maps

virtual_mailbox_domains = proxy:mysql:$config_directory/ \
   mysql_cf/virtual_domains_maps.cf
virtual_mailbox_maps = proxy:mysql:$config_directory/ \
   mysql_cf/virtual_mailbox_maps.cf
virtual_alias_maps = proxy:mysql:$config_directory/ \
   mysql_cf/virtual_alias_maps.cf
virtual_mailbox_base = /var/mail/accounts
virtual_minimum_uid = 500
virtual_uid_maps = static:500
virtual_gid_maps = static:500
virtual_transport = dovecot
dovecot_destination_recipient_limit = 1
```

> **Hinweis:** Bitte kontrolliere die Pfadangaben zu den zuvor angelegten MySQL-Konfigu-
> rationen.

Der Parameter `virtual_mailbox_base` enthält den Pfad zu dem Verzeichnis, in dem
die E-Mail-Postfächer und die E-Mails später abgelegt werden sollen.

SASL-Konfiguration

Wir werden die Kommunikation zwischen dem E-Mail-Programm und Postfix
verschlüsseln. Dies erreichen wir durch den Einsatz von SASL. SASL steht für
»Simple Authentication and Security Layer«. Hierbei handelt es sich um eine Art
Framework, das zur sicheren Authentifizierung benutzt werden kann. Die Zertifikate erstellen wir, nachdem Postfix fertig konfiguriert ist.

Hier müssen wir lediglich den Pfad zu den SSL-Zertifikaten kontrollieren:

```
smtpd_sasl_auth_enable = yes
smtpd_sasl_exceptions_networks = $mynetworks
broken_sasl_auth_clients = yes
smtpd_sasl_path = private/auth
smtpd_tls_cert_file = /usr/local/etc/ssl/mail-cert.pem
smtpd_tls_key_file = /usr/local/etc/ssl/mail-key.pem
```

```
smtpd_tls_security_level = may
smtpd_use_tls = yes
smtpd_tls_auth_only = yes
show_user_unknown_table_name = no
```

Spam-Bekämpfung und Sicherheitsvorkehrungen

Postfix kennt eine Reihe von Beschränkungen, die sich auf den E-Mail-Client (smtpd_client_restrictions), den Absender (smtpd_sender_restrictions), den Empfänger (smtpd_recipient_restrictions) oder die E-Mail (smtpd_data_restrictions) selbst beziehen.

Innerhalb der Liste der Restriktionen ist die Reihenfolge entscheidend. Sobald ein Kriterium erfüllt ist, wird die Verarbeitung unterbrochen. Ob ein Kriterium die Zustellung einer Nachricht erlaubt oder unterbindet, signalisiert das Präfix des Kriteriums. Permit_ erlaubt die Zustellung, reject_ verbietet sie.

Wenn wir uns beispielsweise die Einschränkungen für Clients anschauen, sehen wir, dass wir alle Einschränkungen für unsere vertrauten Netzwerke (mynetworks-Parameter) aufheben (permit_). Das Gleiche gilt auch für Clients, die sich am Mailserver angemeldet haben, und die, die in der Whitelist eingetragen sind. Diese beiden Gruppen dürfen im Prinzip alles.

Mit der letzten Zeile permit legen wir fest, dass alle anderen Clients, die bis jetzt nicht abgelehnt wurden, fortfahren und ihre E-Mail übermitteln dürfen.

```
# E-Mail-Client
smtpd_client_restrictions =
    permit_mynetworks,
    permit_sasl_authenticated,
    permit

# Absender
smtpd_sender_restrictions =
    permit_mynetworks,
    permit_sasl_authenticated,
    reject_unknown_sender_domain,
    reject_non_fqdn_sender,
    reject_sender_login_mismatch,
    permit

# Empfänger
smtpd_recipient_restrictions =
    permit_mynetworks,
    permit_sasl_authenticated,
    reject_unknown_recipient_domain,
    reject_non_fqdn_recipient,
    reject_invalid_hostname,
    reject_non_fqdn_sender,
    reject_non_fqdn_recipient,
    reject_unknown_sender_domain,
    reject_unknown_recipient_domain,
```

```
        reject_unauth_destination,
        reject_unauth_pipelining,
        permit

# E-Mail
smtpd_data_restrictions =
    permit_mynetworks,
    reject_unauth_pipelining,
    reject_multi_recipient_bounce,
    permit
```

9.4.2.5   Weitere Verzeichnisse und Zertifikate erstellen

 Unser MDA Dovecot, den wir anschließend konfigurieren werden, nutzt mehrere Systembenutzer für verschiedene Aufgaben (dovecot und dovenull), um möglichst sicher gegen Angriffe oder Sicherheitslücken im Code zu sein. Wir werden dieses Prinzip mittragen und einen eigenen Benutzer für unsere Postfächer verwenden, den wir auch in der Postfix-Konfiguration verwenden.

Zunächst legen wir daher unseren Benutzer vmail und das Zielverzeichnis für E-Mails an (/var/mail/accounts, siehe Parameter virtual_mailbox_base), wofür wir folgenden Befehl verwenden. Gleichzeitig weisen wir den Benutzer der Gruppe mail zu. Den Pfad zum Speicherort für E-Mails musst Du gegebenenfalls anpassen.

```
# pw user add -n vmail -u 500 -c 'Mailbox-User' \
    -d /var/mail/accounts -G mail -s /sbin/nologin -m -M 700
```

> **Hinweis:** Dovecot akzeptiert keine Verbindungen von Benutzern mit einer UID kleiner 500, um Verbindungen von Daemon-Benutzern, die in der Regel recht niedrige UIDs besitzen, zu unterbinden (www hat beispielsweise die UID 80). Dieses Verhalten kann zwar überschrieben werden, wir halten uns aber daran.

Für die SASL-Authentifizierung benötigen wir noch ein SSL-Zertifikat für unseren Mailserver. Dieses Zertifikat und der zugehörige Schlüssel werden laut unserer Konfiguration im Verzeichnis ssl/ unterhalb von /usr/local/etc/ abgelegt. Dieses Verzeichnis müssen wir ebenfalls noch anlegen, wobei auch hier die richtigen Berechtigungen sehr wichtig sind.

```
# cd /usr/local/etc
# mkdir ssl
# chown root:wheel ssl
# chmod 500 ssl
# cd ssl
```

Anschließend wechseln wir in dieses Verzeichnis und erstellen das nötige Zertifikat. Der Parameter -days enthält die Gültigkeit des Zertifikats in Tagen.

```
# openssl genrsa 1024 > mail-key.pem
# openssl req -new -x509 -nodes -sha1 -days 3650 \
  -key mail-key.pem > mail-cert.pem
# chmod 400 mail-*.pem
```

> **Hinweis:** Bei der Abfrage der Zertifikatsattribute muss der sogenannte Common Name dem Namen des Mailservers entsprechen, also beispielsweise mail.example.com.

Um Postfix zu aktivieren, tragen wir nun noch folgende Zeile in die /etc/rc.conf ein:

```
postfix_enable="YES"
```

9.4.3   Der MDA: Dovecot

Dovecot ist unser Mail Delivery Agent, der dafür zuständig ist, die empfangenen E-Mails dem Client, also unserem E-Mail-Programm bereitzustellen. Während der Installation von Postfix wurde Dovecot ebenfalls installiert.

Die Konfigurationsdateien von Dovecot liegen im Verzeichnis /usr/local/etc/dovecot/, wobei die Datei dovecot.conf die Hauptkonfiguration von Dovecot enthält. Die Datei dovecot-sql.conf beinhaltet die Zugriffsparameter für die MySQL-Datenbank.

> **Hinweis:** Wir konfigurieren Dovecot für die Nutzung per POP3- und IMAP-Protokoll. Solltest Du eines der beiden Protokolle nicht benutzen, so entferne es entsprechend aus der Liste des Parameters protocols.

▨ dovecot.conf

```
auth_mechanisms = cram-md5
first_valid_uid = 500
info_log_path = /var/log/dovecot.log
last_valid_uid = 500
log_path = /var/log/dovecot.log
log_timestamp = .%Y-%m-%d %H:%M:%S .
mail_access_groups = mail
mail_location = maildir:/var/mail/accounts/%d/%u
ssl_cert = </usr/local/etc/ssl/mail-cert.pem
ssl_key = </usr/local/etc/ssl/mail-key.pem
listen = 10.0.0.3

passdb {
    args = /usr/local/etc/dovecot/dovecot-sql.conf
    driver = sql
}
```

```
service auth {
  unix_listener /var/spool/postfix/private/auth {
      group = postfix
      mode = 0600
      user = postfix
  }
  unix_listener auth-master {
      group = mail
      mode = 0660
      user = vmail
  }
}

service imap-login {
  executable = /usr/local/libexec/dovecot/imap-login
  service_count = 1
  inet_listener imaps {
      port = 0
  }
}

service imap {
  executable = /usr/local/libexec/dovecot/imap
}

service pop3-login {
  inet_listener pop3s {
      port = 0
  }
}

userdb {
  args = /usr/local/etc/dovecot/dovecot-sql.conf
  driver = sql
}

protocols = imap pop3

protocol imap {
  imap_client_workarounds = tb-extra-mailbox-sep
  imap_max_line_length = 64 k
}

protocol lda {
  auth_socket_path = /var/run/dovecot/auth-master
  postmaster_address = postmaster@example.com
  sendmail_path = /usr/lib/sendmail
}
```

In der dovecot.conf musst Du gegebenenfalls den Pfad zum SSL-Zertifikat bzw.
zum Schlüssel anpassen, solltest Du diese zuvor geändert haben. Ebenso weicht
gegebenenfalls der Pfad zum Speicherort von E-Mails ab und muss entsprechend
den Postfix-Einstellungen angepasst werden.

> **Hinweis:** Indem wir den Port in den `inet_listener`-Abschnitten auf 0 setzen, deaktivieren wir hier POP3S und IMAPS. Solltest Du diese Protokolle nutzen wollen, musst Du diese Abschnitte entfernen und entsprechend in der Liste `protocols` ergänzen. Natürlich muss auch die Firewall entsprechend angepasst werden.

Der Parameter `postmaster_address` enthält die E-Mail-Adresse des Mailserveradministrators. Diese Adresse muss auf jeden Fall existieren und gegebenenfalls später angelegt werden. Denn sollte es einmal Probleme mit Deinem Mailserver geben, so ist dies die Adresse, an die Fehlermeldungen geschickt werden.

▨ `dovecot-sql.conf`

```
driver = mysql
connect = host=10.0.0.1 dbname=db_mailserver \
    user=db_mailserver password=<PASSWORT>
default_pass_scheme = CRAM-MD5
password_query = SELECT password FROM mailbox WHERE username = '%u'
user_query = SELECT \
    CONCAT('/var/mail/accounts/',domain,'/','%u','/') AS home, \
        500 AS uid, 500 AS gid FROM mailbox WHERE username = '%u'
```

Die Berechtigungen für die Konfigurationsdateien von Dovecot setzen wir auf »Nur lesen« (400) für root. Auf das Verzeichnis dovecot/ erlauben wir ebenfalls nur dem Superuser vollen Zugriff (700).

Zum Schluss integrieren wir Dovecot in Postfix. Hierfür tragen wir folgende Zeilen in die /usr/local/etc/postfix/master.cf ein:

```
dovecot  unix  -  n  n  -  -  pipe
    flags=DRhu
    user=vmail:vmail
    argv=/usr/local/libexec/dovecot/deliver -f ${sender} -d \
        ${user}@${nexthop} -m ${extension} -a ${recipient}
```

Abschließend müssen wir nun folgende Zeile in die /etc/rc.conf eintragen, um Dovecot zu aktivieren. Starten sollten wir ihn allerdings noch nicht.

```
dovecot_enable="YES"
```

Dovecot: http://dovecot.org/

9.4.4 Berechtigungen setzen

Die Konfigurationsdateien von Dovecot und Postfix enthalten sensible Daten: die Zugangsdaten zum MySQL-Server. Wenn jemand Zugriff auf diese Daten erhielte, wäre der Schaden enorm. Wir setzen daher folgende Berechtigungen für unsere Verzeichnisse unter /usr/local/etc/:

Für Postfix

```
# chown root:postfix postfix/
# chmod 550 postfix/
```

Für Dovecot

```
# chown -R root:vmail dovecot/
# chmod 550 dovecot/
# chmod 400 dovecot/dovecot-sql.conf
# chmod 440 dovecot/dovecot.conf
# chown root:vmail dovecot/dovecot*
# touch /var/log/dovecot.log
# chown vmail /var/log/dovecot.log
```

Damit sollten die Daten ausreichend geschützt sein und gleichzeitig für die Benutzer zugänglich sein, die die darin enthaltenen Angaben für den Betrieb benötigen.

9.4.5   Firewall anpassen

Um den Mailserver von außen erreichbar zu machen, müssen wir noch unsere Firewall auf dem Hostsystem, also außerhalb der Jail, anpassen. Wie das geht, wissen wir bereits.

Je nachdem, welche Protokolle (POP3 oder IMAP) Du benutzen möchtest, müssen wir entsprechende Ports öffnen und Weiterleitungen definieren.

Für POP3 muss der TCP-Port 110 geöffnet und an die Mailserver-Jail weitergeleitet werden. Für IMAP ist es der TCP-Port 143. Soll der Server auch zum Versenden von Nachrichten genutzt werden, muss auch der TCP-Port 25 für SMTP geöffnet und weitergeleitet werden.

In unserem Beispiel im Firewall-Kapitel haben wir die benötigten Ports bereits freigeschaltet.

```
open_tcp = "{ 22, 25, 80, 110, 143, 443 }"
(...)
rdr on $if proto tcp from any to $if port { 25, 110, 143 } -> $mail
```

9.4.6   Postfächer und E-Mail-Adressen verwalten

Unser Mailserver bezieht seine Benutzerdaten aus einer MySQL-Datenbank, was die Verwaltung erheblich vereinfacht. Entweder kann die Verwaltung mit SQL-Befehlen direkt auf der Shell vorgenommen werden, oder wir verwenden das beliebte phpMyAdmin oder irgendein anderes, grafisches Verwaltungstool für MySQL.

Die eleganteste Möglichkeit ist allerdings die Nutzung von PostfixAdmin, das die Pflege von Benutzerkonten und Weiterleitungen über ein auf Postfix zugeschnittenes Webinterface ermöglicht.

> **Hinweis:** Wir haben Dovecot so konfiguriert, dass es CRAM-MD5 zur Verschlüsselung des Passworts verwendet. Um ein verschlüsseltes Passwort zu generieren, müssen wir auf das Tool `doveadm` zurückgreifen, das mit Dovecot installiert wurde.

Ein CRAM-MD5-verschlüsseltes Passwort erstellen wir mit folgendem Befehl:

```
# doveadm pw -p Lk5madGfo
```

Das Resultat kopieren wir später in das Feld `password` unseres Benutzereintrags der Tabelle `mailbox`, inklusive der vorangestellten Zeichenkette `{CRAM-MD5}`.

Für das Passwort *Lk5madGfo* sähe der Wert im Passwort-Feld später so aus:

```
{CRAM-MD5}5965962(...)03e23da5c78a05b417bfeeef250f941f64417f1
```

> **Hinweis:** Da wir Dovecot in einer Jail betreiben, können wir `doveadm` nicht interaktiv benutzen (`/dev/tty` ist nicht vorhanden). Wir müssen das Passwort daher im Klartext auf der Konsole übergeben, was ein Sicherheitsrisiko darstellt. Nachdem die Passwörter verschlüsselt sind, muss die Datei `.history` im Homeverzeichnis des aktuellen Benutzers (beispielsweise `/root/.history`) gelöscht werden, sodass niemand das Passwort im Befehlsverlauf auslesen kann.

9.4.6.1 SQL-Befehle zur Benutzerverwaltung

Abhängig von der Anzahl der Benutzerkonten kann es überflüssig sein, extra eine Verwaltungsoberfläche für einen Mailserver zu installieren. Mit einfachen SQL-Befehlen können wir die Kontenverwaltung auch von Hand erledigen.

Domains anlegen

Im ersten Schritt müssen alle Domains dieses Mailservers hinterlegt werden.

```
INSERT INTO `db_mailserver`.`domain` (
    `domain`,
    `description`,
    `transport`,
    `active` )
VALUES (
    'example.com',
    'Domain example.com',
    'virtual',
    '1' );
```

Den Domainnamen musst Du natürlich anpassen; der Kommentar ist frei wählbar.

Benutzerkonten erstellen

Im zweiten Schritt erstellen wir ein Benutzerkonto, das über die E-Mail-Adresse
»info@example.com« erreichbar ist. Wie wir das Passwort verschlüsseln müssen,
haben wir bereits gesehen.

```
INSERT INTO  `db_mailserver`.`mailbox` (
    `username`,
    `password`,
    `name`,
    `maildir`,
    `local_part`,
    `domain`,
    `active` )
VALUES (
    'info@example.com',
    '{CRAM-MD5}596596291a2d5d92355b66442 \
        03e23da5c78a05b417bfeeef250f941f64417f1',
    'Info-Adresse',
    'info@example.com/',
    'info',
    'example.com',
    '1' );
```

Die **fett** gedruckten Werte musst Du durch Deine eigenen ersetzen. Wichtig ist
nur, dass der Wert in der Spalte `maildir` (hier: /var/mail/accounts/example.com/
info@example.com/) mit einem Schrägstrich (/) endet und dem Format der Variable
`mail_location` der Dovecot-Konfiguration entspricht. Relative Pfade werden
nicht unterstützt.

E-Mail-Adressen definieren

E-Mail-Adressen können auf eine andere E-Mail-Adresse verweisen (Weiterleitung), auf ein Postfach oder auf beides. Mit folgendem Befehl legen wir die
Adresse »postmaster@example.com« an, die auf unser soeben erstelltes Postfach
»info@example.com« verweist:

```
INSERT INTO `db_mailserver`.`alias` (
    `address` ,
    `goto` ,
    `domain` ,
    `active` )
VALUES (
    'postmaster@example.com',
    'info@example.com',
    'example.com',
    '1' );
```

Wollen wir eingehende Nachrichten an den Postmaster (postmaster@ example.com) nicht nur in einem Postfach speichern, sondern zusätzlich noch an eine andere E-Mail-Adresse weiterleiten, dann müssen wir jedes Ziel in die Spalte goto eintragen, wobei jedes in einer neuen Zeile innerhalb des Feldes goto stehen muss.

9.4.6.2 PostfixAdmin installieren

Für Verwaltungsoberflächen, die nur für den Eigenbedarf gedacht sind (phpMyAdmin, PostfixAdmin etc.), empfiehlt es sich, einen eigenen vHost, beispielsweise tools.example.com, anzulegen und die Verwaltungstools in jeweils einem eigenen Unterverzeichnis zu installieren.

> **Hinweis:** Es empfiehlt sich, für diesen vHost SSL zu aktivieren und einen Passwortschutz zu konfigurieren. Wie Du hierfür vorgehen musst, haben wir bereits gesehen.

Die Konfiguration von PostfixAdmin ist sehr einfach und gestaltet sich wie die Installation der meisten anderen in PHP geschriebenen Webapplikationen.

Da die Beispielkonfigurationsdatei sehr gut kommentiert ist, werden wir uns lediglich zwei Parameter anschauen, die an unsere bisherige Postfix-Konfiguration angepasst werden müssen.

```
$CONF['domain_path'] = 'NO';
$CONF['domain_in_mailbox'] = 'YES';
$CONF['encrypt'] = 'dovecot:CRAM-MD5';
```

> **Hinweis:** PostfixAdmin kann keine Passwörter CRAM-MD5-verschlüsselt erstellen. Daher muss auch hier das Passwort mithilfe von doveadm erstellt und von Hand in den entsprechenden Datensatz der MySQL-Tabelle »mailbox« eingetragen werden.

PostfixAdmin: http://postfixadmin.org/

9.4.7 E-Mail-Clients konfigurieren

Wir haben jetzt einen funktionierenden Mailserver konfiguriert und bereits erste Postfächer und Adressen angelegt. Um nun E-Mails mithilfe eines Clientprogramms abrufen zu können, müssen wir bei dessen Konfiguration

- TLS aktivieren,
- sichere Authentifizierung verwenden und
- die Authentifizierung am Postausgangsserver (SMTP) aktivieren.

In den Einstellungen von iOS-Geräten, wie beispielsweise dem iPhone oder iPad, sollte SSL aktiviert und der Port auf 25 für SMTP und 143 für IMAP gesetzt werden.

Jetzt kannst Du eingehende Nachrichten bereits empfangen und in Deinem E-Mail-Client lesen. Das reicht uns aber noch nicht, weshalb wir uns jetzt mit der Spam- und Virenabwehr beschäftigen.

9.4.8   Spam- und Virenabwehr

 Bisher haben wir den Mailserver nur mit den Hausmitteln von Postfix gegen Spam gesichert. Früher oder später wird das aber alleine nicht mehr ausreichen, weshalb wir weitere Register ziehen müssen. Gegen Viren haben wir bisher auch noch nichts unternommen, was wir in diesem Kapitel ebenfalls ändern werden.

Postfix kennt allgemeine Restriktionen, die die Kommunikation betreffen (engl. »restrictions«). Diese haben wir bereits bei der Grundkonfiguration kennengelernt. Darüber hinaus verfügt Postfix über sogenannte »before-queue filter«, sinngemäß Filter, die von E-Mails vor der Verarbeitung durch Postfix durchlaufen werden, und »after-queue filter«, die von E-Mails nach der Verarbeitung durch Postfix passiert werden müssen.

Mithilfe der Restriktionen schließen wir manche Server bzw. Clients direkt aus, um unseren Mailserver nicht unnötig zu belasten. Als weitere Maßnahmen werden wir externe Blacklists und das Sender Policy Framework (kurz: SPF) einsetzen.

Solltest Du mit den Risiken, die von externen Blacklists ausgehen, leben können, empfiehlt sich zusätzlich der Einsatz eines weiteren Vorfilters namens spamd, den wir uns in diesem Kapitel ebenfalls ansehen werden. Dieser Dienst blockiert basierend auf den angesprochenen Blacklists die Verbindung zu unserem Mailserver bereits auf Firewallebene.

Mithilfe der beiden Filterschnittstellen werden wir alle eingehenden Nachrichten, die alle Restriktionen überwunden haben, zunächst durch den Spam-Filter schicken, sodass die meisten unerwünschten Nachrichten bereits herausgefiltert sind. Nur die verbleibenden Nachrichten, die nicht als Spam erkannt wurden, werden dann auf Viren hin untersucht. Dieses Vorgehen spart Rechenleistung, da die Virensuche in der Regel aufwendiger ist.

E-Mails, die alle diese Filter überstanden haben, werden letztlich an Dovecot übergeben und in das zugehörige Postfach einsortiert.

> **Hinweis:** Spam-Bekämpfung fängt beim Benutzer an. Das bedeutet, dass die Gefahr, Opfer einer Spam-Welle zu werden, stark vom Verhalten der E-Mail-Adressenbesitzer abhängig ist. Wenn Du Deine E-Mail-Adresse nicht überall preisgibst und gegebenenfalls mit Wegwerf-Adressen arbeitest, die Du bei zu hohem Spam-Aufkommen problemlos abschalten kannst, wirst Du Dir viele nervige E-Mails sparen. Denn so ausgefeilt ein Spam-Filter auch sein mag, alles wird er nicht abfangen können.

9.4.8.1   Blacklists

Mithilfe von Blacklists lassen sich einzelne Absender-E-Mail-Adressen oder auch ganze Mailserver von der Zustellung von Nachrichten an unseren Postfix-Server abhalten. Whitelists hingegen erlauben die Zustellung explizit und heben gegebenenfalls Einschränkungen auf. Solche Listen kannst Du selbst pflegen, Du musst das aber nicht tun. Es gibt Dienstleister, die das Spam-Aufkommen untersuchen und darauf basierend solche Listen veröffentlichen.

> **Hinweis:** Der Einsatz externer Blacklists ist umstritten, da Du hiermit einem externen Dienstleister das Recht einräumst, Deinen E-Mail-Verkehr zu beeinflussen, ohne dass Du über den Umfang in Kenntnis gesetzt wirst. Es ist gegebenenfalls ratsam, ohne Blacklists zu starten und bei hohem Spam-Aufkommen diese zu aktivieren.

Um eigene Listen zu pflegen, können wir die Restriktionen `check_client_access` und `check_sender_access` in der `main.cf` von Postfix angeben. Die darin angegebenen Dateien pflegen wir im Verzeichnis `/usr/local/etc/postfix/`. Die **fett** gedruckten Zeilen fügen wir in die `main.cf` neu hinzu.

```
smtpd_client_restrictions =
    (...)
    permit_sasl_authenticated,
    check_client_access hash:/usr/local/etc/postfix/white.lst,
    reject_rbl_client zen.spamhaus.org,
    reject_rbl_client bl.spamcop.net,
    reject_rhsbl_client rhsbl.ahbl.org,
    reject_rhsbl_client bogusmx.rfc-ignorant.org,
    permit

smtpd_sender_restrictions =
    (...)
    reject_sender_login_mismatch,
    check_sender_access hash:/usr/local/etc/postfix/white.lst,
    reject_rhsbl_sender rddb.dnsbl.net.au,
    reject_rhsbl_sender endn.dnsbl.net.au,
    reject_rhsbl_sender rhsbl.ahbl.org,
    permit
```

```
smtpd_recipient_restrictions =
  (...)
  permit_sasl_authenticated,
  check_sender_access hash:/usr/local/etc/postfix/black.lst,
  (...)
  reject_unauth_pipelining,
  reject_rhsbl_recipient zen.spamhaus.org,
  reject_rhsbl_recipient bl.spamcop.net,
  permit
```

Die Datei white.lst folgt dabei diesem Aufbau:

```
example.net  OK
example.org  OK
```

Die Datei black.lst folgt dem unten gezeigten Aufbau, wobei wir entweder die
E-Mail nur ablehnen (REJECT) oder aber diese mit dem Fehlercode 550 und
einer frei definierbaren Nachricht zurückweisen können.

```
spam@baddomain.com  REJECT
badboy@spammer.com  550 Stop spamming me!
```

Nach einer Änderung der eigenen White- bzw. Blacklist müssen diese Neuerungen in die Postfix-Konfiguration eingelesen werden. Dies erfolgt mit folgenden
Befehlen:

```
# postmap *.lst
# postfix reload
```

Anschließend setzen wir die Berechtigungen noch etwas enger.

```
# chown root:postfix /usr/local/etc/postfix/*.lst
# chmod 440 /usr/local/etc/postfix/*.lst
```

9.4.8.2   Spam-Filter und Virenscanner per DSPAM integrieren

Bisher blocken wir eingehenden Spam nur auf Basis von Blacklists oder diverser Restriktionen bezüglich der Kommunikation
mit Postfix.

Jetzt gehen wir einen Schritt weiter und prüfen den Inhalt der
Nachrichten, die unsere bisherigen Filter alle durchlaufen haben,
mithilfe eines bayesschen Filters. Solch ein Filter analysiert den
Inhalt einer E-Mail und schätzt anhand statistischer Werte ab, ob es sich um Spam
handelt oder nicht. Der Vorteil dieser Technik ist die höhere Präzision im Vergleich zu
Blacklists. Solche Filter benötigen allerdings etwas Training, um präzise zu werden.

Zusätzlich zur Spam-Erkennung werden wir auch Anhänge auf Viren prüfen,
um potenzielle Gefahren für unsere Clients frühzeitig abzuwehren.

DSPAM: http://www.nuclearelephant.com/

DSPAM installieren

Bevor wir DSPAM installieren, müssen wir den gleichnamigen Benutzer anlegen.

```
# pw user add dspam -s /sbin/nologin -c 'DSPAM-User' -G vmail
```

Für die inhaltliche Filterung und die Integration des Virenscanners ClamAV installieren wir DSPAM mithilfe des Ports mail/dspam mit folgendem Befehl (achte auf den Parameter hinter make!):

```
# cd /usr/ports/mail/dspam/ && make \
    DSPAM_OWNER=dspam install clean
```

Als Konfigurationsparameter wählen wir diese Werte:

- [SYSLOG]
- [DAEMON]
- [CLAMAV]
- [CLAMAV_LOCAL]
- [MYSQL55]
- [VIRT_USERS]

Während der ClamAV-Installation wählen wir die folgenden Parameter:

- [ARC]
- [ARJ]
- [LHA]
- [UNZOO]
- [UNRAR]
- [LLVM]

Bevor wir uns mit der weiteren Konfiguration beschäftigen, erstellen wir ein paar Verzeichnisse für DSPAM:

```
# mkdir /var/run/dspam
# chown dspam:mail /var/run/dspam
# chmod 750 /var/run/dspam
# mkdir /var/db/dspam/txt
# chown -R dspam:mail /var/db/dspam
# chmod 770 /var/db/dspam
# touch /var/db/dspam/txt/msgtag.spam
```

Wir werden DSPAM so konfigurieren, dass es seine statistischen Daten in einer MySQL-Datenbank speichert. Hierfür können wir die zuvor erstellte Datenbank db_mailserver und deren Benutzer verwenden, oder wir erstellen eine separate Datenbank.

```
CREATE TABLE IF NOT EXISTS `dspam_preferences` (
    `uid` int(10) unsigned NOT NULL,
    `preference` varchar(32) NOT NULL,
    `value` varchar(64) NOT NULL,
```

```
    UNIQUE KEY `id_preferences_01` (`uid`,`preference`) )
ENGINE=InnoDB
DEFAULT CHARSET=utf8;

CREATE TABLE IF NOT EXISTS `dspam_signature_data` (
    `uid` int(10) unsigned NOT NULL,
    `signature` char(32) NOT NULL,
    `data` longblob NOT NULL,
    `length` int(10) unsigned NOT NULL,
    `created_on` date NOT NULL,
UNIQUE KEY `id_signature_data_01` (`uid`,`signature`),
KEY `id_signature_data_02` (`created_on`) )
ENGINE=InnoDB
DEFAULT CHARSET=utf8
MAX_ROWS=2500000
AVG_ROW_LENGTH=8096;

CREATE TABLE IF NOT EXISTS `dspam_stats` (
    `uid` int(10) unsigned NOT NULL,
    `spam_learned` bigint(20) unsigned NOT NULL,
    `innocent_learned` bigint(20) unsigned NOT NULL,
    `spam_misclassified` bigint(20) unsigned NOT NULL,
    `innocent_misclassified` bigint(20) unsigned NOT NULL,
    `spam_corpusfed` bigint(20) unsigned NOT NULL,
    `innocent_corpusfed` bigint(20) unsigned NOT NULL,
    `spam_classified` bigint(20) unsigned NOT NULL,
    `innocent_classified` bigint(20) unsigned NOT NULL,
PRIMARY KEY (`uid`) )
ENGINE=InnoDB
DEFAULT CHARSET=utf8;

CREATE TABLE IF NOT EXISTS `dspam_token_data` (
    `uid` int(10) unsigned NOT NULL,
    `token` bigint(20) unsigned NOT NULL,
    `spam_hits` bigint(20) unsigned NOT NULL,
    `innocent_hits` bigint(20) unsigned NOT NULL,
    `last_hit` date NOT NULL,
UNIQUE KEY `id_token_data_01` (`uid`,`token`) )
ENGINE=InnoDB
DEFAULT CHARSET=utf8
PACK_KEYS=1;

CREATE TABLE IF NOT EXISTS `dspam_virtual_uids` (
    `uid` int(10) unsigned NOT NULL AUTO_INCREMENT,
    `username` varchar(128) NOT NULL,
PRIMARY KEY `id_virtual_uids_01` (`uid`),
UNIQUE KEY `id_virtual_uids_02` (`username`)  )
ENGINE=InnoDB
DEFAULT CHARSET=utf8;
```

```
ALTER TABLE dspam_token_data ADD INDEX(spam_hits);
ALTER TABLE dspam_token_data ADD INDEX(innocent_hits);
ALTER TABLE dspam_token_data ADD INDEX(last_hit);

SET FOREIGN_KEY_CHECKS=0;

ALTER TABLE `dspam_signature_data`
    ADD CONSTRAINT `dspam_signature_data_ibfk_1`
    FOREIGN KEY (`uid`) REFERENCES `dspam_virtual_uids` (`uid`)
    ON DELETE CASCADE;

ALTER TABLE `dspam_stats`
    ADD CONSTRAINT `dspam_stats_ibfk_1` FOREIGN KEY (`uid`)
    REFERENCES `dspam_virtual_uids` (`uid`) ON DELETE CASCADE;

ALTER TABLE `dspam_token_data`
    ADD CONSTRAINT `dspam_token_data_ibfk_1` FOREIGN KEY (`uid`)
    REFERENCES `dspam_virtual_uids` (`uid`)
    ON DELETE CASCADE;

SET FOREIGN_KEY_CHECKS=1;
```

DSPAM kann entweder statistische Daten für alle Benutzer gemeinsam erheben oder für jeden einzeln, wobei jede Empfängeradresse einen eigenständigen Benutzer darstellt. Da der Spam-Filter in unserem Falle allerdings recht niedrig frequentiert sein wird, begnügen wir uns mit einer gemeinsamen Datenbasis.

DSPAM konfigurieren

Zunächst erstellen wir die Konfiguration für DSPAM selbst in der Datei /usr/local/etc/dspam.conf. Wir werden uns die Datei Abschnitt für Abschnitt ansehen, da die Konfiguration sehr umfangreich ist. In jedem Fall lohnt es sich, die kommentierte Konfigurationsdatei dspam.conf.sample anzusehen.

```
Home    /var/db/dspam
StorageDriver   /usr/local/lib/dspam/libmysql_drv.so
TrustedDeliveryAgent   /usr/libexec/mail.local
TrainingMode    teft
TestConditionalTraining    on
Feature    whitelist
Feature    noise
Feature    tb=5
Algorithm    graham burton
Tokenizer    osb
PValue    bcr
WebStats    off
ImprobabilityDrive    off
```

Der Parameter TrainingMode legt fest, wann und wie der Filter trainiert werden soll. Hierbei können wir wählen, ob dies permanent (teft), nur im Fehlerfall (toe) oder dynamisch (tum) erfolgen soll. In den meisten Fällen ist teft die beste Wahl.

Durch Aktivierung des `whitelist`-Features können wir E-Mail-Adressen von solchen Absendern automatisch auf eine Whitelist setzen, die mehr als 20 E-Mails an unseren Server geschickt haben, die nicht als Spam markiert wurden.

Die Zeile `Feature tb=5` steuert die Empfindlichkeit von DSPAM. Im Normalbetrieb ist 5 ein guter Wert. Zum Testen solltest Du später den Wert allerdings auf 0 setzen, um Test-E-Mails von DSPAM als Spam erkennen zu lassen.

> **Hinweis:** DSPAM verfügt über ein Webinterface, über das sich zahlreiche Einstellungen vornehmen lassen. Über das Interface kannst Du den Filter trainieren, das Quarantäneverzeichnis bearbeiten und Statistiken über die Treffergenauigkeit einsehen. Wir werden das Interface nicht installieren. Solltest Du es aber nutzen wollen, musst Du den Parameter `WebStats` auf on setzen.

```
DeliveryHost      10.0.0.3
DeliveryPort      10026
DeliveryIdent     mail.example.com
DeliveryProto     SMTP

EnablePlusedDetail      on
OnFail     unlearn
Trust      root
Trust      dspam
Trust      mail
Trust      smmsp
Trust      daemon
Trust      vmail

ServerMode      auto
ServerParameters    "--deliver=innocent %u"
ServerIdent     "dspam.example.com"
ServerPID     /var/run/dspam/dspam.pid
ServerPort     10025
ServerQueueSize     32
```

Die Delivery-Parameter legen fest, an wen die gescannten Nachrichten weitergegeben werden. Wir werden die E-Mails zwecks Zustellung wieder an Postfix für die Zustellung zurückgeben, der später auf Port 10026 lauschen wird. Der Parameter `ServerPort` legt hingegen den Port fest, auf dem E-Mails an DSPAM übergeben werden können.

```
Notifications     off
PurgeSignature    14
PurgeNeutral      90
PurgeUnused       90
PurgeHapaxes      30
PurgeHits1S       15
PurgeHits1I       15
```

```
SystemLog    on
UserLog    on
Opt    out

ClamAVPort    3310
ClamAVHost    10.0.0.3
ClamAVResponse    drop

TrackSources    spam nonspam virus
ParseToHeaders    on
ChangeModeOnParse    on
ChangeUserOnParse    full
Broken    case
MaxMessageSize    1048576
ProcessorURLContext    on
ProcessorBias    on
StripRcptDomain    off
```

Mithilfe der ClamAV-Parameter können wir festlegen, wie DSPAM E-Mails an den Virenscanner übergeben soll. Die Angabe `drop` bewirkt, dass verseuchte Nachrichten gelöscht werden.

Der Parameter `MaxMessageSize` gibt in Byte an, wie groß eine Nachricht höchstens sein darf, um gescannt zu werden. Würden größere Nachrichten ebenfalls analysiert, würde das gegebenenfalls zu viel Rechenleistung in Anspruch nehmen. Und da Spam eher für die Menge als für die Nachrichtengröße bekannt ist, sollte der Wert nicht zu groß gewählt werden.

```
MySQLServer    10.0.0.1
MySQLPort    3306
MySQLUser    db_mailserver
MySQLPass    <PASSWORT>
MySQLDb    db_mailserver
MySQLCompress    false
MySQLReconnect    true
MySQLUIDInSignature    on
```

Bei den MySQL-Einstellungen müssen wir die entsprechenden Zugangsdaten pflegen, die wir bei der Erstellung des MySQL-Benutzers verwendet haben. Die Zugriffsberechtigung von der IP-Adresse der Mailserver-Jail aus sollte der Benutzer bereits haben.

Die folgenden Parameter legen die Standardeinstellungen für die Spam-Erkennung und -Verarbeitung fest. Für jede E-Mail-Adresse können eigene Einstellungen definiert werden, die dann die nachfolgenden Standardwerte überschreiben.

```
Preference    "trainingMode=TEFT"
Preference    "spamAction=tag"
Preference    "spamSubject=[SPAM]"
Preference    "statisticalSedation=5"
Preference    "enableBNR=on"
```

```
Preference    "enableWhitelist=on"
Preference    "signatureLocation=message"
Preference    "tagSpam=on"
Preference    "tagNonspam=off"
Preference    "showFactors=off"
Preference    "optIn=off"
Preference    "optOut=off"
Preference    "whitelistThreshold=10"
Preference    "makeCorpus=off"
Preference    "storeFragments=off"
Preference    "localStore="
Preference    "processorBias=on"
Preference    "fallbackDomain=off"
Preference    "trainPristine=off"
Preference    "optOutClamAV=off"
Preference    "ignoreRBLLookups=off"
Preference    "RBLInoculate=off"

IgnoreHeader    Accept-Language
IgnoreHeader    Authentication-Results
IgnoreHeader    Content-Type
IgnoreHeader    DKIM-Signature
IgnoreHeader    Date
IgnoreHeader    DomainKey-Signature
IgnoreHeader    Importance
IgnoreHeader    In-Reply-To
IgnoreHeader    List-Archive
IgnoreHeader    List-Help
IgnoreHeader    List-Id
IgnoreHeader    List-Post
IgnoreHeader    List-Subscribe
IgnoreHeader    List-Unsubscribe
IgnoreHeader    Message-ID
IgnoreHeader    Message-Id
IgnoreHeader    Organization
IgnoreHeader    Received
IgnoreHeader    Received-SPF
IgnoreHeader    References
IgnoreHeader    Reply-To
IgnoreHeader    Resent-Date
IgnoreHeader    Resent-From
IgnoreHeader    Thread-Index
IgnoreHeader    Thread-Topic
IgnoreHeader    User-Agent
IgnoreHeader    X-policyd-weight
IgnoreHeader    thread-index
```

Da auch in der Datei dspam.conf Zugangsdaten im Klartext enthalten sind, setzen wir auch hier die Berechtigungen etwas enger:

```
# chown dspam:mail /usr/local/etc/dspam.conf
# chmod 440 /usr/local/etc/dspam.conf
```

Zum Schluss müssen wir die folgende Zeile in die /etc/rc.conf der Jail eintragen, um DSPAM starten zu können:

```
dspam_enable="YES"
```

Abschließend teilen wir DSPAM noch mit, dass wir für alle Benutzer eine gemeinsame Datenbasis wünschen. Hierfür müssen wir im Verzeichnis /var/db/dspam/ die Datei group mit folgendem Inhalt erstellen:

```
dspam:shared:*
```

Diese Datei versehen wir mithilfe der folgenden Befehle mit den nötigen Berechtigungen und erstellen gleich das Datenverzeichnis für DSPAM.

```
# chown dspam:mail /var/db/dspam/group
# chmod 444 /var/db/dspam/group
# mkdir /var/db/dspam/data
# chown dspam:mail /var/db/dspam/data
# chmod 750 /var/db/dspam/data
```

> **Hinweis:** Du kannst DSPAM jetzt bereits starten, allerdings fehlt noch die Integration mit ClamAV und Postfix.

ClamAV konfigurieren

Der Virenscanner ClamAV wurde bereits mit DSPAM installiert und setzt sich aus zwei Komponenten zusammen. Zum einen haben wir mit ClamAV den Virenscanner an sich installiert. Dieser ist für die Suche und Bereinigung der E-Mails zuständig. Zum anderen verfügt ClamAV über einen Update-Dienst, der als FreshClam bezeichnet wird. Dieser aktualisiert die Signaturendatenbank regelmäßig einmal pro Stunde.

ClamAV konfigurieren wir in der Datei /usr/local/etc/clamd.conf.

```
LogFile    /var/log/clamav/clamd.log
LogSyslog    yes
LogFacility    LOG_MAIL
PidFile    /var/run/clamav/clamd.pid
TemporaryDirectory    /tmp
DatabaseDirectory    /var/db/clamav
TCPAddr    10.0.0.3
TCPSocket    3310
FixStaleSocket    yes
User    clamav
AllowSupplementaryGroups    yes
ScanMail    yes
```

Mit den Parametern TCPAddr und TCPSocket legen wir fest, dass der Virenscanner auf Port 3310 unter der lokalen IP-Adresse erreichbar sein wird. Diese Angaben müssen sich mit denen in der DSPAM-Konfigurationsdatei decken.

Den Update-Dienst FreshClam konfigurieren wir in der Datei /usr/local/
etc/freshclam.conf.

```
DatabaseDirectory   /var/db/clamav
UpdateLogFile   /var/log/clamav/freshclam.log
PidFile   /var/run/clamav/freshclam.pid
DatabaseOwner   clamav
AllowSupplementaryGroups   yes
DatabaseMirror   database.clamav.net
NotifyClamd   /usr/local/etc/clamd.conf
```

Diese Einstellungen kannst Du so übernehmen. Auch hier sind die Parameterna-
men selbsterklärend.

Mit folgenden Zeilen in der Datei /etc/rc.conf aktivieren wir ClamAV und
FreshClam:

```
clamav_clamd_enable="YES"
clamav_freshclam_enable="YES"
```

Anschließend starten wir den Virenscanner mit folgenden Befehlen:

```
# /usr/local/etc/rc.d/clamav-freshclam start
# /usr/local/etc/rc.d/clamav-clamd start
```

ClamAV: http://www.clamav.net/

Integration in Postfix

DSPAM und ClamAV sind jetzt so weit konfiguriert, dass sie bereit sind, E-Mails
entgegenzunehmen und zu analysieren. Jetzt müssen wir die beiden Dienste noch
in Postfix integrieren.

Die Integration wird so aussehen, dass wir nur eingehende Nachrichten an
DSPAM zur Filterung übergeben. DSPAM haben wir so konfiguriert, dass es
Nachrichten mit infiziertem Anhang löscht. DSPAM wird mit ClamAV direkt
kommunizieren, sodass wir den Virenscanner nicht extra integrieren müssen. Als
Spam erkannte Nachrichten werden im Betreff mit [SPAM] markiert.

Sollte eine Nachricht fälschlicherweise als Spam erkannt worden sein, müssen wir DSPAM trainieren. Dasselbe gilt natürlich für Nachrichten, die nicht als
Spam erkannt wurden.

Hierfür werden wir zwei E-Mail-Aliase erstellen, die einem bestimmten Aufbau folgen. Haben wir beispielsweise die E-Mail-Adresse »info@example.com«
definiert, erstellen wir zusätzlich folgende zwei Aliase in unserer Postfix-MySQL-
Tabelle, die auf das gleiche Ziel weiterleiten wie die Adresse
»info@example.com«:

- spam-info@example.com
- nospam-info@example.com

Wenn wir nun eine Nachricht an die Adresse »info@example.com« erhalten haben, die fälschlicherweise als Spam erkannt wurde, leiten wir diese an die Adresse »nospam-info@example.com« weiter, um DSPAM zu trainieren. Umgekehrt müssen wir natürlich sicherstellen, dass diese Adressen von außen nicht erreichbar sind, um Manipulationen zu verhindern.

Zunächst erstellen wir das Verzeichnis dspam in /usr/local/etc/postfix/ und setzen die Berechtigung entsprechend. Hierin legen wir die zusätzlichen Konfigurationsdateien ab.

```
# mkdir /usr/local/etc/postfix/dspam
# chown root:postfix /usr/local/etc/postfix/dspam
# chmod 550 /usr/local/etc/postfix/dspam
```

Zunächst müssen wir Postfix mitteilen, dass alle eingehenden Nachrichten an DSPAM zur Analyse weitergeleitet werden sollen. Hierfür definieren wir ein paar Regeln in der zu erstellenden Datei dspam_filter, ebenfalls im dspam-Verzeichnis. Den Dienst dspam-smtp müssen wir später noch in der master.cf von Postfix definieren.

■ dspam_filter

```
/^(spam|nospam)-(.+)$/    PREPEND To: ${2}
/^(spam|nospam)(.+)$/   OK
/./    FILTER dspam-smtp:[10.0.0.3]:10025
```

E-Mails an die Trainingsadressen, die mit »spam« bzw. »nospam« beginnen, werden nicht an DSPAM weitergeleitet. Um DSPAM zu trainieren, definieren wir gleich noch andere Regeln. Die Werte hinter dspam-smtp legen fest, unter welcher Adresse und auf welchem Port DSPAM erreichbar ist.

Um diese Regeln nun für Postfix lesbar zu machen, müssen wir diese »übersetzen«. Dies machen wir mithilfe des folgenden Befehls, den wir übrigens immer ausführen müssen, wenn wir an einer der Regeln etwas ändern.

```
# postmap /usr/local/etc/postfix/dspam/dspam_filter
```

Nun müssen wir Postfix noch mitteilen, dass es diese Filter auf eingehende Nachrichten anwenden soll. Dies tun wir, indem wir folgende **fett** gedruckte Restriktion am Ende der smtpd_recipient_restrictions mit in die Liste aufnehmen. Wir fügen sie am Ende ein, sodass nur Nachrichten geprüft werden, die allen anderen Prüfungen bereits standgehalten haben.

```
smtpd_recipient_restrictions =
    (...)
    reject_rhsbl_recipient bl.spamcop.net,
    check_recipient_access \
      pcre:/usr/local/etc/postfix/dspam/dspam_filter,
    (...)
```

DSPAM fügt in analysierte Nachrichten zusätzliche Header ein. Um unsere
DSPAM-Instanz nicht durcheinanderzubringen, weisen wir Postfix an, gegebenenfalls von anderen Servern gesetzte DSPAM-Header in E-Mails zu ignorieren.
Hierfür erstellen wir eine Regel in der Datei dspam_header_checks, die wie folgt
aussieht:

- dspam_header_checks

```
/^(X-DSPAM-.*)/     IGNORE
```

Auch diese übersetzen wir mit postmap und integrieren sie über den Parameter
header_checks in die main.cf.

```
header_checks = pcre:/usr/local/etc/postfix/dspam/dspam_header_checks
nested_header_checks =
```

Den Parameter nested_header_checks fügen wir ebenfalls ein. Wir lassen ihn allerdings leer, um die Header-Prüfung auf den Kopf der E-Mail zu beschränken.

Jetzt müssen wir uns noch etwas mit der Konfiguration für die Trainingsadressen beschäftigen.

Da wir angegeben haben, dass Nachrichten an mit »spam-« bzw. »nospam-«
beginnende Empfänger nicht an DSPAM weitergeleitet werden sollen, müssen
wir nun eine Regel einfügen, die das Senden an diese Adressen von außerhalb verhindert. Schließlich wollen wir zwar falsch klassifizierte Nachrichten an diese
Trainingsadressen weiterleiten, von außen soll dies aber nicht möglich sein.

Wir erstellen daher die Datei dspam_filter_reject_external mit folgender Regel:

- dspam_filter_reject_external

```
/^.*(spam|nospam)-.+@.*$/     REJECT
```

Diese übersetzen wir mithilfe des folgenden Befehls ebenfalls in ein für Postfix
lesbares Format:

```
# postmap /usr/local/etc/postfix/dspam/dspam_filter_reject_external
```

Die folgende Regel fügen wir zweimal in die smtpd_recipient_restrictions ein,
die wir bereits ergänzt haben, allerdings diesmal am Anfang, um keine unnötigen
Prüfungen vornehmen zu müssen. Wir tun dies deshalb zweimal, weil wir weder
Absenderadressen noch Empfängeradressen, die mit »spam-« bzw. »nospam-«
beginnen, entgegennehmen wollen.

```
smtpd_recipient_restrictions =
    (...)
    reject_unknown_recipient_domain,
    check_recipient_access pcre:/usr/local/etc/postfix/dspam/ \
        dspam_filter_reject_external,
    check_sender_access pcre:/usr/local/etc/postfix/dspam/ \
        dspam_filter_reject_external,
    (...)
```

Anschließend erstellen wir eine weitere Regel, die Empfängeradressen von ausgehenden Nachrichten verändert, sodass wir DSPAM komfortabel trainieren können.

Wir legen dazu die Datei `dspam_alias_rewrite` im Verzeichnis `dspam` unterhalb des Verzeichnisses `postfix` mit folgendem Inhalt an. Die Regeln besagen, dass unsere Klassifizierungsadressen (spam-info@... und nospam-info@...) an die beiden nicht zustellbaren Adressen spam@spam.spam bzw. nospam@nospam. nospam weitergeleitet werden.

> **Hinweis:** Wir verwenden nicht zustellbare Adressen, da wir diese ja lediglich an DSPAM, aber nicht an einen echten Empfänger weiterleiten wollen.

▨ dspam_alias_rewrite

```
/^(spam|nospam)-(.+)@.+$/   ${1}@${1}.${1}
/^spam@.+$/      spam@spam.spam
/^nospam@.+$/    nospam@nospam.nospam
```

Nun übersetzen wir die Datei für Postfix mit folgendem Befehl. Diesen musst Du nach jeder Änderung an einer dieser von uns erstellten Dateien ausführen.

```
# postmap /usr/local/etc/postfix/dspam/dspam_alias_rewrite
```

In die `main.cf` von Postfix fügen wir nun folgende Zeile ein, um die gerade erstellten Umschreibungsregeln für ausgehende Nachrichten bekannt zu machen:

```
canonical_maps = pcre:/usr/local/etc/postfix/dspam/dspam_alias_rewrite
```

Die Trainingsadressen werden in die nicht zustellbaren Adressen *spam.spam* beziehungsweise *nospam.nospam* umgeschrieben. Um Postfix mitzuteilen, was es mit Nachrichten an diese Adressen anstellen soll, erstellen wir zwei Mapping-Regeln, sogenannte »Transport Maps«, in der Datei `dspam_transport_maps`.

▨ dspam_transport_maps

```
spam.spam       dspam-retrain:spam
nospam.nospam   dspam-retrain:innocent
```

Diese Regeln besagen, dass E-Mails an die Empfänger *spam.spam* beziehungsweise *nospam.nospam* an den Dienst `dspam-retrain` übergeben werden sollen. Auch diesen Dienst müssen wir gleich noch in der `master.cf` erstellen. Den Zusatz spam bzw. `innocent` können wir später als Parameter an DSPAM übergeben, um die Klassifizierung zu korrigieren.

Nach dem Übersetzen mithilfe von `postmap` integrieren wir den Regelsatz mithilfe des Parameters `transport_maps` in die `main.cf`.

```
transport_maps = hash:/usr/local/etc/postfix/dspam/dspam_transport_maps
```

Jetzt haben wir Postfix so weit konfiguriert, dass es eingehende Nachrichten und E-Mails, die wir an spam- bzw. nospam-Adressen weiterleiten, zur Neuklassifizierung an DSPAM übergibt.

Was nun allerdings noch fehlt, ist die Erstellung der Dienste, mit denen Postfix kommunizieren soll. Wir haben zuvor definiert, dass alle eingehenden Nachrichten an den Dienst dspam-smtp und alle fehlerhaft klassifizierten Nachrichten an dspam-retrain weitergeleitet werden sollen.

Diese Dienste sind im Grunde Verknüpfungen zu externen Prozessen (beispielsweise DSPAM), wobei wir bestimmte Parameter direkt übergeben können. Gleichzeitig definieren wir die Schnittstelle, über die DSPAM die E-Mails nach der Analyse wieder an Postfix zurückgeben kann, nämlich auf Port 10026, so wie wir es in der dspam.conf angegeben haben. Folgende Zeilen fügen wir somit in die master.cf ein:

```
dspam-smtp  unix  -  -  n  -  10  lmtp
    -o smtp_send_xforward_command=yes
    -o disable_mime_output_conversion=yes
    -o smtp_generic_maps=

dspam-retrain  unix  -  n  n  -  -  pipe
    flags=Rhq
    user=dspam
    argv=/usr/local/bin/dspam --client --mode=teft \
        --class=${nexthop} --source=error --user ${sender}

10.0.0.3:10026  inet  n  -  n  -  16  smtpd
    -o content_filter=
    -o receive_override_options=no_unknown_recipient_checks, \
        no_header_body_checks
    -o smtpd_helo_restrictions=
    -o smtpd_client_restrictions=
    -o smtpd_sender_restrictions=
    -o smtpd_recipient_restrictions=permit_mynetworks,reject
    -o mynetworks_style=host
    -o smtpd_authorized_xforward_hosts=10.0.0.0/8
```

Jetzt können wir Postfix, DSPAM und ClamAV starten bzw. neu starten. An dieser Stelle ist es wichtig, die Logdateien /var/log/maillog, /var/db/dspam/system.log und /var/log/messages zu beobachten.

Konfiguration testen

Wenn wir nun eine Nachricht erhalten, sollten in etwa folgende Zeilen in der /var/log/maillog auftauchen:

```
(...)
Recipient address triggers FILTER dspam-smtp:[10.0.0.3]:10025
(...)
```

In der Nachricht selbst sollte am Ende eine Signatur eingefügt worden sein, die in etwa so aussieht:

```
!DSPAM:1,4e6b38cc830576924586237!
```

Zusätzlich sollten im Header der Nachricht folgende Zeilen enthalten sein, wobei die Werte natürlich abweichen:

```
X-DSPAM-Result: Innocent
X-DSPAM-Confidence: 0.7272
X-DSPAM-Probability: 0.0000
X-DSPAM-Signature: 1,4e6b38cc830576924586237
```

»Result« enthält dabei die Klassifizierung. In diesem Beispiel wurde die Nachricht nicht als Spam erkannt, daher »Innocent« (engl. »unschuldig«). Der »Confidence«-Wert gibt dabei von 0 bis 1 an, wie sicher sich DSPAM bei der Einstufung ist. Die »Probability« (engl. »Wahrscheinlichkeit«) enthält ebenfalls einen Wert von 0 bis 1, der die Spam-Wahrscheinlichkeit wiedergibt.

Nun sollten wir noch testen, ob die Weiterleitung an die Trainingsadressen und deren Verarbeitung funktioniert.

> **Hinweis:** Die Aliase spam-... und nospam-... müssen in den Postfix-Tabellen gepflegt sein.

In der Logdatei /var/log/maillog sollten wir folgende Einträge finden, wenn wir eine Nachricht zur Neuklassifizierung weitergeleitet haben.

```
(...) status=sent (delivered via dspam-retrain service) (...)
```

Wir haben DSPAM so konfiguriert, dass es alle Daten in einer MySQL-Datenbank ablegt. Da sich mit der Zeit hier große Datenmengen ansammeln, die die Verarbeitungsgeschwindigkeit von DSPAM negativ beeinflussen können, sollten wir noch einen Cronjob erstellen, der regelmäßig veraltete Daten löscht und die Tabellen optimiert.

Hierzu kopieren wir das mit DSPAM mitgelieferte Wartungs-SQL-Skript in das Verzeichnis /usr/local/etc/ und nennen es dspam_purge.sql.

> **Hinweis:** Natürlich kannst Du es auch anders nennen, dann musst Du allerdings das nachfolgende Shell-Skript entsprechend anpassen.

```
# cp /usr/local/share/examples/dspam/mysql/purge-4.1.sql \
    /usr/local/etc/dspam_purge.sql
```

Für die Ausführung des SQL-Skripts erstellen wir folgendes Shell-Skript dspam_purge.sh im Verzeichnis /usr/local/bin/, das die Zugangsdaten zum MySQL-Server enthält:

▓ dspam_purge.sh

```
#!/bin/sh
/usr/local/bin/mysql --host 10.0.0.1 --user=db_mailserver \
    --pass=<PASSWORT> db_mailserver < \
    /usr/local/etc/dspam_purge.sql > /dev/null
```

Da auch hier wieder Zugangsdaten im Klartext enthalten sind, setzen wir die Berechtigung auf das Shell-Skript wie folgt:

```
# chmod 700 /usr/local/bin/dspam_purge.sh
# chown root:wheel /usr/local/bin/dspam_purge.sh
```

Folgenden Cronjob erstellen wir in der Datei /etc/crontab, der täglich vom Benutzer root ausgeführt werden soll:

```
0  0  *  *  *  root  /usr/local/etc/dspam_purge.sh
```

Wenn nun alles funktioniert und auch das Shell-Skript sauber arbeitet, können wir uns zurücklehnen und zusehen, wie DSPAM sich im Laufe der Zeit permanent verbessert.

Wir können den Lernprozess allerdings etwas abkürzen, indem wir DSPAM bewusst trainieren. Hierzu laden wir uns Beispiel-Spam herunter und übergeben ihn an das Trainingsprogramm von DSPAM.

```
# cd /tmp
# fetch http://spamassassin.apache.org/ \
    publiccorpus/20050311_spam_2.tar.bz2
# fetch http://spamassassin.apache.org/ \
    publiccorpus/20030228_easy_ham_2.tar.bz2
# tar xfj 20050311_spam_2.tar.bz2
# tar xfj 20030228_easy_ham_2.tar.bz2
```

Mit folgendem Befehl können wir nun die Trainingsdaten an DSPAM übergeben:

```
# dspam_train dspam spam_2 easy_ham_2
```

Hinweis: Die Verarbeitung wird einige Zeit in Anspruch nehmen. Es empfiehlt sich daher, mit einem Window-Manager wie beispielsweise screen zu arbeiten, den Du im Portstree als sysutils/screen findest.

Um aktuelle Erkennungsstatistiken von DSPAM abzufragen, kannst Du den Befehl dspam_stats verwenden.

```
# dspam_stats -H
```

9.4.8.3 Sender Policy Framework

Das Sender Policy Framework dient der Prüfung, ob ein Mailserver berechtigt ist, Nachrichten mit einer bestimmten Absenderadresse zu verschicken.

Schickt also ein Mailserver eine E-Mail mit der Absenderadresse *info@example.org* an unseren Server, so soll dieser prüfen, ob der sendende Server gemäß Nameservereintrag der Domain *example.org* überhaupt berechtigt ist, *example.org* als Absender zu verwenden.

Diese Überprüfung wird Spam nicht direkt verhindern, da viele Spam-E-Mails von gültigen Adressen aus verschickt werden, sie trägt allerdings dazu bei, Phishing und die Fälschung von Absenderadressen zu erschweren.

Damit das SPF funktionieren kann, muss jeder Domain-Inhaber auf seinem Nameserver einen entsprechenden TXT- bzw. SPF-Eintrag pflegen.

Wir haben nun die Möglichkeit, Postfix anzuweisen, diese Prüfung vorzunehmen und auf zwei Arten zu reagieren. Entweder markieren wir E-Mails die der Überprüfung nicht standgehalten haben, im Header oder wir weisen sie zurück.

Um die Überprüfung zu aktivieren, müssen wir eine weitere Restriktion in die `smtpd_sender_restrictions` aufnehmen. Geblockte Absender werden dann entsprechend informiert.

```
smtpd_sender_restrictions =
    (...)
    reject_spf_invalid_sender,
    reject_rhsbl_sender rddb.dnsbl.net.au,
    (...)
```

Falls Du eine Whitelist in den `smtpd_sender_restrictions` gepflegt hast, kannst Du gegebenenfalls problematische Absender hier eintragen, um die Prüfung anhand des SPF zu verhindern. Ob eine Prüfung stattgefunden hat, kannst Du am E-Mail-Header `Received-SPF:` erkennen.

Nur markieren

Um E-Mails lediglich zu markieren, fügen wir zusätzlich zur Restriktion folgenden Parameter in die `main.cf` ein:

```
spf_mark_only = yes
```

Nach einem Neustart von Postfix werden die E-Mails im Header lediglich markiert, falls sie über einen nicht autorisierten Mailserver verschickt wurden. Ein solcher Header sieht etwa so aus:

```
(...)
Received-SPF: fail (mail.example.com: domain of example.org \
    does not designate xxx.xxx.xxx.xxx as permitted sender)
(...)
```

> **Hinweis:** Wir besprechen in diesem Buch die Installation eines Nameservers nicht. Nimm daher mit Deinem Nameserverprovider Kontakt auf, um zu prüfen, wie Du gültige SPF-Einträge für Deine Domains erstellen kannst.

---

libspf2:

http://www.libspf2.org/patch/postfix-libspf2.README

http://www.vx.sk/postfix-spf/postfix-2.8.0-libspf2-1.2.x-0.README.txt

9.4.8.4 Dovecot-Antispam

 Solltest Du den Mailserver mit dem IMAP-Protokoll nutzen, kannst Du auf sehr komfortable Weise Deinen Spam-Filter trainieren.

Für Dovecot gibt es ein Plug-in, das eine definierte Liste von Verzeichnissen unseres IMAP-Postfachs überwacht und bei Veränderungen bestimmte Aktionen ausführt. Damit können wir Dovecot beibringen, E-Mails, die wir vom Posteingang in das Spam-Verzeichnis verschieben, automatisch an DSPAM zur Klassifizierung als Spam zu übergeben. Andersherum funktioniert das natürlich genauso. Somit entfällt das gegebenenfalls lästig werdende Weiterleiten von Nachrichten.

Um das Plug-in nutzen zu können, installieren wir zunächst den Port `mail/dovecot2-antispam-plugin`. Anschließend müssen wir das Plug-in in der Datei `/usr/local/etc/dovecot/dovecot.conf` konfigurieren.

Zunächst müssen wir das Plug-in »antispam« für das IMAP-Protokoll freischalten. Dies erreichen wir, indem wir folgende Zeile in den IMAP-Abschnitt einfügen:

```
protocol imap {
    (...)
    imap_max_line_length = 64 k
    mail_plugins = antispam
}
```

Anschließend konfigurieren wir das Plug-in im gegebenenfalls neu anzulegenden Abschnitt »plugin«.

```
plugin {
    antispam_debug_target = syslog
    antispam_verbose_debug = 1
    antispam_backend = dspam
    antispam_signature = X-DSPAM-Signature
    antispam_allow_append_to_spam = no

    antispam_dspam_binary = /usr/local/bin/dspam
    antispam_dspam_args = --client; \
        --source=error;--signature=%%s;--user;%u
```

```
        antispam_dspam_result_header = X-DSPAM-Result
        antispam_signature_missing = error
        antispam_trash = Trash
        antispam_spam = Junk
}
```

Der Parameter `antispam_signature_missing` bewirkt, dass entweder eine Fehlermeldung ausgegeben oder die E-Mail stillschweigend in das Spam-Verzeichnis verschoben wird (`move`), wenn eine Nachricht ohne Spam-Signatur verarbeitet wurde (`error`).

Die Parameter `antispam_trash` und `antispam_spam` dienen der Erkennung des »Papierkorbs« (oder des Verzeichnisses für »Gelöschte Objekte« oder wie auch immer Dein E-Mail-Client das Verzeichnis nennt) bzw. Deines IMAP-Verzeichnisses für Spam.

> **Hinweis:** Die Namen der Verzeichnisse hängen vom verwendeten E-Mail-Client ab. Wie diese genau lauten, kannst Du im Verzeichnis `/var/mail/accounts/example.com/` `info@example.com/` nachsehen. Apples Mail.App verwendet – genauso wie Thunderbird – die Namen »Junk« und »Trash«. Der führende Punkt wird dabei nicht als Namensbestandteil betrachtet.

Anstelle von `antispam_trash` bzw. `antispam_spam` stehen Dir zwei weitere Parameter zur Verfügung, die Du alternativ nutzen kannst. Die Unterschiede sind dabei wie folgt und gelten für beide Arten gleichermaßen, wobei Du spam durch trash ersetzen musst.

- `antispam_spam`: Hiermit legst Du den Namen des Spam-Verzeichnisses fest. Sollten mehrere Namen infrage kommen, kannst Du diese durch ein Semikolon voneinander getrennt auflisten.
- `antispam_spam_pattern`: Diesem Parameter kannst Du einen regulären Ausdruck mitgeben, anhand dessen das Verzeichnis erkannt werden soll. Auch hier kannst Du eine Liste übergeben, wobei zwischen Groß- und Kleinschreibung unterschieden wird.
- `antispam_spam_pattern_ignorecase`: Identisch mit `antispam_spam_pattern`, allerdings wird Groß- und Kleinschreibung nicht berücksichtigt.

Sobald Du das Plug-in konfiguriert und Dovecot neu gestartet hast, kannst Du die Ausgabe von `dspam_stats` vor und nach dem Verschieben vergleichen, zudem werden in der Datei `/var/db/dspam/system.log` die Aktivitäten von DSPAM protokolliert. Sollte alles wie gewünscht funktionieren, kannst Du die Geschwätzigkeit des Plug-ins über den Parameter `antispam_verbose_debug` reduzieren.

> **Hinweis:** Dieses Plug-in funktioniert nicht nur mit DSPAM, sondern auch mit ganz anderen Programmen. Auf der Entwicklerseite findest Du einige Hinweise darauf, wie Du dieses Plug-in für verschiedenste Funktionen nutzen kannst.

Dovecot-Antispam: http://johannes.sipsolutions.net/files/antispam.html

9.4.8.5   Spam-Bekämpfung auf Firewallebene

 Wie bereits angesprochen wurde, können wir den Mailserver weiter entlasten und bereits auf Firewallebene als Spam-Schleudern bekannte E-Mail-Server von unserem System fernhalten. Hierbei setzen wir wieder auf externe Blacklists.

Grundsätzlich unterstützt unsere Firewall bereits Blacklists in Form von Tables. Wir werden aber ein Tool verwenden, das externe Listen automatisiert abfragt und gleichzeitig einen Mini-Mailserver bereitstellt. Dieser Daemon heißt spamd und kann über den Port mail/spamd installiert werden.

Bisher haben wir unsere Anti-Spam-Maßnahmen in der Mailserver-Jail vorgenommen. spamd müssen wir nun außerhalb der Jail, auf dem Hostsystem installieren, sodass es direkt mit der Firewall kommunizieren kann. Als interne IP-Adresse des Hostsystems wird standardmäßig die 127.0.0.1 verwendet, die immer auf das aktuelle System (localhost) zeigt.

Das Besondere an diesem Mini-Mailserver ist, dass dieser kein echter Mailserver ist, sondern lediglich so tut als ob. Ist ein Server mit spamd verbunden, antwortet der Mini-Mailserver sehr langsam. Dadurch bremst er den sendenden Mailserver aus und macht Deinen Server als Spam-Ziel eventuell uninteressant, da in diesem Geschäft nur Masse zählt. Sollte es dafür nicht reichen, bleibt zumindest das gute Gefühl, etwas gegen den Spam-Versand unternommen zu haben.

> **Hinweis:** Spamd unterstützt auch Greylisting, allerdings lässt sich diese Verfahren auf Firewallebene nicht sehr anwenderfreundlich realisieren, da sich Deine E-Mail-Programme auf einem anderen Port (beispielsweise 465, SMTPS) verbinden müssten, um nicht ausgesperrt zu werden. Eine flexiblere Greylisting-Implementierung schauen wir uns später noch an.

Um spamd nun zu konfigurieren, müssen wir die Datei /usr/local/etc/spamd/ spamd.conf anpassen. In ihr definieren wir die Blacklists, die für die Prüfung herangezogen werden sollen.

Hinweis: Die **fett** gedruckten Schrägstriche (\) stellen KEINE Zeilenumbrüche dar, sondern sind Teil der Konfigurationsparameter.

```
all:\
    :uofa:spamhausdroplist:nixspam:korea:

uofa:\
    :black:\
    :msg="SPAM. Your address %A is in the Spamlist of the \
        Univerity of Alberta":\
    :method=http:\
    :file=www.openbsd.org/spamd/traplist.gz:

spamhausdroplist:\
    :black:\
    :msg="SPAM. Your address %A is in the Spamhaus \
        drop list\n\ See http://www.spamhaus.org for more details":\
    :method=http:\
    :file=www.spamhaus.org/drop/drop.lasso:

nixspam:\
    :black:\
    :msg="SPAM. Your address %A is in the Spamlist of the Nixspam-List":\
    :method=http:\
    :file=www.openbsd.org/spamd/nixspam.gz:

korea:\
    :black:\
    :msg="SPAM. Your address %A appears to be from Korea\n\ \
        See http://www.okean.com/asianspamblocks.html \
        for more details":\
    :method=http:\
    :file=www.openbsd.org/spamd/koreacidr.txt.gz:
```

Um spamd zu aktivieren, müssen wir folgende Zeilen in die /etc/rc.conf eintragen:

```
obspamd_flags="-v -5 -l 127.0.0.1 -b -h mail.example.com"
obspamd_enable="YES"
obspamlogd_enable="YES"
```

Hinweis: Es gibt noch ein weiteres Programm, das als *spamd* bezeichnet wird. Daher wurden die Startskripte für spamd in obspamd umbenannt, um Verwechslungen zu vermeiden.

Der Parameter -5 weist spamd an, abgewiesenen Servern einen Fehlercode 5xx zu
schicken. Mit -1 127.0.0.1 binden wir ihn an die lokale IP-Adresse 127.0.0.1. Der
Zusatz -b weist unsere Spam-Falle an, im Blacklist-Modus zu agieren und lediglich Anfragen von gelisteten Servern abzuweisen. Greylisting wird damit deaktiviert. Mit -h können wir festlegen, mit welchem Namen sich spamd beim verbin-
denden Mailserver meldet.

Anschließend passen wir die Konfiguration von syslogd an und ergänzen die
Datei /etc/syslog.conf um folgende Zeilen:

```
!spamd
daemon.err;daemon.warn;daemon.info /var/log/spamd
```

Nach einem Neustart von syslogd mit dem folgenden Befehl werden Meldungen
von spamd in der Datei /var/log/spamd protokolliert.

```
# /etc/rc.d/syslogd restart
```

Zusätzlich zu diesen Einträgen benötigt spamd folgende Einträge in der Datei
/etc/fstab:

```
fdescfs /dev/fd fdescfs rw 0 0
```

Um den Filedescriptor /dev/fd einmalig zu erzeugen, führen wir folgenden Befehl
aus:

```
# mount -t fdescfs fdescfs /dev/fd
```

Jetzt können wir spamd starten. Nun füllt spamd automatisch die pf-Table spamd.
Daher definieren wir diese in unseren Firewallregeln.

```
table <spamd> persist
```

Wir müssen noch die Weiterleitungsregeln definieren, die eingehende Verbindungen gegebenenfalls an spamd weiterreichen.

```
rdr pass on $if proto tcp from <spamd> to $ip port 25 \
    -> 127.0.0.1 port 8025
```

Diese Regel bewirkt, dass Anfragen von Servern in der Blacklist auf Port 25 direkt
an unseren spamd-Mailserver weitergeleitet und sehr träge beantwortet werden.

Nun müssen wir noch einen Cronjob anlegen, sodass die Blacklists regelma-
ßig aktualisiert werden.

```
0 0 * * * root /usr/local/sbin/spamd-setup -b
```

Von nun an blockiert pf gelistete Mailserver bzw. bremst sie in ihrem Sendevor-
gang aus, ohne unsere Postfix-Instanz zu belästigen.

> **Hinweis:** Du kannst auch eine eigene Blacklist erstellen und sie über eine entsprechende Firewallregel an spamd weiterleiten.

Greylisting mit pf: http://onlamp.com/pub/a/bsd/2007/01/18/greylisting-with-pf.html

9.4.8.6 Greylisting mit SQLgrey

Beim Spam-Versand geht es meistens darum, in kurzer Zeit möglichst viele E-Mails zu verschicken. Dabei werden häufig spezielle Skripte bzw. Programme eingesetzt, die dafür optimiert sind, sich aber nicht vollständig an entsprechende Spezifikationen halten.

Wenn der empfangende Mailserver während der Übertragung einen temporären Fehler meldet (Fehlercodes 4xx), sieht die Spezifikation vor, dass der sendende Mailserver nach einiger Zeit einen erneuten Zustellversuch unternimmt. Waren mehrere Anläufe nicht erfolgreich, wird eine entsprechende Fehlermeldung an den Absender zurückgeschickt.

Das Greylisting-Verfahren setzt auf dieses Verhalten und geht davon aus, dass unerwünschte Nachrichten von Servern zugestellt werden, die sich bei einem temporären Fehler nicht wie beschrieben verhalten, sondern die Nachricht einfach verwerfen.

Eine E-Mail, die nun an einen Server geschickt wird, auf dem das Greylisting-Verfahren zum Einsatz kommt, wird – wie bereits erwähnt – beim ersten Zustellversuch mit einem temporären Fehler zurückgewiesen. Die IP-Adresse des sendenden Servers wird dabei auf die sogenannte »Greylist« gesetzt. Diese Liste enthält somit Mailserver, von denen noch nicht bekannt ist, ob diese sich dem Standard entsprechend verhalten.

Versucht der Sender später erneut, die Nachricht zuzustellen, geht der Empfänger-Mailserver davon aus, dass dieser standardkonform arbeitet und somit eine erwünschte Nachricht zustellen möchte. Die E-Mail wird dann entgegengenommen und zugestellt.

> **Hinweis:** Das Greylisting-Verfahren ist umstritten, da sich Spam-Versender einerseits daran anzupassen scheinen, was diesen Mechanismus überflüssig macht. Zum anderen verzögert sich die Zustellung der E-Mails aufgrund der anfänglichen Zurückweisung der Nachricht. Dennoch gehört Greylisting noch immer zu den effektivsten Verfahren.

Wir werden für unsere Greylisting-Implementierung SQLgrey verwenden. Dieses basiert auf dem weitverbreiteten Postgrey, arbeitet allerdings mit einer SQL-Datenbank und passt damit perfekt in unser Setup, bei dem ein MySQL-Server bereits eine zentrale Rolle spielt.

SQLgrey konfigurieren

Die Konfiguration von SQLgrey ist relativ einfach. Die wichtigsten Parameter sind zum einen die MySQL-Parameter, die wir nun schon mehrfach verwendet haben, zum anderen die Einstellungen für das Verhalten von SQLgrey.

> **Hinweis:** Die benötigten Datenbanktabellen legt SQLgrey beim ersten Start automatisch an, wir müssen uns hier diesbezüglich also um nichts kümmern.

```
loglevel = 0
log_override = whitelist:1,grey:2
inet = 10.0.0.3:2501

db_type = mysql
db_name = db_mailserver
db_host = 10.0.0.1
db_port = default
db_user = db_mailserver
db_pass = PASSWORT
db_cleandelay = 1800

clean_method = sync
prepend = 1
greymethod = smart
optmethod = optout
discrimination = off

reject_first_attempt = delay
reject_early_reconnect = delay
admin_mail = postmaster@example.com
reconnect_delay = 2
max_connect_age = 24
awl_age = 60
group_domain_level = 5
```

Mithilfe des Parameters inet legen wir fest, auf welcher IP-Adresse und welchem Port SQLgrey lauschen wird. Die IP-Adresse unserer Jail ist die 10.0.0.3, und der standardmäßige Port ist 2501.

Als Greylisting-Methode wählen wir smart, wobei SQLgrey die folgenden Optionen anbietet:

- full: Hierbei muss jede einzelne IP-Adresse das Greylisting-Verfahren durchlaufen.
- classc: Bei der Class-C-Methode wird das Greylisting für ein ganzes Class-C-Netz auf einmal angewendet. Passiert beispielsweise der Server mit der IP-Adresse 192.168.0.12 die Greylist und gelangt auf die Whitelist, wäre ein Server mit der IP-Adresse 192.168.0.25 ebenfalls für die Whitelist qualifiziert, ohne zuvor auf der Greylist zu landen.

▨ smart: Als Smart wird eine Kombination aus der Class-C-Methode und einem Reverse-Lookup bezeichnet. Das Verfahren entspricht der Class-C-Methode, allerdings sind dynamische IP-Adressen und Adressen ohne Reverse-Eintrag ausgenommen.

SQLgrey erlaubt es uns, Greylisting mithilfe des Parameters `optmethod` selektiv zu aktivieren. Dabei können wir festlegen, wie die Selektion erfolgen soll, ob Greylisting explizit aktiviert oder deaktiviert werden muss. Dieses sogenannte »Opting-In« (`optmethod = optin`) bzw. »Opting-Out« (`optmethod = optout`) können wir allerdings auch ganz abschalten (`optmethod = none`). In diesem Fall ist Greylisting für alle Empfängeradressen aktiv.

Wenn wir diesen Parameter auf `optout` stellen, können wir für die Empfänger-E-Mail-Adresse bzw. Empfänger-Domain unserer Wahl in der Datenbanktabelle `optout_email` bzw. `optout_domain` eintragen und so Greylisting hierfür deaktivieren. Für `optin` gilt Entsprechendes.

> **Hinweis:** Die Tabelleneinträge können erst nach dem ersten Start gepflegt werden, da die Tabellen erst beim Start angelegt werden.

Der Parameter `admin_mail` enthält die E-Mail-Adresse, an die Fehler und beispielsweise Ausfälle der Datenbank gemeldet werden.

Das Greylisting-Verfahren an sich lässt sich mithilfe der Parameter `reconnect_delay`, `max_connect_age`, `awl_age` und `group_domain_level` steuern. Dabei haben die einzelnen Parameter folgende Bedeutung:

▨ `reconnect_delay`: Hier geben wir an, wie viele Minuten der sendende Client warten muss, bevor er sich ein zweites Mal verbinden darf, um den Anforderungen des Greylistings gerecht zu werden.

▨ `max_connect_age`: Mit dem hier angegebenen Wert legen wir fest, wie lange die letzte Verbindung höchstens zurückliegen darf, um das Greylisting-Verfahren erfolgreich abschließen zu können, wobei die Zeitangabe in Stunden erfolgt.

▨ `awl_age`: Dieser Parameter legt fest, wie viele Tage ein Client in der Whitelist gehalten wird, bevor er erneut den Greylisting-Prozess durchlaufen muss. Hier wird oft ein Zeitraum von sechs Monaten angegeben.

▨ `group_domain_level`: Hiermit können wir festlegen, wie viele E-Mail-Adressen einer Domain auf der Whitelist landen müssen, bevor wir die gesamte Domain auf die Whitelist setzen.

Wenn wir SQLgrey in der Datei `/etc/rc.conf` mithilfe folgender Zeile aktiviert haben, können wir es starten. Beim ersten Aufruf werden dann die Datenbanktabellen angelegt.

```
sqlgrey_enable="YES"
```

> **Hinweis:** Solltest Du den gleichen Datenbankbenutzer verwenden wie bereits zuvor (db_mailserver), so musst Du erst seine Berechtigungen erweitern, sodass er die Befehle CREATE und INDEX ausführen kann. Nach dem ersten Start kannst Du diese Berechtigung wieder entziehen.

Abgesehen von den optional zu füllenden optin_- und optout_-Tabellen, die die Aktivierung und Deaktivierung des Greylisting steuern, werden folgende Tabellen angelegt:

- config: Diese Tabelle enthält Laufzeitparameter, wie beispielsweise den Zeitpunkt der letzten Datenbankbereinigung.
- connect: Diese Tabelle enthält die Absender, die auf der Greylist stehen.
- domain_awl: Hier sind die Absender-Domains eingetragen, die es auf die Whitelist geschafft haben.
- from_awl: In dieser Tabelle wird die Absenderadressen-Whitelist geführt.

Nun müssen wir Postfix noch mitteilen, dass es die Kriterien, die SQLgrey anlegt, auch berücksichtigt. Dafür tragen wir folgende Zeile in die Liste der smtpd_recipient_restrictions ein:

```
smtpd_recipient_restrictions =
    (...)
    check_policy_service inet:10.0.0.3:2501,
    permit
```

Nach einem Neustart von Postfix ist Greylisting aktiv. In der /var/log/maillog erscheint bei der nächsten eingehenden Nachricht nun folgender Eintrag:

```
(...) 450 4.7.1 <info@example.com>: Recipient address \
    rejected: Greylisted for 5 minutes;
(...)
sqlgrey: grey: new: xxx.xxx.xxx(xxx.xxx.xxx.xxx), \
    sender@example.org -> info@example.com
(...)
```

Jede E-Mail, die diesen Greylisting-Prozess durchlaufen hat, wird im Header wie folgt markiert, wobei die Zeitangabe in Klammern die gemessene Verzögerung der Zustellung angibt:

```
X-Greylist: delayed 00:17:52 by SQLgrey
```

SQLgrey:
http://www.weareroot.de/2007/08/26/sqlgrey-einfaches-und-robustes-greylisting/

9.4.9   E-Mails mit Sieve sortieren

Die E-Mail ist heute eine der wichtigsten Kommunikationsmedien, und das nicht nur im Geschäftsleben, sondern auch privat.

Um der Flut an E-Mails gerecht zu werden, unterstützt heute jeder bessere E-Mail-Client Regelsätze, die anhand von bestimmten Kriterien eingehende Nachrichten in ausgewählte Verzeichnisse verschieben.

Bei der Nutzung von POP3 haben wir keine andere Wahl, da hier alle E-Mails vom Server geladen werden müssen. Solltest Du aber IMAP nutzen, bei dem die Verzeichnisstruktur und die E-Mails auf dem Server abgelegt sind, kannst Du mithilfe der Skriptsprache Sieve die Sortierung Deiner E-Mails direkt auf dem Server vornehmen und musst die Regeln nicht bei jedem Client neu erstellen.

Sieve: http://sieve.info/

9.4.9.1   Was ist Sieve?

Sieve ist eine einfache Skriptsprache, die für die Sortierung und Verarbeitung von E-Mails direkt auf dem Mailserver entwickelt wurde. Die Syntax ist sehr einfach und schnell erlernt.

Wir werden Sieve in diesem Kapitel für die Einsortierung der durch DSPAM als Spam markierten Nachrichten in das Spam-Verzeichnis nutzen. Du kannst aber natürlich ganz eigene Regeln erstellen, die beispielsweise Nachrichten von bestimmten Absendern sortieren.

9.4.9.2   Die Syntax von Sieve

Sieve ist sehr einfach, sodass auch unbedarfte Anwender relativ leicht eigene Regeln programmieren können. Wir werden uns einen kurzen Überblick über die Syntax verschaffen, ohne Anspruch auf Vollständigkeit zu erheben, und dann werden wir ein Skript erstellen, das unsere DSPAM-Klassifizierung verarbeitet.

Ein vollständiges Sieve-Skript ist im Prinzip eine Abfolge von Kontrollstrukturen, wobei verschiedenste Attribute einer E-Mail abgefragt werden können, sodass – insofern eine Bedingung erfüllt ist – eine Anweisung ausgeführt wird.

In Sieve folgen solche Kontrollstrukturen folgendem Aufbau:

```
if BEDINGUNG_1 {
   (...)
}
elsif BEDINGUNG_2 {
   (...}
}
if BEDINGUNG_3 {
   (...)
}
```

> **Hinweis:** Das Standardverhalten sieht vor, dass eine Nachricht unverändert bleibt, falls keine Bedingung zutrifft.

Bevor wir uns mit Kontrollstrukturen beschäftigen und ein kleines Beispielskript erstellen, schauen wir uns noch an, wie einzelne Attribute einer Nachricht ausgelesen werden können.

Wichtige Eigenschaften sind dabei die Header-Felder, die Größe der E-Mail und die enthaltenen E-Mail-Adressen. Diese Attribute können wir mit bestimmten Schlüsselwörtern adressieren und damit in unsere Bedingungen aufnehmen.

- header: Mithilfe dieses Schlüsselworts können in einer Abfrage Header-Felder ausgelesen werden.
- size: Die Größe einer E-Mail kann mithilfe dieses Worts als (Teil-)Bedingung abgefragt werden.
- address: E-Mails enthalten zumindest eine Absender- und eine Empfängeradresse. Diese können hiermit abgefragt werden.

Um zu prüfen, ob eine Bedingung erfüllt oder nicht erfüllt ist, stehen für Zeichenketten (engl. »Strings«) verschiedene Vergleichsoperatoren zur Verfügung, die in den genannten if-elsif-Strukturen verwendet werden können. Verneinungen können mit vorangestelltem not (engl. »nicht«) formuliert werden; ein logisches »und« wird mit allof (...), ein »oder« mit anyof (...) formuliert.

- :contains: Mit :contains (engl. »enthält«) kann überprüft werden, ob ein String einen anderen (Teil-)String enthält.
- :is: Der Operator :is prüft die exakte Übereinstimmung von zwei Zeichenketten.
- :matches: Sieve unterstützt auch sogenanntes »Pattern Matching«, also die Prüfung eines Strings anhand eines Musters. Dabei kann genau ein Zeichen durch ein Fragezeichen (?) als Joker ersetzt werden, beliebig viele Zeichen mit einem Asterisk (*).

Nachdem Attribute abgefragt wurden und Bedingungen erfüllt sind, können Anweisungen ausgeführt werden. Manche Anweisungen sind dabei Bestandteil von Erweiterungen, die zu Beginn eines Skripts mit der Anweisung require geladen werden müssen. Das Ende einer Anweisung wird wie in einigen anderen Sprachen mit einem Semikolon (;) markiert.

Folgende nützliche Anweisungen werden standardmäßig unterstützt:

- `discard`: Diese Anweisung verwirft die E-Mail, ohne den Absender darüber zu informieren.
- `fileinto`: Mit dieser Anweisung wird die Nachricht in das angegebene Verzeichnis verschoben. Diese Anweisung muss allerdings über die Anweisung »require« zunächst importiert werden.
- `keep`: Die Anweisung keep speichert die E-Mail im Posteingang.
- `redirect`: Nachrichten können mit diesem Befehl an eine andere Adresse weitergeleitet werden.
- `reject`: Ähnlich wie mit der Anweisung `discard` wird die E-Mail hiermit nicht zugestellt. Allerdings wird der Absender über die Abweisung informiert. Auch diese Anweisung muss per »require« importiert werden.
- `stop`: Mit dieser Anweisung wird die weitere Verarbeitung des Sieve-Skripts beendet.

Das Ziel unseres Beispiels ist es, E-Mails mit Anhängen von mehr als 3 MB zurückzuweisen, sollten diese nicht von DSPAM als Spam erkannt und im Betreff markiert worden sein. Alle anderen von DSPAM als Spam markierten Nachrichten sollen in das Verzeichnis »Junk« verschoben werden.

```
require ["reject", "fileinto"];
if allof ( size :over 3M, not header :matches "Subject" "[SPAM]*"
{
    reject "Bitte keine E-Mails mit einem Anhang > 3 MB.";
    stop;
}

if header :matches "Subject" "[SPAM]*"
{
    fileinto "Junk";
    stop;
}
```

Um zu prüfen, ob ein Sieve-Skript eine korrekte Syntax aufweist, stehen diverse Helferlein zur Verfügung, beispielsweise das webbasierte libsieve-PHP.

---

libsieve-PHP: http://libsieve-php.sourceforge.net/

9.4.9.3   Sieve-Plug-in installieren

 Unser IMAP-Server Dovecot unterstützt Sieve nicht von Haus aus, es gibt allerdings ein Plug-in, das die Unterstützung von Sieve integriert.

Wir installieren das Plug-in über den Port mail/dovecot2-pigeonhole und fügen anschließend folgende Zeilen in die Datei /usr/local/etc/dovecot/dovecot.conf ein, um das Plug-in für die lokale Zustellung zu aktivieren:

```
protocol lda {
    (...)
    mail_plugins = sieve
}

plugin {
    (...)
    sieve_global_path = /usr/local/etc/dovecot/sieve/default.sieve
}
```

Anschließend erstellen wir das Verzeichnis /usr/local/etc/dovecot/sieve/, in dem wir unser Sieve-Skript default.sieve ablegen, und setzen entsprechende Berechtigungen, da der Benutzer vmail, also der Benutzer, unter dem die deliver-Applikation von Dovecot arbeitet, Zugriff darauf benötigt.

```
# mkdir /usr/local/etc/dovecot/sieve/
# chown vmail:vmail /usr/local/etc/dovecot/sieve/
# touch /usr/local/etc/dovecot/sieve/default.sieve
# chmod 600 /usr/local/etc/dovecot/sieve/default.sieve
```

Nach einem Neustart von Dovecot wird das angelegte Skript verarbeitet. Entsprechende Protokolleinträge tauchen von nun an in der Datei /var/log/dovecot. log auf.

Sieve auf Wikipedia: http://de.wikipedia.org/wiki/Sieve

RFC 3028: http://www.ietf.org/rfc/rfc3028.txt?number=3028

Pigeonhole-Sieve: http://wiki2.dovecot.org/Pigeonhole/Sieve

9.4.10   Jails anpassen

 Da wir jetzt einen Mailserver in einer Jail betriebsbereit haben, sollten wir alle anderen Jails so konfigurieren, dass sie ausgehende E-Mails über diese Jail versenden. Unser Mailserver fungiert hierbei als Relay-Server für das interne Netz.

In unserer Postfix-Konfiguration haben wir bereits alle unsere Jails als vertrauenswürdig deklariert, sodass sie sich nicht an unserem Mailserver anmelden müssen. Wir müssen jedoch noch Einstellungen in den Jails vornehmen, damit diese wissen, wie sie Nachrichten verschicken können. Die nachfolgenden Schritte müssen wir demnach in jeder Jail wiederholen. Die Konfiguration der Mailserver-Jail bleibt jedoch unverändert.

> **Hinweis:** Der entsprechende Parameter in der Postfix-Konfiguration heißt `mynetworks` und nimmt alle Server auf, für die unsere Postfix-Instanz als Relay fungieren soll. Achte darauf, dass hier nur Deine Server eingetragen sind, sodass Dein Server auf diesem Weg nicht als Spam-Schleuder missbraucht wird.

Zunächst erstellen wir eine eigene Sendmail-Konfiguration für unsere aktuelle Jail, indem wir in das Verzeichnis `/etc/mail/` wechseln und dort folgenden Befehl ausführen:

```
# make
```

Damit wird die Standardkonfiguration für unsere Jail angelegt, sodass wir unsere Anpassungen darin vornehmen können.

In der Datei `/etc/mail/`**`HOSTNAME`**`.submit.mc` müssen wir in der folgenden Zeile die IP-Adresse `127.0.0.1` durch die unserer Mailserver-Jail ersetzen:

```
FEATURE(`msp', `[127.0.0.1]')dnl
```

Nach der Änderung sieht diese wie folgt aus:

```
FEATURE(`msp', `[10.0.0.3]')dnl
```

> **Hinweis:** `HOSTNAME` im Dateinamen entspricht in diesem Fall dem Hostnamen der Jail. Wie Deine Jail heisst, kannst Du durch den Befehl `hostname` erfahren. In der Datei `/etc/rc.conf` legt der Parameter `hostname` den Namen fest.

Nun installieren wir die Konfiguration, sodass sie von Sendmail gelesen werden kann:

```
# make install
```

Da Sendmail auch beim Neustart der Jail gestartet werden soll – wir aber keinen vollwertigen Mailserver in jeder Jail betreiben wollen –, starten wir Sendmail mit begrenztem Funktionsumfang.

Folgende Zeilen tragen wir daher in die Datei `/etc/rc.conf` jeder Jail ein. Auch hier ist die Mailserver-Jail ausgenommen.

```
sendmail_enable="NO"
sendmail_msp_queue_enable="YES"
sendmail_outbound_enable="NO"
sendmail_submit_enable="YES"
```

Jetzt können wir Sendmail mit folgendem Befehl (neu)starten.

```
# cd /etc/mail/ && make stop && make start
```

> **Hinweis:** Du fragst Dich vielleicht, warum wir jetzt doch eine Sendmail-Instanz betreiben, wo wir doch Postfix den Vorzug gegeben haben. FreeBSD wird mit Sendmail ausgeliefert, daher ist es standardmäßig auch in jeder Jail enthalten. Da Sendmail lediglich die E-Mails an Postfix weiterleiten soll, ersparen wir uns den Aufwand, Postfix in jeder Jail zu installieren.

9.4.11   DNS-Einstellungen vornehmen

 Um anderen Servern mitzuteilen, wohin sie E-Mails an eine bestimmte Adresse schicken sollen, existiert der sogenannte MX-Eintrag. Dieser Eintrag gibt an, unter welcher Adresse der Mailserver zu einer Domain erreichbar ist, sofern einer existiert.

Dieser Eintrag wird im Nameserver vorgenommen, der für die Auflösung des Domainnamens in eine IP-Adresse zuständig ist. In der Regel stellt Dir Dein Domain-Anbieter einen Nameserver für die Namensauflösung zur Verfügung. Seine Bedienung unterscheidet sich von Anbieter zu Anbieter.

Als Mailserver tragen wir beim MX-Eintrag den Hostnamen unserer Jail ein, also beispielsweise *mail.example.com*. Sollte noch kein A-Eintrag zu diesem Hostnamen existieren, so müssen wir diesen noch anlegen und auf die IP-Adresse des Hostsystems verweisen lassen.

Bei vielen Serveranbietern hast Du die Möglichkeit, einen sogenannten Reverse-DNS-Eintrag zu setzen. Dieser ermöglicht die Ermittlung der zugeordneten Domain zu einer IP-Adresse. Er arbeitet also genau entgegengesetzt zu einem herkömmlichen Nameserver. Mithilfe dieses Reverse-DNS-Eintrags prüfen viele Mailserver, ob der sendende Server der ist, für den er sich ausgibt.

> **Hinweis:** Es kann bis zu 24 Stunden dauern, bis DNS-Einträge von allen Mailservern im Internet verwendet werden, da Nameserver in der Regel mit einem Zwischenspeicher arbeiten, der in regelmäßigen Abständen aktualisiert wird.

9.4.12   Zusammenfassung

Einen Mailserver zu installieren gehört mit zu den komplexesten Aufgaben, sofern wir ihn wie hier mit zahlreichen Schutzmechanismen ausstatten.

Postfix als MTA unseres Mailservers nimmt nun eingehende E-Mails entgegen, führt erste Prüfungen des Absenders durch und initiiert den Greylisting-Prozess auf Mailserverebene. Zusätzlich haben wir unsere Firewall beauftragt, auffällige Mailserver auszubremsen.

Hat eine Nachricht all das erfolgreich überstanden, wird der Inhalt der E-Mail von DSPAM nach Hinweisen auf Spam untersucht und werden Anhänge von ClamAV auf Viren geprüft. Abschließend erfolgt die Zustellung in das Postfach des Empfängers, der sich mit Dovecot, unserem MDA, verbinden und diese per IMAP bzw. POP3 abrufen kann.

Ausgehende Nachrichten werden direkt an Postfix übergeben und werden nicht detailliert geprüft, da wir davon ausgehen, dass autorisierte Benutzer keine Viren verschicken. Es wäre aber durchaus möglich, die Prüfungen auf ausgehende Nachrichten auszuweiten.

Der Mailserver setzt sich aus zahlreichen Komponenten zusammen und verfügt über zahlreiche Schnittstellen, die alle als Fehlerquelle infrage kommen. Ein konzentriertes Arbeiten ist daher unerlässlich.

9.5 Cache-Server

Jail-Name	IP-Adresse	Funktion
cache	10.0.0.4	Cache-Server

Als Cache-Server bezeichnen wir Dienste, die uns die einfache Speicherung von temporären Daten ermöglichen und somit als eine Art Zwischenspeicher fungieren.

Diese Zwischenspeicher arbeiten mit einem einfachen Schlüssel-Wert-Prinzip, das es uns ermöglicht, beliebige Daten (Werte) unter einem eindeutigen Schlüssel abzulegen und diese mithilfe dieses Schlüssels wieder abzurufen. Hierbei stehen die Performance und eine einfache Syntax im Vordergrund.

9.5.1 Memcached

Memcached ist wohl der bekannteste Cache-Server bzw. Key-Value-Speicher. Er ist einfach zu konfigurieren, schnell und stabil, und für jede Programmiersprache gibt es entsprechende Klassen, um damit zu kommunizieren.

Der Vorteil von Memcached ist, dass es die Daten im Arbeitsspeicher hält. Somit ist der Zugriff darauf extrem schnell. Gerade in der Web-Entwicklung steigt die Verbreitung von Memcached weiter an. So wird es gerne als Session-Speicher für PHP und andere Sprachen verwendet.

Der Nachteil von Memcached war, dass es keine Replikation gab. Somit waren Daten nur in der Memcached-Instanz vertreten, in der sie abgelegt wurden. Es gibt allerdings einen Patch, der eine Replikation ermöglicht. Memcached ist in den Ports vertreten und unterstützt auch diesen Patch. Wir installieren daher databases/memcached und wählen als Option [REPCACHED] aus.

Die Konfiguration von Memcached ist sehr einfach und erfolgt mithilfe von Start-Parametern. Folgende Zeilen fügen wir in die /etc/rc.conf ein, um Memcached zu aktivieren und die Parameter-Werte zu übergeben:

```
memcached_enable="YES"
memcached_flags="-d -l 10.0.0.4 -p 11211 -m 150 -x 192.168.0.40"
```

Der Parameter -d weist Memcached an, als Dienst zu starten und nicht im Vordergrund zu bleiben. Um Memcached an die IP-Adresse der Jail zu binden, übergeben wir den Parameter –l, gefolgt von der lokalen IP-Adresse, und auf -p folgt der Port, auf dem Memcached lauschen soll.

Wie bereits erwähnt wurde, legt Memcached die Daten im Arbeitsspeicher (RAM) ab. Mit -m 150 definieren wir hier, dass für den Speicher maximal 150 MB RAM verwendet werden dürfen.

Falls Du den Replikations-Patch während der Installation aktiviert hast, kannst Du mit dem Parameter -x, gefolgt von der IP-Adresse des Master-Memcached-Servers (hier: 192.168.0.40) die Replikation konfigurieren.

> **Hinweis:** Die Replikation erfolgt asynchron. Das bedeutet, dass ein Wert auf dem Master gespeichert wird. Die Replikation erfolgt aber nicht sofort.

Fällt der Master-Server aus, wird nach der Wiederherstellung die Replikation automatisch wieder aufgenommen. Sobald Du die Werte angepasst hast, kannst Du Memcached bereits starten.

Memcached als Session-Speicher für PHP

Der Einsatz von Memcached als Session-Speicher für PHP bietet sich an und ist auch sehr einfach zu konfigurieren.

Hierzu ändern wir die folgenden Parameter der jeweiligen php.ini ab und starten anschließend den FastCGI-Prozess neu.

```
session.save_handler = memcache
session.save_path = "10.0.0.4:11211, 192.168.0.40:11211"
```

Wie Du siehst, kannst Du hier nicht nur einen Memcached-Server angeben, Du kannst mithilfe einer kommagetrennten Liste alle Server auflisten. In diesem Beispiel habe ich die IP-Adresse der Slave-Instanz zusätzlich angegeben.

> **Hinweis:** Eventuell musst Du die Firewallregeln Deines Servers anpassen, um in einem Replikationsszenario den Zugriff auf Memcached zu erlauben.

Memcached: http://memcached.org/

9.5.2   Redis

Ein weiterer Key-Value-Speicher ist Redis. Er ist ebenfalls sehr schnell, hat aber eine Besonderheit: Die Datensätze, die ebenfalls nach dem Speichern im Arbeitsspeicher liegen, werden in unregelmäßigen Abständen auf die Festplatte gespeichert.

Wir installieren Redis ebenfalls in unsere Cache-Jail und verwenden hierfür den Port `databases/redis`. Konfigurationsparameter können wir hier nicht festlegen.

Nach der Installation finden wir eine sehr gut dokumentierte `redis.conf` unter `/usr/local/etc/`. Die wichtigsten Parameter schauen wir uns an.

Der Parameter `daemonize` legt fest, ob Redis als Daemon gestartet werden soll. Wir setzen den Parameter auf yes, um genau dies zu erreichen.

```
daemonize yes
```

Mit dem Parameter `bind` sorgen wir dafür, dass Redis auf der IP-Adresse unserer Cache-Jail lauscht. Daher setzen wir ihn auf 10.0.0.4.

```
bind 10.0.0.4
```

Der Parameter save kann mehrfach gesetzt werden. Er definiert die Zeitpunkte, zu denen die im Arbeitsspeicher befindlichen Datensätze auf die Festplatte geschrieben werden. Die erste Zahl gibt dabei den Zeitraum an, die zweite die Anzahl der Keys, die sich mindestens geändert haben müssen.

```
save 900 1
```

In diesem Beispiel werden die Datensätze alle 900 Sekunden gespeichert, falls mindestens ein Schlüssel verändert wurde. Weitere Bedingungen können mit zusätzlichen Zeilen dieser Art gesetzt werden.

Ein anderer wichtiger Parameter ist `maxmemory`. Dieser legt fest, wie viel Arbeitsspeicher Redis für den Zwischenspeicher verwenden darf. Die Größe dieses Wertes hängt von der Ausstattung Deines Servers und dem Verwendungszweck ab.

```
maxmemory 524288000
```

In diesem Beispiel wird der höchstens verwendbare Speicher auf 500 MB festgelegt (in Bytes).

Redis hat – anders als MySQL – kein ausgeklügeltes Berechtigungssystem. Es gibt lediglich ein Passwort, das den ungeschützten Zugriff auf den Key-Value-Speicher verhindert. Mit dem Parameter `requirepass` wird das Passwort im Klartext hinterlegt.

```
requirepass <PASSWORT>
```

> **Hinweis:** Redis ist als Key-Value-Server ein einfacher, aber performanter Zwischen-
> speicher. Aus diesem Grund wird solch ein Server in der Regel im eigenen Netz oder
> gar auf dem gleichen Server betrieben, weshalb Zugriffsberechtigungen meist eine
> untergeordnete Rolle spielen.

Nach der Konfiguration müssen wir Redis noch in der `rc.conf` aktivieren. Hierzu
fügen wir folgende Zeile ein:

```
redis_enable="YES"
```

Anschließend können wir Redis bereits starten, sollten wir nicht noch die Replikation konfigurieren wollen.

***

Redis: http://redis.io/

Master/Slave-Replikation

Auch Redis unterstützt die Replikation seines Speichers zwischen einem Master
und mehreren Slave-Instanzen. Um eine Redis-Instanz zu einem Slave eines Masters zu machen, müssen wir lediglich den Parameter `slaveof` korrekt setzen.

    Die folgende Zeile konfiguriert die vorliegende Redis-Instanz als Slave unse-
res Masters mit der IP-Adresse `10.0.0.4`, der auf Port 6379 lauscht:

```
slaveof 10.0.0.4 6379
```

Sollte der Master ein Passwort erfordern, können wir dieses im Parameter `mas-
terauth` speichern. Andernfalls scheitert die Replikation.

```
masterauth <PASSWORT>
```

Nach einem Neustart des Slaves beginnt die Replikation, sofern der Master
bereits in Betrieb ist und die Firewalls korrekt konfiguriert sind.

9.6   Subversion-Server

Jail-Name	IP-Adresse	Funktion
svn	10.0.0.5	Subversion-Server

Subversion ist eine zentrale Versionsverwaltung und bei vielen
Entwicklern beliebt, wenngleich dezentrale Versionsverwaltun-
gen wie `git` immer populärer werden.

    Wir installieren `svnserve` – einen einfachen Subversion-Server –
mithilfe des Ports `devel/subversion`. Sollten nach der Installation
der Benutzer `svn` und die Gruppe `svn` nicht existieren, müssen wir
diese noch anlegen. Unter diesem Benutzer wird `svnserve` später laufen.

Falls Du den Benutzer anlegst, solltest Du die Shell auf /usr/sbin/nologin und das Homeverzeichnis auf /usr/local/svnrepos setzen, da wir hierin die Repositories anlegen werden.

Wie bei fast allen anderen Services auch, müssen wir folgende Zeilen in die /etc/rc.conf einfügen, um svnserve anschließend starten zu können:

```
svnserve_enable="YES"
svnserve_flags="-d --listenport=3690"
svnserve_data="/usr/local/svnrepos"
svnserve_user="svn"
svnserve_group="svn"
```

- svnserve_flags: -d bedeutet, dass svnserve als Service (Daemon) im Hintergrund läuft. --listen-port gibt an, auf welchem Port Subversion lauschen soll. 3690 ist der Standardport.
- svnserve_data: Hier gibst Du das Verzeichnis an, unter dem die Repositories abgelegt werden sollen.
- svnserve_user: Der Benutzername, unter dem svnserve läuft, wird hier angegeben.
- svnserve_group: Die Benutzergruppe wird hier eingetragen.

> **Hinweis:** Solltest Du Subversion remote, also von Deinem Client aus, nutzen wollen, was in der Regel der Fall ist, dann musst Du in der Firewall den angegebenen Port freischalten und auf die SVN-Jail leiten.

Subversion: http://subversion.tigris.org/

9.6.1 Repositories anlegen

Zunächst legen wir ein neues Repository an. Hierfür nutzen wir das Tool svnadmin nach folgendem Schema, wobei Du <REPOSITORY> durch den Namen Deines Repositories ersetzen musst.

```
# svnadmin create /usr/local/svnrepos/<REPOSITORY>
```

Anschließend setzen wir die Berechtigungen so, dass nur der Benutzer svn Zugriff auf das Repository hat.

```
# chown svn:svn /usr/local/svnrepos/<REPOSITORY>
# chmod 700 /usr/local/svnrepos/<REPOSITORY>
```

Nun konfigurieren wir das Repository mithilfe der Datei svnserve.conf im Verzeichnis <REPOSITORY>/conf. Diese sieht wie folgt aus:

```
[GENERAL]
password-db = passwd?
realm = MEIN REPOSITORY?
anon-access = none?
auth-access = write
```

▪ realm: Mit diesem Parameter kannst Du dem Repository einen Namen geben, der nach außen hin sichtbar ist (beispielsweise im Client bei der Anmeldung).

▪ anon-access: Dieser Parameter legt fest, welche Berechtigung anonyme Benutzer haben. none bedeutet, dass die anonymen Benutzer keine Berechtigung haben, read bedeutet »Berechtigung zu lesen«, und write bedeutet »Berechtigung zu schreiben«.

▪ auth-access: Mit diesem Parameter legst Du fest, welche Berechtigung autorisierte Benutzer haben. Die Optionen sind identisch mit denen von anon-access.

Nun müssen wir noch Benutzer anlegen, die mit dem Repository arbeiten dürfen. Wie im Parameter password-db angegeben ist, heißt die Datei mit den Benutzernamen passwd. Für jeden Benutzer tragen wir hier im Abschnitt [USER] eine Zeile im folgenden Format ein:

```
BENUTZERNAME = PASSWORT
```

Das Passwort wird unverschlüsselt abgelegt. Sorge daher unbedingt dafür, dass nur der Benutzer svn Leseberechtigung für diese Datei hat.

Falls Du kompliziertere Berechtigungsstrukturen benötigst, solltest Du Dir die Datei conf/authz ansehen. Darin ist beschrieben, wie Du Zugriffe für Gruppen oder auch auf einzelne Verzeichnisse beschränken kannst. Vergiss aber nicht, Deine svnserve.conf entsprechend anzupassen, indem Du folgende Zeile einfügst:

```
authz-db = authz
```

9.6.2   Repositories sichern

Die Daten in einem Repository werden in einer Datenbank geführt. Um diese nun zu sichern, steht uns folgender Befehl zur Verfügung:

```
# svnadmin dump /usr/local/svnrepos/ > /root/svnbackup/svnrepos
```

Hiermit werden alle Repositories im Verzeichnis /usr/local/svnrepos/ in die Datei /root/svnbackup gesichert.

> **Hinweis:** Wenn Du mehrere Backups sichern möchtest, empfiehlt es sich, das Datum mit in den Dateinamen aufzunehmen.

9.6.3   Repositories wiederherstellen

Nach einem Backup kannst Du die Repositories mit dem gleichen
Werkzeug wiederherstellen.

```
# svnadmin load /usr/local/svnrepos/ < \
    /root/svnbackup/svnrepos
```

> **Hinweis:** Achte auf die Richtung der spitzen Klammer < beziehungsweise >.

9.7   Virtual Private Network (VPN)

Mithilfe von Virtual Private Networks lassen sich verschlüsselte
Tunnel zwischen Systemen herstellen. Auf diese Weise können
ganze Netzwerke miteinander verbunden werden.

Nutzt Du beispielsweise ein öffentliches WLAN in einem
Café, um Deine E-Mails abzurufen, dann ist es von Vorteil, die
Verbindung per VPN abzusichern, um das Ausspionieren sensib-
ler Daten zu verhindern.

Wir werden uns sowohl die Konfiguration von VPNs zwischen einem Client
und einem VPN-Server anschauen als auch die Verbindung zwischen zwei Servern.

9.7.1   Client/Server-Verbindung

Die Client/Server-Verbindung realisieren wir mithilfe von MPD auf
dem Host, also nicht innerhalb einer Jail, wobei dies auch möglich wäre. MPD ist ein VPN-Server, der sehr performant bei gleichzeitig geringer CPU-Belastung ist.

Wir werden für den Tunnel PPTP verwenden. Dieses Protokoll wird praktisch von jedem Betriebssystem standardmäßig
unterstützt, sodass keine gesonderten Clients installiert werden müssen.

Zunächst installieren wir den Port net/mpd5 aus unserem Portstree. Der Port
konfiguriert mpd für den Protokollierungsdienst syslog, sodass Status- und Fehlermeldungen in die Datei /var/log/mpd.log geschrieben werden.

Syslog wird automatisch konfiguriert, newsyslog, das für die Logrotation
zuständig ist, hingegen nicht. Du solltest daher folgende Zeile in die Datei
/etc/newsyslog.conf eintragen:

```
/var/log/mpd.log   600   7   100   *   JC
```

Nach einem Neustart von syslog und newsyslog mit folgenden Befehlen erfolgt die
Protokollierung in die angegebene Log-Datei:

```
/etc/rc.d/syslogd restart
/etc/rc.d/newsyslogd restart
```

Nun machen wir uns an die eigentliche Konfiguration von MPD. Unter
/usr/local/etc/mpd5 finden wir die Datei mpd.conf, in der wir folgende Einstellungen vornehmen:

```
startup:
    # MPD-Steuerungsbenutzer
    set user <BENUTZER> <PASSWORT>
    # Konsole aktivieren
    set console self 127.0.0.1 5005
    set console open
    # Webserver aktivieren
    set web self xxx.xxx.xxx.xxx 5006
    set web open

default:
    load pptp_server

pptp_server:
    # IP-Pool der Clients
    set ippool add pool1 10.0.10.1 10.0.10.30

# Bundle: vpn
    create bundle template vpn
    set iface enable proxy-arp
    set iface idle 1800
    set iface enable tcpmssfix
    set ipcp yes vjcomp
    set ipcp ranges xxx.xxx.xxx.xxx/24 ippool pool1
    set ipcp dns aa.aa.aa.aa bb.bb.bb.bb
    set bundle enable compression
    set ccp yes mppc
    set mppc yes e40
    set mppc yes e128
    set mppc yes stateless

# Link: lnk
    create link template lnk pptp
    set link action bundle vpn
    set link enable multilink
    set link yes acfcomp protocomp
    set link no pap chap eap
    set link enable chap
    set link mtu 1460
    set pptp self xxx.xxx.xxx.xxx
    set link enable incoming
```

MPD stellt eine Steuerungskonsole und ein Webinterface über einen integrierten
Webserver zur Verfügung. Diese Hilfsmittel kannst Du über die ersten Zeilen des

Abschnitts `startup` konfigurieren. Die folgende Zeile legt dabei die Zugangsdaten sowohl für das Webinterface als auch für die Konsole fest:

```
set user <BENUTZER> <PASSWORT>
```

Die folgenden Zeilen aktivieren das Webinterface bzw. die Konsole:

```
set web open
set console open
```

Wenn Du diese beiden Zeilen kommentierst, werden das Webinterface und die Konsole deaktiviert. In unserem Beispiel weisen wir `MPD` an, die Konsole an die IP-Adresse 127.0.0.1 und Port 5005 zu binden. Das Webinterface wird an die Haupt-IP-Adresse und den Port 5006 gebunden.

> **Hinweis:** Falls Du das Webinterface nach außen freigeben willst, musst Du die Firewall entsprechend anpassen.

Wie auch in anderen Beispielkonfigurationen musst Du xxx.xxx.xxx.xxx durch die Haupt-IP-Adresse Deines Servers ersetzen.

In der folgenden Zeile müssen wir einen uns zur Verfügung stehenden internen IP-Adressbereich angeben, aus dem die Clients ihre internen IP-Adressen beziehen dürfen.

```
set ippool add pool1 10.0.10.1 10.0.10.30
```

Falls Du den Clients eigene DNS-Server zuweisen möchtest, kannst Du folgende Zeile aktivieren und aa.aa.aa.aa und bb.bb.bb.bb durch die IP-Adressen oder Namen der DNS-Server ersetzen:

```
# set ipcp dns aa.aa.aa.aa bb.bb.bb.bb
```

> **Hinweis:** Die IP-Adressen der öffentlichen Google-Nameserver lauten 8.8.8.8 und 8.8.4.4.

In die Datei `mpd.links` fügen wir folgende Zeilen ein:

```
pptp:
    set link type pptp
    set pptp self xxx.xxx.xxx.xxx
    set pptp enable incoming
    set pptp disable originate
```

Jetzt müssen wir noch die Benutzernamen und die zugehörigen Passwörter festlegen. Diese werden unverschlüsselt in der Datei `mpd.secret` abgelegt.

```
benutzer1    passwort1
benutzer2    passwort2  10.0.10.10
```

Dem Benutzer benutzer2 haben wir durch das Hinzufügen der IP-Adresse 10.0.10.10 in der dritten Spalte diese Adresse zugewiesen. Wenn er nun einen VPN-Tunnel aufbaut, erhält er intern diese Adresse zugewiesen. Der Benutzer benutzer1 hingegen erhält eine IP-Adresse aus dem Bereich, den wir mit der folgenden Zeile angegeben haben:

```
set ippool add pool1
```

Da die Passwörter im Klartext gespeichert werden, müssen wir die Datei unbedingt vor fremdem Zugriff schützen:

```
# chmod 400 /usr/local/etc/mpd5/mpd.secret
```

Wenn wir MPD nun konfiguriert haben, tragen wir folgende Zeile in unsere /etc/rc.conf ein, um unseren VPN-Server zu aktivieren:

```
mpd_enable="YES"
```

MPD: http://sourceforge.net/projects/mpd/

Die Firewall anpassen

Jetzt können wir MPD zwar starten, allerdings fehlt noch etwas: Wir müssen die Firewall öffnen.

Sobald eine Verbindung zu MPD erfolgreich hergestellt wurde, wird ein neues Interface ngX angelegt, wobei X eine Zahl von 0 bis N sein kann, abhängig davon, wie groß der von Dir gewählte IP-Bereich ist und wie viele Verbindungen gerade aktiv sind.

Für das PPTP-Protokoll müssen wir die Ports 47 und 1723 für das TCP-Protokoll freigeben. Du kannst die Firewall so konfigurieren, dass Du entweder jedes Device-Node angibst, das theoretisch erstellt werden kann, oder indem Du Deine Regeln auf Basis der IP-Adressen anlegst.

```
pptp = { ng0, ng1, ng2, ng3, ... }
vpn_ips = { 10.0.10.1/27 }
(...)
open_tcp = "{ ... 47, 1723 }"
(...)
pass in on $pptp all keep state
```

Zusätzlich müssen wir eine NAT-Regel anlegen, sofern wir über diese VPN-Verbindung ins Internet gehen möchten. Diese muss vor den pass-Regeln stehen.

```
nat on $if proto {tcp udp icmp} from $vpn_ips to any -> $ip
```

Nachdem wir die Regeln geladen haben, können wir nun eine Verbindung herstellen. Im Client musst Du hierfür die Verbindungsart PPTP wählen und die IP-Adresse bzw. den Hostnamen angeben, den Du auch für die SSH-Verbindung verwendest.

9.7.2   Server/Server-Verbindung

VPNs lassen sich nicht nur dafür nutzen, einen Client mit einem Server zu verbinden, sie bieten auch die Möglichkeit, zwei Netzwerke über das Internet miteinander zu verbinden.

Hierfür werden wir `tinc` verwenden. Dieser VPN-Service ist sehr einfach zu konfigurieren und bietet die Möglichkeit, mehrere Netze miteinander zu verbinden. Wenn die Verbindung abbrechen sollte, baut `tinc` automatisch die Verbindung wieder auf.

9.7.2.1   Die Funktionsweise von tinc

Bevor wir uns an die Konfiguration machen, sollten wir uns die Funktionsweise von `tinc` anschauen, um besser zu verstehen, wie wir unser Netzwerk konfigurieren müssen.

Nach dem Start legt `tinc` für jedes Netzwerk ein eigenes TUN-Device an (`tun0` bis `tunN`). Das hat einerseits den Vorteil, dass ein Service nicht speziell konfiguriert werden muss, da die Kommunikation über ein ganz normales Interface erfolgt. Andererseits lassen sich so Netzwerke leichter voneinander trennen.

Wie bereits angedeutet wurde unterstützt `tinc` mehrere VPNs gleichzeitig. So können mehrere virtuelle Netzwerke parallel getrennt voneinander aufgebaut werden.

Tinc ist dafür gedacht Server bzw. Netzwerke permanent miteinander zu verbinden. Falls die Verbindung zweier tinc-Instanzen abbricht, wird diese automatisch wieder aufgebaut. Genaugenommen ist es daher falsch hier von einem Server und einem Client zu sprechen, da alle Systeme gleichberechtigt sind. Wir werden dennoch von diesen Bezeichnungen Gebrauch machen, sodass deutlich wird, welche Anpassungen und Parameter für welches System gültig sind. Der Server ist hierbei unser System, der Client das entfernte zweite System.

> **Hinweis:** Falls Du mehrere solcher Netze aufbauen möchtest, musst Du den gesamten Konfigurationsbaum, den wir gleich anlegen werden, jeweils in einem eigenen Unterverzeichnis anlegen, wobei der Verzeichnisname unterhalb von `tinc/` dem Netzwerknamen – einer Art Alias – entspricht.

---

tinc: http://tinc-vpn.org/

9.7.2.2 Tinc installieren

Zunächst installieren wir auf dem Host den Port security/tinc. Dieser legt für uns leider nicht die Verzeichnisstruktur unter /usr/local/etc/ an, daher müssen wir das selbst machen.

Start-Skript sucht die Konfiguration für tinc unter /usr/local/etc/tinc/.

```
# mkdir /usr/local/etc/tinc
```

Die Konfiguration wird in der Datei tinc.conf abgelegt. Zusätzlich benötigen wir zwei Shell-Skripte, die beim Aufbau und beim Abbau einer Verbindung ausgeführt werden. Das Skript, das beim Start ausgeführt wird, muss tinc-up heißen, das Skript beim Beenden tinc-down. Dazu später mehr.

9.7.2.3 Den VPN-Server konfigurieren

Wir haben unserem »Netzwerk« aus Jails die IP-Adressen 10.0.0.1 bis 10.0.0.255 zugewiesen. Um Verwirrungen zu vermeiden, sollten wir das zu verbindende Netzwerk mit einem anderen IP-Adressraum versehen.

Das Netzwerk im vorliegenden Beispiel ist wie folgt aufgebaut:

- **VPN-Name:** securenet
- **Name unseres Servers:** secureserver (frei wählbar)
- **Name des Clients:** secureclient (frei wählbar)
- **IP-Adressen unseres Netzes:** 10.0.0.1 bis 10.0.0.255
- **IP-Adressen des anderen Netzes:** 192.168.0.1 bis 192.168.0.255
- **Haupt-IP-Adresse unseres Servers:** xxx.xxx.xxx.xxx
- **Externe IP-Adresse des Clients:** yyy.yyy.yyy.yyy
- **Interne IP-Adresse unseres Clients:** 10.0.0.100
- **Interne IP-Adresse unseres Servers:** 192.168.0.100

Die interne IP-Adresse wird dabei an das TUN-Device vergeben. Stelle daher sicher, dass die IP-Adresse nicht bereits einem anderen Device – beispielsweise als Alias – zugewiesen ist.

Unterhalb des Verzeichnisses tinc/ legen wir ein Verzeichnis mit dem Namen securenet an, das dem Namen unseres VPNs entspricht und natürlich frei wählbar ist.

```
# mkdir /usr/local/etc/tinc/securenet
```

Darunter legen wir ein weiteres Verzeichnis an, nämlich das, in dem die Konfigurationsdateien unserer Clients abgelegt werden.

```
# mkdir /usr/local/etc/tinc/securenet/hosts
```

Für jedes System bzw. Netzwerk, das über tinc verbunden werden soll, müssen wir eine eigene Konfiguration in diesem Verzeichnis anlegen.

Jetzt, da das Grundgerüst steht, kümmern wir uns um die eigentliche Konfiguration. Dafür erstellen wir im Verzeichnis securenet/ die Datei tinc.conf und fügen folgende Zeilen ein. Wir weisen unseren Server dabei an, lediglich eingehende Verbindungen anzunehmen und nicht aktiv die Verbindung zu einem anderen Netzwerk herzustellen.

```
Name = secureserver
AddressFamily = ipv4
BindToAddress = xxx.xxx.xxx.xxx
```

Anschließend erstellen wir die Skripte, die ausgeführt werden, sobald tinc die Verbindung hergestellt bzw. wieder abgebaut hat. Wir beginnen mit dem Startskript tinc-up.

```
#!/bin/sh
ifconfig $INTERFACE 10.0.0.100 netmask 255.255.255.0
route add -net 192.168.0.0/24 -interface $INTERFACE
```

Der Parameter $interface wird von tinc automatisch durch den Interface-Namen ersetzt. Die erste Zeile weist dem neuen Interface die IP-Adresse 10.0.0.100 zu, die zweite definiert eine Route zum verbundenen Netzwerk mit entsprechender Netzmaske.

Das Skript tinc-down sieht wie folgt aus:

```
#!/bin/sh
ifconfig $INTERFACE down
```

Beiden Skripten geben wir jetzt noch die richtige Berechtigung.

```
# chmod 500 tinc-up
# chmod 500 tinc-down
```

Bevor wir den Private- und Public-Key erstellen, die für die Verschlüsselung erforderlich sind, legen wir eine Konfiguration für unseren Server unter hosts/ an und tragen die folgenden Zeilen ein. Die Konfigurationsdatei muss dabei genauso heißen wie unser VPN-Server. In unserem Fall verwenden wir daher den frei gewählten Namen secureserver.

```
Address = xxx.xxx.xxx.xxx
Subnet = 10.0.0.0/24
```

Der Parameter Address enthält dabei die Haupt-IP-Adresse oder den Hostnamen unseres Servers. Subnet gibt das Netzwerk an, mit dem der Server verbunden ist. In unserem Fall ist das das »Netzwerk«, das aus unseren Jails besteht.

Jetzt erstellen wir noch die Schlüssel, wobei der Public-Key automatisch ans Ende der gerade erstellten Serverkonfiguration angehängt und der Private-Key im Basisverzeichnis unseres Netzwerkprofils abgelegt wird.

```
# tincd -n securenet —K
```

9.7.2.4   Den VPN-Client konfigurieren

 Jetzt konfigurieren wir unseren ersten – und in unserem Beispiel auch einzigen – Client. Hierfür müssen wir die bisher durchge-führten Schritte wiederholen, wobei wir diesmal natürlich die Parameter unseres Clients verwenden.

Die tinc.conf im Unterverzeichnis securenet/ sieht wie folgt aus. Beachte bitte die letzte Zeile: ConnectTo. Hiermit geben wir unserem Client die Anweisung, sich mit dem Host secureserver zu verbinden.

```
Name = secureclient
AddressFamily = ipv4
BindToAddress = yyy.yyy.yyy.yyy
ConnectTo secureserver
```

Das Stopp-Skript ist auf allen Systemen identisch. Das Start-Skript unterscheidet sich hingegen etwas. Im Grunde ist es genau umgekehrt zum Skript des Servers aufgebaut.

```
#!/bin/sh
ifconfig $INTERFACE 192.168.0.100 netmask 255.255.255.0
route add -net 10.0.0.0/24 -interface $INTERFACE
```

Auch hier müssen die Berechtigungen richtig gesetzt werden. Die Konfiguration des Clients unter hosts/ sieht wie folgt aus:

```
Address = yyy.yyy.yyy.yyy
Subnet = 192.168.0.0/24
```

Auch auf dem Client erstellen wir mit dem gleichen Befehl wie zuvor einen Public- und einen Private-Key.

```
# tincd -n securenet -K
```

Nachdem wir das alles geschafft haben, fehlen noch zwei Dinge. Zum einen müs-sen wir jetzt alle Konfigurationen unter hosts/ auf alle Systeme verteilen. Mit anderen Worten: Das Verzeichnis hosts/ muss auf allen beteiligten Systemen iden-tisch sein. Zum anderen müssen wir natürlich noch die Firewallregeln auf den beteiligten Systemen anpassen. In unserem Falle haben wir nur ein Netzwerk, daher heißt das zu konfigurierende Device tun0. Der Port, auf dem tinc lauscht, hat für UDP- und TCP-Pakete die Nummer 655.

> **Hinweis:** In unserem Beispiel gewähren wir allen Systemen des Clients bzw. Servers Zugriff auf die jeweils anderen Systeme.

```
pass in on tun0 proto { tcp udp } from any to any keep state
pass out on tun0 proto { tcp udp } from any to any keep state
```

Falls Du Ping per VPN erlauben willst, müssen noch folgende Regeln hinzugefügt werden:

```
pass in quick on tun0 inet proto icmp icmp-type 8 code 0 keep state
pass out quick on tun0 inet proto icmp icmp-type 8 code 0 keep state
```

Den Port 655 musst Du noch auf dem Host freigeben, also in die Arrays open_tcp und open_udp unserer Beispiel-pf-Konfiguration eintragen.

Um tinc beim Systemstart zu aktivieren, tragen wir folgende Zeilen in die /etc/rc.conf ein. Solltest Du mehrere Netzwerke konfiguriert haben, musst Du jeden Namen extra angeben.

```
tincd_enable="YES"
tincd_cfg="securenet companynet privatenet"
```

> **Hinweis:** Die Netzwerke companynet und privatenet habe ich nur zur Verdeutlichung eingefügt, sodass Du sehen kannst, wie Du Verbindungen zu mehreren Netzwerken herstellen kannst. Natürlich muss jedes dieser Netzwerke ein gleichnamiges Profil (-Verzeichnis) haben.

Wenn wir jetzt die Firewallregeln neu geladen haben, starten wir unser VPN mit folgendem Befehl auf allen beteiligten Systemen:

```
# /usr/local/etc/rc.d/tincd start
```

Die Fehlermeldung

```
'Cannot 'resync' ipfilter. Set ipfilter_enable to YES in \
    /etc/rc.conf or use 'oneresync' instead of 'resync'.'
```

können wir ignorieren, da wir pf als Firewallsystem nutzen.

Jetzt kannst Du nach erfolgreichem Aufbau auf die Clients des jeweils anderen Systems zugreifen.

> **Hinweis:** Tinc baut bei einem Verbindungsverlust die Verbindung selbstständig wieder neu auf. Falls Du darüber informiert werden willst, kannst Du einen entsprechenden Befehl in das Start- bzw. Stopp-Skript einfügen.

9.8   Samba-Server für Intranets

Jail-Name	IP-Adresse	Funktion
samba	10.0.0.6	Samba-Server

 In unserer vernetzten Welt kann ein lokales Verzeichnis im gesamten Netzwerk freigegeben werden, sodass andere Clients komfortabel darauf zugreifen können.

Um Freigaben auch in heterogenen Netzwerken nutzen zu können, bietet sich Samba an. Ein Samba-Server kann demnach Freigaben auch für Windows-Systeme zugänglich machen. Andersherum ermöglicht der Samba-Client den Zugriff auf Windows-Freigaben.

Bevor wir uns die Konfiguration von Samba näher anschauen, möchte ich Dich eindringlich warnen. *Samba-Server sind nur für das lokale Netzwerk gedacht. Du darfst niemals eine Samba-Freigabe über das Internet verfügbar machen. Falls Du Samba dennoch remote nutzen möchtest, sichere die Verbindung beispielsweise mithilfe einer VPN-Verbindung ab.*

Wir werden Samba so konfigurieren, dass eine Freigabe im Netzwerk für alle lesbar ist. Eine zweite konfigurieren wir so, dass nur der eigene Benutzer Lese- und Schreibzugriff darauf hat. Das öffentliche Verzeichnis nennen wir »Public«, das geschützte »Private«.

Mithilfe des Ports net/samba36 installieren wir die aktuelle Samba-Version, wobei wir die LDAP-Unterstützung deaktivieren und anschließend die Konfigurationsdatei smb.conf im Verzeichnis /usr/local/etc/ wie folgt anpassen.

Zunächst definieren wir allgemeine Samba-Einstellungen, bevor wir uns den Freigaben widmen.

```
[GLOBAL]
server string = "Mein FreeBSD-Server"
netbios name = "FreeBSD-Server"
bind interfaces only = true
interfaces = lo0 10.0.0.6
encrypt passwords = true
map to guest = Bad User
guest account = nobody
workgroup = ARBEITSGRUPPE
security = user
```

Die Variablen server string, netbios name und workgroup musst Du an Deine eigenen Wünsche bzw. Anforderungen anpassen.

Samba: http://www.samba.org/

9.8.1 Öffentliche Freigaben

Im Abschnitt [PUBLIC] (so haben wir unsere öffentliche Freigabe genannt) legen wir nun in der Variable path fest, wo die Daten gespeichert werden sollen. Zudem legen wir fest, dass Gäste nicht in das Verzeichnis schreiben, es aber durchsuchen können.

```
[PUBLIC]?
comment = "PUBLIC-Freigabe"
path = /samba/public
writable = no
browseable = yes
user = BENUTZERNAME1
write list = BENUTZERNAME1, BENUTZERNAME2
locking = no
guest ok = yes
create mode = 0644
directory mode = 0755
public = yes
```

Mit dem Parameter user legen wir fest, wer der Eigentümer der neu angelegten Dateien und Verzeichnisse sein wird. Mit write list können wir definieren, welche Benutzer zusätzlich zum Besitzer berechtigt sind, auf die Freigabe schreibend zuzugreifen.

Die Parameter create mode und directory mode legen fest, mit welchen Rechten die neuen Dateien bzw. Verzeichnisse angelegt werden.

9.8.2 Geschützte Freigaben

Bei der geschützten Freigabe, der wir den Namen »Private« gegeben haben, setzen wir im Grunde die gleichen Parameter wie auch bei der Freigabe »Public«. Allerdings soll nur der Besitzer die Freigabe sehen und darauf zugreifen können.

```
[PRIVATE]?
comment = "PRIVATE-Freigabe"
path = /samba/private
writable = no
browseable = no
valid users = BENUTZERNAME1
locking = no
guest ok = no
create mode = 0600
directory mode = 0700
public = no
```

9.8.3 Benutzer verwalten

 Die Samba-Benutzer sind nicht mit den FreeBSD-Systembenutzern identisch, daher müssen wir Samba-Benutzer separat anlegen.

Um einen Samba-Benutzer anzulegen, muss dieser bereits als Systembenutzer angelegt sein. Sollte der Beispielbenutzer »Benutzer1« bereits als Systembenutzer definiert sein, können wir mit folgenden Befehlen den Samba-Benutzer anlegen und freischalten:

```
# smbpasswd -a Benutzer1
# smbpasswd -e Benutzer1
```

Um einen Samba-Benutzer zu löschen, verwendest Du folgenden Befehl:

```
# smbpasswd -x Benutzer1
```

Der folgende Befehl sperrt den Benutzer »Benutzer1« lediglich:

```
# smbpasswd -d Benutzer1
```

9.8.4 Samba starten

 Wie bei fast allen anderen Diensten auch, müssen wir Samba in der /etc/rc.conf aktivieren, indem wir folgende Zeile dort eintragen:

```
samba_enable="YES"
```

Sobald Du Samba gestartet und in der Firewall folgende Ports freigegeben hast, kannst Du auf die Freigaben zugreifen:

- TCP-Ports: 135, 139, 445
- UDP-Ports: 137, 138

10 Daten sichern

Wie wichtig es ist, seine Daten zu sichern, merkt man spätestens dann, wenn ein Datenverlust eingetreten ist, der nicht mehr rückgängig gemacht werden kann.

Um genau solch eine Situation zu vermeiden, schauen wir uns verschiedene Möglichkeiten an, Backups zu erstellen, wobei das Backup auf einen entfernten Server per FTP wohl die häufigste Konfiguration ist.

10.1 Backups erstellen

Wir werden unseren Server mit dem Programm `Duply` sichern, das wir mithilfe des Ports `sysutils/duply` installieren. `Duply` ist ein Wrapper für `Duplicity`, der die Konfiguration erleichtert und den Backup-Prozess um ein paar Funktionen erweitert. Im Folgenden werde ich allerdings immer von Duply sprechen.

Neben vollständigen Sicherungen werden auch inkrementelle Backups unterstützt, die mithilfe von GnuPG verschlüsselt werden, sodass auch auf vertrauensunwürdige Speicherorte gesichert werden kann.

Duply: http://duply.net/

Duplicity: http://duplicity.nongnu.org/

10.1.1 Backup-Profil anlegen

Für jedes Sicherungsziel wird bei Duply ein eigenes Profil ange-legt, das diverse Einstellungen enthält. Hierzu verwenden wir fol-genden Befehl, wobei Du `PROFILNAME` durch einen eigenen Namen ersetzen musst.

```
# duply PROFILNAME create
```

Das Profil, das aus einem Unterverzeichnis und ein paar Konfigurationsdateien besteht, wird standardmäßig im Verzeichnis /root/.duply angelegt.

10.1.2   GPG-Verschlüsselung konfigurieren

 Bevor wir uns an die Konfiguration machen, erstellen wir einen GnuPG-Schlüssel, mit dem unser Backup verschlüsselt werden wird.

Hinweis: Seit der Version 2 von GnuPG ist eine eigenständige Schlüsselverwaltung erforderlich, die allerdings zu dem Zeitpunkt, als dieses Buch geschrieben wurde, nicht als Abhängigkeit in seinem Port definiert war. Der nachfolgende Schritt kann in Zukunft daher überflüssig werden.

Für die Verwaltung der GnuPG-Schlüssel benötigen wir das Tool `PINentry`, dessen Curses-Version wir mithilfe des Ports `security/pinentry-curses` installieren.

Anschließend generieren wir einen GnuPG-Schlüssel mit folgendem Befehl:

```
# gpg --gen-key
```

Bei den Fragen kannst Du jeweils die Standardvorgaben verwenden, lediglich bei den Fragen nach einem Namen zur Generierung der UserID solltest Du für Dich sinnvolle Angaben machen. Vergiss nicht, ein sicheres Passwort zu wählen und dieses irgendwo sicher abzulegen.

Wenn die Generierung erfolgreich war, wird Dir die achtstellige ID des generierten Schlüssels angezeigt, beispielsweise D6C95D2E. Diese benötigen wir für die Konfiguration unseres Duply-Profils.

10.1.3   Backup-Profil konfigurieren

 Wir bearbeiten die Datei `conf` im Verzeichnis `/root/.duply/`
`PROFILNAME`, die dort bei der Profil-Generierung erstellt wurde. Die Datei ist sehr gut kommentiert, sodass Du Dich gut zurechtfinden solltest. Folgende Parameter passen wir an unsere Umgebung an:

- `GPG_KEY`: Hier tragen wir die achtstellige ID des GnuPG-Schlüssels aus dem vorherigen Schritt ein (beispielsweise D6C95D2E).
- `GPG_PW`: Das bei der Erstellung des Schlüssels angegebene Passwort muss hier eingetragen werden.
- `TARGET`: Duply unterstützt zahlreiche Speicherorte. Hier wird unser Speicherort – beispielsweise ein FTP-Server – konfiguriert.
- `TARGET_USER`: Dieser Parameter enthält den Benutzernamen zur Anmeldung am Speicherort.
- `TARGET_PASS`: Das für die Anmeldung am Speicherort erforderliche Passwort wird hier eingetragen.

- SOURCE: Mithilfe dieses Parameters wird das Ausgangsverzeichnis der Datensicherung festgelegt.
- MAX_AGE: Hier können wir festlegen, wie alt eine Datensicherung höchstens sein darf, bis sie automatisch gelöscht wird, um Speicherplatz zu sparen.
- MAX_FULL_BACKUPS: Hier können wir festlegen, wie viele Komplettsicherungen wir höchstens aufbewahren wollen.
- TEMP_DIR: Duply benötigt ein temporäres Verzeichnis, dessen Pfad wir hier angeben. Achte darauf, dass genügend Speicherplatz verfügbar ist.
- MAX_FULLBKP_AGE: Mithilfe dieses Parameters legen wir fest, wie alt eine Komplettsicherung maximal sein darf, bevor eine neue vollständige Sicherung erzwungen wird.
- FILENAME: Hier legen wir den Namen der Datei fest, die eine Liste von Verzeichnissen enthält, die aus dem Backup ausgeschlossen werden sollen.

10.1.4   Verzeichnisse ausschließen

Es ist nicht unbedingt sinnvoll, sämtliche Verzeichnisse eines Systems zu sichern, da sie teilweise nicht gesichert werden können (z. B. /dev) oder weil das Sichern unnötig ist (z. B. /usr/ports).

Die auszuschließenden Verzeichnisse ausgehend vom im Parameter SOURCE angegebenen Pfad listen wir zeilenweise in einer Datei auf, deren Namen wir im Parameter FILENAME im vorherigen Schritt definiert haben.

Solch eine Datei sieht beispielsweise wie folgt aus, vorausgesetzt, das Wurzelverzeichnis »/« wurde im Parameter SOURCE gesetzt:

```
/files
/mnt
/tmp
/bin
/proc
/lib
/libexec
/rescue
/sys
/dev
/lost+found
/usr/ports
```

10.1.5   Befehle vor oder nach dem Backup-Prozess ausführen

Duply bietet die Möglichkeit, eine Reihe von Befehlen auszuführen, bevor das eigentliche Backup durchgeführt wird. Das ist beispielsweise dann interessant, wenn wir zu unserem Backup-Server zunächst eine VPN-Verbindung herstellen wollen oder aber einen Dump unserer Datenbanken anfertigen wollen.

Um Befehle vor der eigentlichen Datensicherung auszuführen, legen wir eine Datei mit dem Namen pre in unserem Profilverzeichnis an.

In diese Datei schreiben wir zunächst den obligatorischen *shebang* #!/usr/local/bin/bash und danach einfach Zeile für Zeile die Befehle, die vor dem Backup ausgeführt werden sollen. Dabei unterstützt Duply auch Konditionale, sodass bestimmte Befehle nur ausgeführt werden, wenn diverse Bedingungen eintreten. Hierzu bietet die Dokumentation von Duply zahlreiche Hilfestellungen an.

Anschließend müssen wir die Datei ausführbar machen, sonst wird sie beim Sicherungslauf nicht berücksichtigt.

```
# chmod 700 pre
```

> **Hinweis:** Duply bietet natürlich auch die Möglichkeit, Befehle nach der erfolgten Sicherung auszuführen. Das Vorgehen ist zu der vorherigen Ausführung identisch, lediglich der Dateiname lautet post statt pre.

10.1.6   Backup anlegen

Nachdem wir nun Duply konfiguriert und an unsere Bedürfnisse angepasst haben, können wir mit folgendem Befehl die Datensicherung durchführen:

```
# duply PROFILNAME backup
```

> **Hinweis:** Bei jeder Software ist es wichtig, auf mögliche Fehlermeldungen einzugehen. Bei einer Backup-Software ist das noch wichtiger. Achte daher immer darauf, was Duply Dir sagt.

Natürlich macht es Sinn, Datensicherungen automatisch in regelmäßigen Abständen durchzuführen, weshalb Du unbedingt einen entsprechenden Cronjob anlegen solltest. Hierfür gibt es einen Befehl, der den Aufruf automatisiert:

```
# duply PROFILNAME backup_verify_purge --force
```

Falls in der Variable PATH in der Datei /etc/crontab die Pfadangabe /usr/local/bin nicht enthalten ist, solltest Du sie noch ergänzen, da Cron sonst Duplicity nicht finden kann und das Backup fehlschlägt.

> **Hinweis:** Nachdem wir ein funktionierendes Profil erstellt und fertig konfiguriert haben, müssen wir dieses unbedingt separat auf einen anderen Server, USB-Stick oder ein lokales Laufwerk sichern. Denn ohne die darin enthaltenen GnuPG-Schlüssel und Konfigurationsdaten ist es unmöglich, Daten wiederherzustellen. Dieser Schritt ist nach jeder Profiländerung erforderlich!

10.1.7 Dateien wiederherstellen

Auch wenn wir hoffentlich diese Funktion niemals benutzen müssen, sollten wir für den Ernstfall gerüstet sein und wissen, wie wir Dateien und Verzeichnisse aus einem Duply-Backup wiederherstellen können.

Um das gesamte Backup in das Verzeichnis /tmp/restore wiederherzustellen, verwenden wir folgenden Befehl:

```
# duply PROFILNAME restore /tmp/restore
```

Wir können auch einzelne Dateien wiederherstellen. Hierzu verwenden wir folgendes Schema, wobei wir in diesem Beispiel die Datei /etc/passwd zurückspielen:

```
# duply PROFILNAME fetch etc/passwd /tmp/passwd
```

Da Duply inkrementell sichert und alte Versionen aufbewahrt, können wir die Datei beispielsweise in dem Zustand wiederherstellen, in dem sie vor sieben Tagen war. Hierzu fügen wir einfach einen Zeitparameter mit an.

```
# duply PROFILNAME fetch etc/passwd /tmp/restore 7D
```

> **Hinweis:** Auch wenn Du davon ausgehst, dass Duply korrekt funktioniert, solltest Du unbedingt hin und wieder testen, ob das Wiederherstellen auch funktioniert.

10.1.8 Backup-Speicher bereinigen

Bevor wir Backup-Speicher freigeben, der von alten Datensicherungen belegt ist und eventuell nicht mehr benötigt wird, schauen wir uns die verfügbaren Sicherungsdatensätze einmal an.

```
# duply PROFILNAME status
```

Um nun veraltete Backups zu entfernen, verwenden wir folgenden Befehl. Dieser ist übrigens bereits Bestandteil unseres Cronjobs.

```
# duply PROFILNAME purge --force
```

10.2   Datensicherung mit Snapshots

 Eine weitere Möglichkeit, um einfach und komfortabel Backups vom Dateisystem zu erstellen, bieten Snapshots (engl. »Schnappschüsse«). Wie der Name schon sagt, wird dabei eine Momentaufnahme eines Dateisystems angelegt, auf die Du später zugreifen kannst. Mithilfe des Tools `sysutils/freebsd-snapshot` kannst Du diese einfach anlegen und verwalten bzw. mounten.

> **Hinweis:** Snapshots funktionieren nur, wenn Softupdates auf einer Partition aktiviert sind. Du solltest schon während der Installation Softupdates für Partitionen aktivieren, da diese nicht gemountet sein dürfen, wenn nachträglich Softupdates aktiviert werden sollen. Um Softupdates für das Wurzelverzeichnis »/« zu aktivieren, musst Du Dein System im Single-User-Mode starten.

Um Softupdates nun auf einer nicht eingehängten Partition zu aktivieren, verwenden wir folgenden Befehl, wobei Du `ada0p2` durch den Namen Deiner Partition ersetzen musst:

```
# tunefs -n enable /dev/ada0p2
```

Nachdem Softupdates aktiviert sind und der Port `sysutils/freebsd-snapshot` installiert ist, können wir den Befehl `snapshot` verwenden, um Momentaufnahmen zu verwalten.

10.2.1   Snapshot erstellen

 Einen Snapshot erstellen wir wie folgt, wobei der Parameter `ANZAHL` angibt, wie viele Aufnahmen rückwirkend vorgehalten werden sollen. `QUELLPFAD` gibt den Einhängepunkt des Dateisystems an. Mithilfe des `SNAPSHOT-TAG` kann eine Referenz für die Snapshots definiert werden.

Die Benennung der Snapshots erfolgt automatisch. Diese werden im Verzeichnis `.snap` des jeweiligen Dateisystems abgelegt.

```
# snapshot make -g<ANZAHL> <QUELLPFAD>:<SNAPSHOT-TAG>
```

Beispiel:

```
# snapshot make -g5 /usr/local:usr_local
```

10.2.2 Snapshots anzeigen

Verfügbare Snapshots kannst Du mit dem Parameter `list` auflisten lassen.

```
# snapshot list <QUELLPFAD>
```

Beispiel:

```
# snapshot list /usr/local
```

10.2.3 Snapshots mounten

Um nun auf einen Snapshot zugreifen zu können, musst Du einen Snapshot mithilfe des folgenden Befehls mounten. Danach kannst Du auf ihn wie auf jedes andere Verzeichnis zugreifen.

```
# snapshot mount <QUELLPFAD>:<SNAPSHOT-TAG>.x <MOUNTPOINT>
```

Das x hinter dem Snapshot-Tag deutet auf die Version des Schnappschusses hin.

Beispiel:

```
# snapshot mount /usr/local:usr_local.3 /mnt
```

10.2.4 Snapshots automatisieren

Die Snapshot-Erstellung lässt sich auch automatisieren. Das beste Verfahren dafür ist, in der Datei /etc/periodic.conf die Konfiguration vorzunehmen. Hierzu tragen wir folgende Zeilen in diese Datei ein. Falls die Datei noch nicht existiert, legen wir sie jetzt an.

```
snapshot_enable="YES"
snapshot_schedule=<QUELLPFAD>:<WOCHENRHYTHMUS>:\
    <TAGESRHYTHMUS>:<STUNDENRHYTHMUS>
```

Beispiel:

```
snapshot_schedule="/usr/local:0:2:4"
```

Das Beispiel bedeutet, dass für /usr/local täglich 2 und stündlich 4 Snapshots angefertigt werden. Weitere Beispiele findest Du auf der Webseite von snapshot.

Anschließend müssen wir noch folgende Zeilen in die Cron-Konfiguration /etc/crontab eintragen:

```
0  *  *  *  *  root/usr/local/sbin/periodic-snapshot hourly
0  0  *  *  *  root/usr/local/sbin/periodic-snapshot daily
0  0  *  *  0  root/usr/local/sbin/periodic-snapshot weekly
```

> **Hinweis:** Wenn es Dir nicht möglich ist, Snapshots auf einem anderen Device anzulegen, solltest Du diese Backup-Methode unbedingt mit einem anderen Verfahren kombinieren.

10.3 Datenbanken sichern mit AutoMySQLBackup

 Das Programm AutoMySQLBackup ist ein einfaches Shell-Skript, das verschiedene Datenbank-Server abfragt und von diesen einen sogenannten »Dump« erstellt.

Von der Webseite des Projekts laden wir das Skript in der aktuellen Version herunter, legen es beispielsweise unter /usr/local/bin/ ab und geben ihm Ausführungsberechtigung.

```
# chmod 700 /usr/local/bin/automysqlbackup.sh
```

Folgende Parameter kannst Du entweder im Skript selbst setzen, oder Du legst eine Datei automysqlbackup.conf unter /usr/local/etc/ mit entsprechendem Inhalt an.

- USERNAME: Benutzername des MySQL-Backup-Benutzers. Dieser sollte Zugriff auf alle Datenbanken haben, wobei die Berechtigungen SELECT, LOCK TABLES und SHOW VIEW ausreichen.
- PASSWORD: Das Passwort des MySQL-Backup-Benutzers ohne Anführungszeichen.
- DBHOST: Der Hostname bzw. die IP-Adresse des MySQL-Servers. Bei uns wäre das die IP-Adresse der MySQL-Jail 10.0.0.1.
- DBNAMES: Entweder gibst Du die zu sichernden Datenbanken einzeln an, oder Du trägst das Schlüsselwort all ein, um alle Datenbanken zu sichern.
- BACKUPDIR: Das Zielverzeichnis für die Backup-Dateien musst Du hier eintragen.
- MAILCONTENT: Hier kannst Du festlegen, wann Du Status-E-Mails erhalten willst. Die möglichen Optionen findest Du im Skript selbst dokumentiert.
- MAILADDR: Die E-Mail-Adresse, an die Status-E-Mails geschickt werden sollen.
- CREATE_DATABASE: Diesen Parameter solltest Du auf yes stellen, um ein CREATE DATABASE in die Dumps einzufügen.
- SEPDIR: Auch diesen Parameter solltest Du auf yes stellen, um für jede Datenbank ein eigenes Verzeichnis anzulegen.
- DOWEEKLY: Hier kannst Du die Nummer des Wochentags eintragen, an dem das wöchentliche Backup ausgeführt werden soll.
- LATEST: Wenn Du diesen Parameter auf yes setzt, wird das aktuellste Backup in einem eigenen Verzeichnis abgelegt.
- COMP: Dieser Parameter legt fest, wie die Dumps komprimiert werden sollen.

Wenn Du nun das Skript /usr/local/bin/automysqlbackup.sh ausführst, werden im Verzeichnis BACKUPDIR diverse Unterverzeichnisse angelegt und die Datenbank-backups dort gespeichert.

Hinweis: Je nach Konfiguration sind die Daten nur lokal gesichert. Vergiss daher nicht, das BACKUPDIR in Deine Remote-Backup-Strategie mit aufzunehmen, sodass die Datenbankbackups auf einen anderen Server gesichert werden. Falls Du Duply einsetzt, kannst Du den AutoMySQLBackup-Aufruf in die Datei pre Deines Backup-Profils aufnehmen.

AutoMySQLBackup: http://sourceforge.net/projects/automysqlbackup/

10.4 Zusammenfassung

Wir haben zwei Verfahren der Datensicherung kennengelernt, die sich im Ansatz unterscheiden. Während duply die Dateien eines Dateisystems sichert, erstellen Snapshots permanent Momentaufnahmen des gesamten Dateisystems. Auch diese Abbilder lassen sich beispielsweise mit duply auf ein entferntes System übertragen.

Auch hier gilt, dass die Kombination mehrerer Verfahren die beste Lösung ist, denn gerade dann, wenn es um die Datensicherung geht, ist ein zuverlässiges Setup entscheidend.

11 Serverüberwachung

Die Gesundheit und den Betriebszustand seiner Server zu überwachen ist eine der Hauptaufgaben eines Administrators. Dabei ist die Überwachung der Hardware genauso wichtig wie die Überwachung der auf dem Server betriebenen Dienste.

Um genau diese Aufgaben kümmern wir uns jetzt, nachdem wir in den vorangegangenen Kapiteln alle Appliances erfolgreich konfiguriert haben.

11.1 Hardware-Monitoring

In diesem Kapitel werden wir uns zentrale Hardwarekomponenten unseres Servers genauer anschauen und überwachen, und zwar die Festplatten, die Temperatur der CPU bzw. des Systems, die Systemlüfter und die Netzspannung. Aus diesen Daten lassen sich gelegentlich wichtige Hinweise für die Ursachenforschung bei Hardwareproblemen ablesen.

11.1.1 Festplatten überwachen

Moderne Festplatten unterstützen die sogenannte »Self-Monitoring, Analysis and Reporting-Technology«, kurz S.M.A.R.T. Hiermit kannst Du den Gesundheitszustand der Festplatten überwachen.

Mithilfe der `smartmontools` kannst Du die Festplatten in regelmäßigen Abständen überprüfen lassen und Dich über Unregelmäßigkeiten informieren lassen. So kannst Du in vielen Fällen Hardwareschäden frühzeitig erkennen und entsprechend reagieren, bevor es zu einem Datenverlust kommt.

Wir installieren den Port `sysutils/smartmontools` und passen anschließend die Konfigurationsdatei `/usr/local/etc/smartd.conf` wie folgt an. Für jede zu überwachende Festplatte tragen wir eine Zeile im folgenden Format ein:

```
/dev/ada0p2 -m hostmaster@example.com
/dev/ada1p2 -m hostmaster@example.com
```

Hiermit weisen wir smartd an, die beiden Festplatten ad4 und ad6 regelmäßig zu überprüfen und Unregelmäßigkeiten an die E-Mail-Adresse hostmaster@example.com zu melden.

Jetzt müssen wir smartd noch in der /etc/rc.conf aktivieren. Hierzu fügen wir folgende Zeile ein:

```
smartd_enable="YES"
```

Nach dem Start des Services sinkt das Risiko eines plötzlichen Festplattenausfalles mit Datenverlust drastisch ab.

---

smartmontools: http://smartmontools.sourceforge.com/

11.1.2 Die CPU überwachen

 In den meisten Mainboards sind heute diverse Temperaturfühler verbaut. Hitzeprobleme können so rechtzeitig erkannt werden.

Eine Software zum Auslesen der Temperaturen installieren wir über den Port sysutils/mbmon. Mit folgendem Befehl kannst Du überprüfen, ob Dein Mainboard unterstützt wird:

```
# mbmon -d
```

Falls der Test positiv ausfällt, kannst Du mit folgendem Befehl die Temperatur- und Spannungsdaten der CPUs und Chips auslesen:

```
# mbmon -r
```

Wie heiß die CPUs werden dürfen und mit welcher Spannung sie arbeiten, kannst Du den Herstellerangaben entnehmen.

11.2 Service-Monitoring

 Nur die Hardware eines Servers zu überwachen reicht nicht aus, um einen reibungslosen Betrieb zu gewährleisten. Wir müssen uns auch um die Software kümmern, die darauf läuft.

Hierfür gibt es zahlreiche Tools und Dienste, die uns diese Aufgabe abnehmen bzw. uns darin unterstützen. Ein paar dieser Tools schauen wir uns jetzt an.

11.2.1 Monitoring mit monit

Es kann – unter welchen Umständen auch immer – passieren, dass sich ein Dienst aufhängt und nicht mehr reagiert oder aber unerwartet beendet wird. Dann ist es hilfreich, wenn man jemanden hat, der den Ausfall bemerkt und den Dienst wieder startet.

Dieser Jemand ist bei uns monit. Es kann nicht nur unsere Services überwachen, sondern auch Dateien, die Ressourcenverwendung und einiges mehr. Die Einsatzmöglichkeiten sind sehr vielfältig.

Zunächst installieren wir den Port sysutils/monit. Anschließend passen wir die Konfiguration unter /usr/local/etc/ in der Datei monitrc an. Hierin definieren wir alle Dienste, die überwacht werden sollen, und legen fest, wie monit im Falle eines definierten Ereignisses reagieren soll. Achte darauf, dass nur root Ausführberechtigung hat.

```
# chmod 700 /usr/local/etc/monitrc
```

Monit: http://mmonit.com/

11.2.1.1 Allgemeine Einstellungen

Zunächst müssen wir monit allgemeine Einstellungen mitgeben.

```
set daemon 120
set logfile syslog facility log_daemon
set mailserver 10.0.0.3
set mail-format {
    from: hostmaster@example.com
    subject: $SERVICE $EVENT at $DATE
    message: Monit $ACTION $SERVICE at $DATE on $HOST: $DESCRIPTION.
}
```

Mit set daemon bestimmen wir das Prüfintervall in Sekunden. 120 bedeutet demnach, dass alle zwei Minuten eine Prüfung vorgenommen wird.

Der Parameter set logfile syslog facility log_daemon legt fest, dass monit uns per syslogd mitteilt, was es tut.

Den Mailserver, über den Benachrichtigungen verschickt werden sollen, legen wir mit der Zeile set mailserver fest. Wir tragen hier beispielsweise unsere Mailserver-Jail ein.

Mit set-mail-format legen wir das Format fest, in dem Benachrichtigungen verschickt werden sollen. from gibt dabei den Absender der E-Mail an. Diesen musst Du unbedingt anpassen. Die Variablen $SERVICE, $EVENT etc. werden automatisch entsprechend ersetzt.

11.2.1.2 Überwachungsaufgaben konfigurieren

 Wir müssen für jeden von `monit` zu überwachenden Dienst eigene Konfigurationsparameter festlegen. Für `sshd` könnten diese wie folgt aussehen:

```
check process sshd with pidfile /var/run/sshd.pid
group system
start program = "/etc/rc.d/sshd start"
stop program = "/etc/rc.d/sshd stop"
if failed host xxx.xxx.xxx.xxx port 22 protocol ssh
    then restart
if 5 restarts within 5 cycles
    then timeout
```

Die Syntax von `monit` lässt sich sehr gut lesen. Im Einzelnen bedeutet diese Konfiguration, dass der Service `sshd` überwacht werden soll, der das PID-File /var/run/sshd.pid anlegt.

Mit dem Parameter `group` können wir mehrere Services zu einer Gruppe zusammenfassen und diese als einen Service betrachten. So können wir beispielsweise den Webserver und den FastCGI-Prozess als einen Dienst betrachten, da beide laufen müssen, um Webseiten ausliefern zu können.

`start program` definiert den Befehl, der zum Start des Dienstes ausgeführt werden muss; `stop program` ist entsprechend für das Beenden zuständig.

Mithilfe der `if`-Schleifen werden Bedingungen definiert, die überprüft werden müssen. Die erste Bedingung sagt demnach aus, dass der Service neu gestartet werden soll, wenn der Zugriff auf Port 22 des Hosts xxx.xxx.xxx.xxx fehlschlägt.

Die zweite Bedingung ist eine Art Notbremse, die besagt, dass kein weiterer Neustart versucht werden soll, wenn der Service fünfmal innerhalb von fünf Prüfzyklen neu gestartet werden musste. Würden wir diese Bedingung nicht einfügen, könnten wir `monit` in eine Endlosschleife schicken. Ist diese Bedingung erfüllt, ist ein manueller Eingriff erforderlich.

Hinweis: Im Internet und auf der Webseite von monit gibt es eine ganze Sammlung von Konfigurationsbeispielen für die gängigsten Dienste. Diese kannst Du als Vorlage verwenden.

Nun müssen wir `monit` noch in der /etc/rc.conf aktivieren. Hierfür fügen wir die folgende Zeile dort ein. Anschließend können wir `monit` starten.

```
monit_enable="YES"
```

11.2.1.3 Überwachung von Services in einer Jail

Das bisherige Beispiel ist nur auf dem Hostsystem lauffähig. Da
wir aber auch Services in unseren Jails überwachen und nicht in
jeder Jail monit installieren wollen, verwenden wir die ezJail-
Konsole, die es uns ermöglicht, Befehle innerhalb der genannten
Jail auszuführen, ohne die aktuell zugewiesene ID der Jail zu kennen.

Um beispielsweise nginx in der Jail *www* neu zu starten, sähe die Zeile wie
folgt aus:

```
start program = "/usr/local/bin/ezjail-admin console -e \
    '/usr/local/etc/rc.d/nginx start' www"
```

Für stop program gilt das genauso:

```
stop program = "/usr/local/bin/ezjail-admin console -e \
    '/usr/local/etc/rc.d/nginx stop' www"
```

> **Hinweis:** Der Start- bzw. Stoppbefehl muss in Hochkommata geschrieben werden, der
> gesamte Aufruf in Anführungszeichen ("").

Wenn Du monit gestartet hast und nun den Webserver oder einen anderen über-
wachten Dienst beendest, wird dieser von monit neu gestartet.

11.2.1.4 Webinterface für monit

Für monit gibt es ein Webinterface, das Dir von überall her sagen
kann, wie der aktuelle Status des Servers ist. Dieses Interface zu
aktivieren ist eigentlich recht einfach. Hierzu musst Du in der
Datei /usr/local/etc/monitrc lediglich folgende Zeilen eintragen:

```
set httpd port 2812
and SSL ENABLE
PEMFILE /usr/local/etc/monit/monitweb.pem
allow BENUTZERNAME:PASSWORT
```

Im Einzelnen bedeuten diese Zeilen, dass das Webinterface über den Port 2812
erreichbar sein soll und, dass die Verbindung per SSL verschlüsselt und mit dem
Benutzernamen BENUTZERNAME und dem Passwort PASSWORT geschützt sein soll. Der
Parameter PEMFILE enthält dabei den Pfad zum PEM-Zertifikat.

Das Zertifikat erstellen wir mithilfe folgender Befehle und schützen es gegen
Fremdzugriff.

```
# openssl req -new -x509 -days 365 -nodes \
    -out /usr/local/etc/monit/monitweb.pem \
    -keyout /usr/local/etc/monit/monitweb.pem
```

```
# openssl gendh 512 >> /usr/local/etc/monit/monitweb.pem

# openssl x509 -subject -dates -fingerprint \
  -noout -in /usr/local/etc/monit/monitweb.pem

# chmod 400 /usr/local/etc/monit/monitweb.pem
```

Nach einem Neustart von monit ist der integrierte Webserver aktiv und das Webinterface erreichbar.

Hinweis: Denke daran, den angegebenen Port in der Firewall zu öffnen.

11.2.2   Der Logfile-Parser logwatch

 Das regelmäßige Durchforsten von Logfiles kann sehr mühsam
und zeitaufwendig sein. Glücklicherweise gibt es ein sehr nützli-
ches Tool namens logwatch. Das Tool durchsucht verschiedenste
Log-Dateien, bereitet diese übersichtlich auf und verschickt die
Berichte anschließend wahlweise an eine definierte E-Mail-
Adresse oder schreibt das Ergebnis in eine Datei.

Wir installieren logwatch mithilfe des Ports sysutils/logwatch. Nachdem die
Installation abgeschlossen ist, passen wir die Konfiguration in der Datei
/usr/local/etc/logwatch/defaults/logwatch.conf an.

Folgende Parameter sind dabei wichtig:

- LogDir: Das Verzeichnis, in dem die Logfiles abgelegt sind, die es zu verarbei-
  ten gilt
- TmpDir: Das temporäre Verzeichnis zur Ausführung des Skripts
- MailTo: Die E-Mail-Adresse, an die der Bericht geschickt werden soll
- MailFrom: Der Absender der E-Mail-Berichte (muss keine E-Mail-Adresse
  sein)
- Print: Ist dieser Parameter auf »Yes« gesetzt, wird das Ergebnis bei der Skript-
  ausführung angezeigt.
- Range: yesterday bedeutet, dass die Logeinträge von gestern verarbeitet wer-
  den sollen, today bezeichnet die von heute, und all bedeutet »alle«.
- Detail: Eine Zahl im Bereich von 0 bis 10, die den Detaillierungsgrad angibt,
  wobei 10 sehr detailliert ist.

Um logwatch nun jeden Tag um 7 Uhr auszuführen, tragen wir folgende Zeile in
die Crontab-Tabelle /etc/crontab ein:

```
0  7  *  *  *  root  perl /usr/local/sbin/logwatch.pl
```

Logwatch: http://www.logwatch.com/

11.2.3 Der Logging-Daemon rsyslog

FreeBSD wird mit dem Logging-Dienst syslog und dem Logfile-Management-Service newsyslog ausgeliefert. Wir werden einen anderen Logging-Dienst installieren, der syslog ersetzt und etwas flexibler ist, da er es unter anderem ermöglicht, Ereignisse in eine MySQL-Datenbank anstatt in Dateien zu schreiben. newsyslog werden wir weiterhin nutzen.

Wenn das Logging in eine MySQL-Datenbank erfolgt, können wir leichter Auswertungen machen und so sicherstellen, dass uns keine wichtige Meldung entgeht.

Falls Du mehrere Server betreibst oder die Daten Deiner Jails zentral halten willst, bietet Dir rsyslog die Möglichkeit, alle Logs an einen zentralen Server zu schicken. Das ist auch dann von Vorteil, wenn ein Server kompromittiert wurde, denn dann kann der Eindringling die Logfiles nicht manipulieren, um Spuren zu verwischen.

Wir werden syslog komplett durch rsyslog ersetzen. Mithilfe des Ports sysutils/rsyslog5 installieren wir die aktuelle Version. Da wir in eine MySQL-Datenbank schreiben wollen, installieren wir das rsyslog-Modul mithilfe des Ports sysutils/ rsyslog5-mysql.

---

rsyslog: http://www.rsyslog.com/

11.2.3.1 syslog ersetzen

Zunächst müssen wir syslog beenden.

```
# /etc/rc.d/syslogd stop
```

Folgende Zeilen tragen wir in die /etc/rc.conf ein, um syslog vollständig zu deaktivieren und rsyslog zu aktivieren:

```
syslogd_enable="NO"
rsyslogd_enable="YES"
```

In newsyslog ist der Pfad zum PID-File von syslog einprogrammiert und lässt sich nicht übersteuern. Daher legen wir den Pfad zu dieser Datei, die rsyslog beim Start anlegen wird, in der globalen /etc/rc.conf auf den gleichen Pfad fest.

```
rsyslogd_pidfile="/var/run/syslog.pid"
```

Jetzt kopieren wir die bestehende syslog-Konfiguration an die Stelle, an der rsyslog seine Konfiguration erwartet.

```
# cp /etc/syslog.conf /usr/local/etc/rsyslog.conf
```

Folgende Zeilen fügen wir am Anfang der `rsyslog.conf` ein, um MySQL als Ausgabeoption zu aktivieren.

```
$ModLoad immark.so
$ModLoad imuxsock.so
$ModLoad imklog.so
$ModLoad ommysql
```

11.2.3.2 MySQL-Server konfigurieren

Zunächst solltest Du einen eigenen MySQL-Benutzer und eine Datenbank anlegen.

```
mysql> GRANT ALL PRIVILEGES ON db_rsyslog.* TO \
    'db_rsyslog'@'%' IDENTIFIED BY '<PASSWORT>' \
    WITH GRANT OPTION;
```

Das nachfolgende Skript erstellt die für `rsyslog` erforderlichen Tabellen in der genannten Datenbank.

```
CREATE TABLE SystemEvents (
    ID int unsigned not null auto_increment primary key,
    CustomerID bigint,
    ReceivedAt datetime NULL,
    DeviceReportedTime datetime NULL,
    Facility smallint NULL,
    Priority smallint NULL,
    FromHost varchar(60) NULL,
    Message text,
    NTSeverity int NULL,
    Importance int NULL,
    EventSource varchar(60),
    EventUser varchar(60) NULL,
    EventCategory int NULL,
    EventID int NULL,
    EventBinaryData text NULL,
    MaxAvailable int NULL,
    CurrUsage int NULL,
    MinUsage int NULL,
    MaxUsage int NULL,
    InfoUnitID int NULL ,
    SysLogTag varchar(60),
    EventLogType varchar(60),
    GenericFileName VarChar(60),
    SystemID int NULL
);
```

```
CREATE TABLE SystemEventsProperties (
    ID int unsigned not null auto_increment primary key,
    SystemEventID int NULL ,
    ParamName varchar(255) NULL ,
    ParamValue text NULL
);
```

11.2.3.3 rsyslog konfigurieren

In der `rsyslog.conf` müssen wir nun angeben, welche Meldungen in die MySQL-Datenbank geschrieben werden sollen. Am Anfang der Zeile steht die Art der Meldungen, die wir konfigurieren wollen, und die Parameter dahinter geben an, wie wir diese protokollieren wollen.

```
local0.*:ommysql:10.0.0.1,db_rsyslog,db_rsyslog,<PASSWORT>
```

Diese Zeile gibt demnach an, dass die Gruppe `local0` ihre Protokolle an den Datenbankserver mit der IP-Adresse 10.0.0.1 senden und dort in die Datenbank `db_rsyslog` schreiben soll. Für die Authentifizierung werden der Benutzer `db_rsyslog` und das Passwort `<PASSWORT>` verwendet. Hier müssen wir nun für jede Gruppe die Protokollierung entsprechend konfigurieren.

> **Hinweis:** Du solltest nur root das Lesen der `/usr/local/etc/rsyslog.conf` erlauben.

Wenn Du jetzt `rsyslog` startest, sollten die ersten Protokolleinträge in die Datenbank geschrieben werden.

11.3 Kombinierte Überwachung mit munin

Seinen Server immer im Auge zu haben ist – wie wir bereits gelernt haben – eine der Hauptaufgaben eines Administrators. Wie wir unsere Dienste im Auge behalten können, haben wir uns bereits angesehen, und auch, wie wir Festplatten und CPU-Daten überwachen, haben wir bereits erfahren.

Mithilfe des Tools munin lässt sich die Überwachung von Hardware und Software in einer ansprechenden grafischen Weboberfläche kombinieren, wobei »Überwachung« eher als Monitoring zu verstehen ist, da munin lediglich aufzeichnet und grafisch darstellt, aber nicht eingreift. Wir können munin allerdings so konfigurieren, dass es uns eine E-Mail schickt, sobald sich etwas gravierend ändert, beispielsweise wenn die CPU-Auslastung stark nach oben ausschlägt.

Die Vorteile von munin sind die Client/Server-Architektur, die es uns erlaubt, die Daten zahlreicher Server auf einem zentralen munin-Server zu sammeln, und

die große Sammlung an Plug-ins, dank denen es fast nichts gibt, das nicht überwacht werden kann.

Allerdings hat munin auch Nachteile: Erstens läuft auf jedem zu überwachenden System ein Client, der regelmäßig per Cronjob ausgeführt wird. Die System-
Performance kann darunter leiden. Zweitens kann munin keine permanente
Überwachung bieten, da das kleinste Prüfintervall bei ca. 5 Minuten liegt, was
gerade bei der Fehlersuche zu ungenau sein kann.

Wie bereits erwähnt wurde, besteht munin aus zwei Komponenten, dem
Master und vielen sogenannten Nodes. Für beide Komponenten gibt es eigene
Ports in unserem Portstree, wobei der Master auf dem zentralen Server installiert
wird und der Node auf jedem der zu überwachenden Clients.

---

munin: http://munin-monitoring.org/

11.3.1   Den Master konfigurieren

Zunächst installieren wir den zentralen munin-Master. Dieser
nimmt die Daten der Clients entgegen und erstellt daraus die Grafiken und HTML-Dateien, die Du dann im Browser ansehen und
auswerten kannst.

Wir installieren den Master mithilfe des Ports `sysutils/`
`munin-master`. Nachdem die Installation der zahlreichen Abhängigkeiten abgeschlossen ist, befinden sich die Konfigurationsdateien im Verzeichnis `/usr/local/etc/munin/`.

Falls Du über signifikante Änderungen informiert werden willst, musst Du
folgenden Parameter setzen:

```
contact.BENUTZER.command mail -s "Munin notification" \
     hostmaster@example.com
```

`BENUTZER` ist dabei nur eine Art Alias und kann frei gewählt werden. Du solltest
aber für jede zu informierende Person einen eigenen Alias verwenden. Zudem
musst Du natürlich die E-Mail-Adresse entsprechend anpassen.

Der Parameter `htmldir` gibt das Verzeichnis an, in dem die erzeugten Grafiken
und HTML-Dateien abgelegt werden sollen. Da Du für den Zugriff auf die
Weboberfläche einen Webserver benötigst, kannst Du hier entweder Dein Web-
Root angeben, oder Du belässt es bei dem Standardwert und legst einen Symlink
mit Verweis auf Dein Web-Root an.

Für jeden zu überwachenden Client müssen wir die folgenden drei Zeilen eintragen, wobei der in eckigen Klammern stehende Name derjenige ist, unter dem
die Clients logisch zusammengefasst werden sollen.

Der Parameter `address` enthält die IP-Adresse des zu überwachenden Clients, und der Parameter `use_node_names` gibt an, dass der Hostname und nicht die IP-Adresse auf der Weboberfläche angezeigt wird.

```
[www.example.com]
    address xxx.xxx.xxx.xxx
    use_node_name yes
```

In der `/etc/rc.conf` müssen wir den Service nun noch aktivieren. Hierzu tragen wir folgende Zeile ein:

```
munin_enable="YES"
```

Nach dem Start beginnt munin nun damit, die empfangenen Daten in Grafiken und HTML-Dateien umzuwandeln.

11.3.2   Clients konfigurieren

Auf jedem Server, der überwacht werden soll, muss der Port `sysutils/munin-node` installiert sein. Dabei definiert jeder Client mithilfe von Plug-ins selbst, welche Dienste überwacht werden sollen.

Die Konfiguration des Clients erfolgt in der Datei `/usr/local/etc/munin/munin-node.conf`. Hier legen wir zunächst fest, an welche IP-Adresse sich der Node binden soll.

```
host xxx.xxx.xxx.xxx
```

Der Parameter port gibt an, auf welchem Port der Node erreichbar sein soll. Standardmäßig ist das 4949.

Zudem müssen wir angeben, welcher Master Zugriff auf den Node hat. Dies erzielen wir mit RegEx-Zeilen im folgenden Format, wobei Du hier die Adresse des Masters angeben musst.

```
allow ^xxx\.xxx\.xxx\.xxx$
```

Die Standardinstallation von munin bringt bereits eine Vielzahl Plug-ins mit. Diese liegen im Verzeichnis `/usr/local/share/munin/plugins/` und können von dort per Symlink in das Verzeichnis `/usr/local/etc/munin/plugins/` installiert werden.

In den meisten Plug-ins ist eine kurze Installationsanleitung in den ersten Zeilen innerhalb des Skripts hinterlegt, die unbedingt zu befolgen ist, da sie je nach Plug-in unterschiedlich sein kann. Die Plug-ins an sich werden in der Datei `/usr/local/etc/munin/plugin-conf.d/plugins.conf` konfiguriert.

Da manche Plug-ins auf Informationen zugreifen, die nicht jedem Benutzer zugänglich sind, kannst Du mit dem Parameter user festlegen, unter welchem Benutzer das Plug-in Informationen sammeln soll.

> **Hinweis:** Es gibt Erweiterungen, die ihren Namen als Konfigurationsparameter verwenden. Beispielsweise zeichnet das Plug-in if_* den Datentransfer von Netzwerkkarten auf. Du musst es allerdings in if_re0 umbenennen, sodass der Datenverkehr vom Interface re0 aufgezeichnet wird.

Abhängig vom Plug-in kannst Du ihm Umgebungsvariablen übergeben. Diese kannst Du wie folgt setzen:

```
[dhcp3]
env.configfile /usr/local/etc/dhcpd.conf
env.leasefile /var/db/dhcpd.leases
```

In eckigen Klammern steht der Name des Plug-ins. In diesem Beispiel übergeben wir dem Plug-in dhcp3 die Variable configfile mit dem Wert /usr/local/etc/dhcpd.conf und die Variable leasefile mit dem Wert /var/db/dhcpd.leases.

Wenn der Client so weit konfiguriert ist, müssen wir lediglich die Firewall entsprechend anpassen, sodass der munin-Node auf dem Port 4949 vom Master aus erreichbar ist.

In der /etc/rc.conf müssen wir für den Node keinen Eintrag vornehmen, da bei der Installation des Ports bereits ein Cronjob angelegt wurde, der in regelmäßigen Abständen die Informationen zusammenstellt.

Sobald Du die Plug-ins fertig konfiguriert, die IP-Adresse des Node in die Konfiguration des Master eingetragen und diesen neu gestartet hast, sollten nach ein paar Minuten die ersten Diagramme auf der Weboberfläche von munin erscheinen.

> **Hinweis:** Falls keine Grafiken dargestellt werden, helfen die Log-Dateien im Verzeichnis /var/log/ wie immer weiter. Den Parameter log_level musst Du in der munin.conf bzw. munin-node.conf erhöhen.

11.4 Einbruchsversuche erkennen und abwehren

Wenn ein Server angegriffen und erfolgreich kompromittiert wurde, bedeutet das für den Administrator sehr viel Arbeit und für den Betreiber gegebenenfalls hohe Kosten.

Um einen Angriff frühzeitig zu erkennen, können wir uns verschiedene Werkzeuge zunutze machen, die unsere Services im Auge haben, und bei Auffälligkeiten erste Gegenmaßnahmen ergreifen.

11.4.1   Ports überwachen mit portsentry

Um die Schwachstellen eines Servers auszukundschaften, wird
meist in einem Schritt ein Port-Scan durchgeführt, mit dem versucht wird, festzustellen, welche Dienste ein Server bereitstellt
und wie er gegebenenfalls erfolgreich angegriffen werden könnte.

Mit portsentry haben wir ein Werkzeug, mit dem wir solche
Scans frühzeitig feststellen können, wodurch wir Gelegenheit
haben, darauf zu reagieren. Portsentry lauscht auf den von uns angegebenen
Ports und erkennt anhand von Verbindungsversuchen, ob jemand unseren Server
im Visier hat.

Um uns die Dienste von portsentry zunutze zu machen, installieren wir daher
den Port security/portsentry. Anschließend müssen wir die Konfiguration unter
/usr/local/etc/portsentry.conf anpassen. Wichtig sind dabei die folgenden Parameter:

- TCP_PORTS: Hier geben wir eine durch Kommata getrennte Liste von Ports an,
  auf denen portsentry lauschen soll. Es wird nicht empfohlen, Ports > 1023 zu
  überwachen, da dies die Wahrscheinlichkeit auf einen False-Positive erhöht.
- UDP_PORTS: Das Gleiche gilt für die UDP-Ports.
- ADVANCED_EXCLUDE_TCP: Mithilfe dieses Parameters kannst Du Ports definieren,
  auf denen nicht gelauscht werden soll.
- IGNORE_FILE: Hier können wir den Pfad zu einer Datei angeben, die eine Liste
  mit IP-Adressen enthält, die nicht geblockt werden sollen, egal ob sie nach
  offenen Ports suchen oder nicht.
- HISTORY_FILE: Hier geben wir den Pfad zur History-Datei an. Diese pflegt
  portsentry automatisch. Darin werden Hosts eingetragen, die irgendwann
  einmal geblockt wurden.
- BLOCKED_FILE: Die Datei, die wir hier angeben, enthält die geblockten Hosts
  seit dem letzten Neustart.
- RESOLVE_HOST: Entweder 1 oder 0, wobei 1 bedeutet, dass IP-Adressen aufge-
  löst und deren Hostname bestimmt wird. Ich empfehle, diese Einstellung zu
  aktivieren, falls Du an einer Rückverfolgung interessiert bist. Bei hoher Last
  solltest Du sie besser deaktivieren.
- BLOCK_TCP: 0 bedeutet, keine TCP-Scans zu blocken, 1 bedeutet, TCP-Scans zu
  blocken, und 2 bedeutet, einen externen Befehl auszuführen (siehe Parameter
  KILL_RUN_CMD).
- BLOCK_UDP: Siehe BLOCK_TCP.
- KILL_ROUTE: Der Befehl, der hier angegeben ist, wird ausgeführt, falls Du
  BLOCK_TCP/UDP auf 1 gesetzt hast, und sollte bewirken, dass der Angreifer aus-
  gesperrt wird. »$TARGET$« wird dabei durch die zu blockende IP-Adresse
  ersetzt, »$PORT$« durch den gescannten Port.

- KILL_RUN_CMD: Hier kannst Du – vergleichbar mit dem Parameter KILL_ROUTE – einen Befehl angeben, der ausgeführt wird, wenn ein Host gesperrt wird.
- KILL_RUN_CMD_FIRST: 0 bedeutet, dass der Befehl in KILL_RUN_CMD nach der Sperrung ausgeführt wird, und 1 bedeutet, dass er vorher ausgeführt wird.
- SCAN_TRIGGER: Hier gibst Du die Anzahl der Scans je IP-Adresse an, die erkannt werden müssen, um eine Aktion auszulösen.

Falls Du in der Firewall-Konfiguration eine Tabelle definiert hast, die darin enthaltene IP-Adressen blockt (siehe Kapitel 7.3, »Spezielle pf-Konfigurationen«), kannst Du folgenden Befehl in den Parameter KILL_ROUTE schreiben:

```
/sbin/pfctl -t bruteforce -T add $TARGET$
```

Um portsentry nun zu aktivieren, tragen wir folgende Zeile in die /etc/rc.conf ein:

```
portsentry_enable="YES"
```

> **Hinweis:** Portsentry kann natürlich nur dann erfolgreich arbeiten, wenn die entsprechenden Ports aus TCP_PORTS und UDP_PORTS geöffnet sind. Allgemein ist aber zu sagen, dass eine geschlossene Firewall sicherlich vorzuziehen ist. Des Weiteren muss Dir klar sein, dass Portscans nicht nur für Angriffe verwendet werden, sondern auch beispielsweise von Monitoring-Diensten, um festzustellen, ob der Server noch läuft.

Um den KILL_ROUTE-Befehl nutzen zu können, muss die Firewall entsprechend konfiguriert sein. Lies Dir gegebenenfalls nochmals das Firewall-Kapitel durch. Anschließend können wir portsentry starten.

Sentry Tools: http://sourceforge.net/projects/sentrytools/

11.4.2 Einfache Integritätsprüfung mit freebsd-update

Die Integrität eines Systems zu überprüfen ist keine Präventivmaßnahme, um Einbrüche zu verhindern. Vielmehr kann sie dabei behilflich sein, nach einem Einbruch beziehungsweise bei Einbruchsverdacht zu prüfen, ob wichtige Systemkomponenten manipuliert wurden.

Um die Integrität eines FreeBSD-Systems zu überprüfen, können wir mit dem folgenden Befehl die Prüfsummen wichtiger Systemdateien mit denen eines vertrauenswürdigen FreeBSD-Servers vergleichen:

```
# freebsd-update IDS
```

Sollten Prüfsummen nicht übereinstimmen, können wir gezielt untersuchen, worin sich die Dateien unterscheiden und wie es zu dieser Abweichung kam.

11.5 Zusammenfassung

Die Serverüberwachung gehört zum täglichen Brot eines Systemadministrators. Er muss Anzeichen für Hardwareausfälle, Leistungsgrenzen und Angriffe auf das System erkennen können.

Dank der Werkzeuge, die wir uns gerade angesehen haben, können wir uns die Überwachung etwas vereinfachen. Grafische Auswertungen zeigen uns den Gesundheitszustand der Hardware an, und monit kümmert sich um die Verfügbarkeit der Dienste.

12 Für Fortgeschrittene

Das vorliegende Kapitel ist für Dich gedacht, wenn Du die vorherigen Kapitel ohne größere Probleme durcharbeiten und gegebenenfalls aufgetretene Probleme ohne größere Schwierigkeiten beheben konntest.

> **Hinweis:** Ein paar der nachfolgenden Tutorials greifen tief in das System ein und können zu Datenverlust führen. Um Dir unnötigen Ärger zu ersparen, empfehle ich Dir eindringlich, zuvor ein Backup – zumindest der wichtigsten Daten – anzulegen oder die Anleitungen auf einem Testsystem auszuprobieren.

12.1 Software-RAID1 mit gmirror

Unter »RAID« versteht man grundsätzlich das Zusammenschließen von mindestens zwei unabhängigen Laufwerken (engl. »Redundant Array of Independent Disks«). Wie Du sicherlich weißt, gibt es verschiedene Arten von RAIDs. Die wohl bekanntesten sind RAID0 (sog. »striping«), RAID1 (sog. »mirroring«) und RAID5, eine Art Mischform.

Wir erstellen ein Software-RAID1 mithilfe von gmirror. Hierfür müssen wir den Server von einem der FreeBSD-Installationsmedien starten, das eine Shell bereitstellt.

> **Hinweis:** Im Folgenden erstelle ich das RAID mit den gleich großen Festplatten ada0 und ada1. Deine Festplatten heißen eventuell anders. Achte daher darauf, dass Du die richtigen Namen verwendest, um Überraschungen bzw. Datenverlust zu vermeiden. Zudem sollten die Festplatten gleich groß sein.

Nach dem Neustart des Servers von der FreeBSD-DVD wählen wir im von der Erstinstallation bekannten Tool bsdinstall den Menüpunkt Live CD, woraufhin wir nach Eingabe des Benutzernamens root auf der Konsole landen.

Die nachfolgenden Schritte führen wir alle in dieser Live-Umgebung aus, auch wenn die Darstellung der normalen System-Shell entspricht. Die Tastenbelegung kann allerdings von Deiner abweichen.

> **Hinweis:** FreeBSD 9 verwendet standardmäßig GPT-Partitionen, deren Partitionstabellen am Anfang und am Ende des verfügbaren Speicherbereichs abgelegt werden. Da gmirror seine Metadaten ebenfalls am Ende ablegt, können wir kein RAID für die gesamte Festplatte anlegen, sondern müssen die Partitionen einzeln spiegeln.

12.1.1 Partitionstabellen abgleichen

 Bevor wir beginnen, stellen wir sicher, dass die Partitionierung beider Festplatten identisch ist. Wir tun dies, indem wir die Partitionstabellen der ersten Festplatte auf die zweite Festplatte übertragen, wobei ich davon ausgehe, dass FreeBSD auf die erste Festplatte installiert wurde.

Mit folgendem Befehl schauen wir uns die aktuelle Partitionierung an:

```
# gpart show
```

Die Ausgabe sieht bei der Standardpartitionierung beispielsweise so aus:

```
=> 34          134217661   ada0 GPT     (64G)
   34          128         1 freebsd-boot (64k)
   162         125828992   2 freebsd-ufs  (60G)
   125829154   6709248     3 freebsd-swap (3.2G)
   132538402   1679293     - free -       (820M)
```

Hieraus können wir erkennen, dass auf ada0 der Master Boot Record (kurz: MBR), die Swap-Partition und das Wurzelverzeichnis, das mit dem UFS-Dateisystem formatiert ist, abgelegt sind.

Nun sichern wir die Partitionstabelle, um sie anschließend auf die zweite Festplatte ada1 zu übertragen.

```
# gpart backup ada0 > /root/ada0.gpt
```

> **Hinweis:** Stelle sicher, dass Du die Daten auf der zweiten Festplatte nicht mehr benötigst bzw. ein Backup hast. Vergewissere Dich, dass Du die richtige Festplatte verwendest, um ungewollten Datenverlust zu vermeiden.

Mit folgenden Befehlen übertragen wir die gerade gesicherten Tabellen auf die zweite Festplatte. Anschließend sollten beide identisch partitioniert sein.

```
# gpart restore -F /dev/ada1 < /root/ada0.gpt
```

Jetzt sollte die Ausgabe von gpart show identische Speicherbereiche für ada0 und ada1 ausweisen.

12.1.2 Partitionen spiegeln

Zunächst laden wir das Kernelmodul gmirror und führen die not-
wendigen Schritte durch, um die Festplatten im RAID1 zu verbin-
den. Ohne dieses Modul ist es nicht möglich, gmirror-Befehle
auszuführen.

```
# gmirror load
```

Wir legen in diesem Beispiel drei sogenannte »geoms« an: boot, tank und swap.
Unter diesen werden die beiden Festplatten zusammengefasst. Der erste »geom«
enthält demnach den gespiegelten Master Boot Record, der zweite das gespiegelte
Wurzelverzeichnis und der letzte die gespiegelte Swap-Partition.

> **Hinweis:** Es gibt unterschiedliche Meinungen darüber, ob eine Swap-Partition gespie-
> gelt werden sollte oder nicht. Falls Du sie nicht spiegeln möchtest, kannst Du sie ein-
> fach weglassen.

```
# gmirror label -vb round-robin boot /dev/ada0p1

# gmirror label -vb round-robin tank /dev/ada0p2

# gmirror label -vb round-robin swap /dev/ada0p3
```

Nun müssen wir noch die Partitionen der zweiten Festplatte in den RAID-Verbund einbinden.

```
# gmirror insert boot /dev/ada1p1

# gmirror insert tank /dev/ada1p2

# gmirror insert swap /dev/ada1p3
```

Dieser letzte Schritt dauert abhängig von der Partitionsgröße und Festplattenge-
schwindigkeit unterschiedlich lange, da die Partitionen einmalig synchronisiert
werden müssen. Den aktuellen Fortschritt kannst Du mit folgendem Befehl überprüfen:

```
# gmirror status
```

Wenn der Status von DEGRADED auf COMPLETE gewechselt hat, hängen wir die gespiegelte Wurzelpartition im geom tank in das Verzeichnis /mnt/.

```
# mount /dev/mirror/tank /mnt/
```

Diesen Schritt führen wir aus, sodass wir unsere /boot/loader.conf und /etc/fstab
anpassen können.

```
# echo `geom_mirror_load="YES"` >> /mnt/boot/loader.conf
```

Dieser Befehl trägt die notwendige Zeile in die Boot-Konfiguration unserer
FreeBSD-Installation ein.

In der Mount-Point-Konfiguration /etc/fstab müssen wir nun noch unsere Device-Namen austauschen. Anstelle von /dev/ada0p2 bzw. /dev/ada0p3 tragen wir jetzt /dev/mirror/tank bzw. /dev/mirror/swap ein.

> **Hinweis:** Achte auch hier wieder darauf, dass die Bezeichnungen abweichen können.

Sobald die Partitionen vollständig synchronisiert sind, können wir den Server neu starten. Ab diesem Zeitpunkt wird jeder Schreibvorgang auf beiden Festplatten gleichzeitig vorgenommen.

Wenn das System nun vom RAID-Verbund gestartet ist, tragen wir folgende Zeile in die /etc/periodic.conf ein, sodass wir regelmäßig in den Status-E-Mails über den Zustand des RAIDs informiert werden.

```
daily_status_gmirror_enable="YES"
```

12.1.3   RAID-Verbund wiederherstellen

 Ab und an kommt es vor, dass eine Festplatte kaputtgeht. Tritt dieser Fall ein, so haben wir mit unserem RAID1 eine gute Ausgangsbasis, um den Schaden so gering wie möglich zu halten.

Fällt eine Festplatte aus, werden die Partitionen im RAID mit dem Status DEGRADED versehen. Um den Festplattenverbund nun wieder zu vervollständigen, müssen wir zwei Dinge tun.

Zunächst müssen wir gmirror mitteilen, dass es die zweite Festplatte vergessen soll, da sie im Falle eines Defekts nicht wieder eingebunden wird. Für diesen Fall verwenden wir folgende Befehle:

```
# gmirror forget boot

# gmirror forget tank

# gmirror forget swap
```

Jetzt zeigt uns die Ausgabe von gmirror status wieder an, dass das RAID COMPLETE ist, was allerdings nur teilweise stimmt, da wir ja ein RAID1 betreiben wollen, das nun einmal aus zwei Festplatten besteht.

Als zweiten Schritt müssen wir nun die neue Festplatte, die die kaputte ersetzen soll, wieder in den Verbund einfügen. Hierfür übertragen wir wie schon zu Beginn die Partitionstabellen auf die neue Festplatte. Anschließend fügen wir ebenfalls wie bereits zuvor die zweite Festplatte in den Verbund ein.

```
# gmirror insert boot /dev/ada1p1

# gmirror insert tank /dev/ada1p2

# gmirror insert swap /dev/ada1p3
```

> **Hinweis:** In diesem Beispiel gehe ich davon aus, dass /dev/ada1 der Name der neuen Festplatte ist. Bei Dir kann sie auch ada0 oder ganz anders heißen.

Nach dem letzten Befehl beginnt gmirror damit, das RAID wiederherzustellen. Sobald der Vorgang abgeschlossen ist, erscheint in der /var/log/messages ein Hinweis darauf, dass das RAID wieder vollständig ist.

> **Hinweis:** Während der Wiederherstellung ist das System ganz normal erreichbar. Auch ein abschließender Neustart ist nicht erforderlich, allerdings wirst Du Einbußen in der Performance feststellen.

12.2 Loadbalancer und Reverse Proxies

Hochverfügbarkeit ist in der heutigen Zeit eines der Kernthemen, wenn es um die Planung von IT-Systemen geht. Häufig wird dabei nur an die Lastverteilung auf mehrere Webserver gedacht, aber auch andere Services können bei stark belasteten Systemen in die Knie gehen. Die Verteilung der Anfragen auf verschiedene Systeme übernimmt in der Regel ein sogenannter Reverse Proxy bzw.
Loadbalancer. Er kann allerdings auch SSL-Verbindungen entschlüsseln und mit den Backends über unverschlüsselte Verbindungen kommunizieren. Das vereinfacht die Zertifikatverwaltung und kann gleichzeitig Services, die SSL nicht unterstützen, SSL-fähig machen.

Abgesehen davon kann sich ein Reverse Proxy auch positiv auf die Performance auswirken. Statische Inhalte können beispielsweise mithilfe von Caching direkt vom Proxy ausgeliefert werden, sodass Anfragen erst gar nicht den eigentlichen Webserver belasten.

Wir werden uns vier Reverse Proxies anschauen, die sich durch unterschiedlichen Funktionsumfang auszeichnen. Der erste, pound, unterstützt Loadbalancing von HTTP- und HTTPS-Verbindungen und kann somit als SSL-Wrapper fungieren.

Als zweiten schauen wir uns HAproxy an. Dieser unterstützt zwar kein Caching, ist aber in Bezug auf Loadbalancing-Funktionen sicherlich das leistungsfähigste der hier vorgestellten Programme und unterstützt beispielsweise auch SMTP- und MySQL-Verbindungen.

Das Multitalent nginx ist der dritte Reverse Proxy bzw. Loadbalancer im Bunde, und wir haben ihn bereits als Webserver kennengelernt. nginx unterstützt nicht nur SSL, sondern auch das Caching.

Zu guter Letzt schauen wir uns noch balance an. Dieser Loadbalancer ist sehr einfach zu konfigurieren und unterstützt die Lastverteilung für sämtliche TCP-basierten Dienste, also beispielsweise auch für MySQL-Verbindungen.

Welchen der hier vorgestellten Dienste Du letztlich einsetzen willst, hängt von Deinen Anforderungen ab. Auch eine Kombination aus den vieren ist denkbar. Für reines Loadbalancing ohne SSL empfehle ich Dir HAproxy. Dieser ist leicht zu konfigurieren und unterstützt eine Vielzahl von Mechanismen, anhand derer die Last verteilt werden kann.

12.2.1   pound (ohne Caching)

 Wir installieren pound mithilfe des Ports www/pound. Anschließend tragen wir in der /etc/rc.conf folgende Zeile ein, um pound zu aktivieren:

```
pound_enable="YES"
```

pound sucht nach seiner Konfiguration in der Datei pound.cfg unter /usr/local/etc/. Darin werden Services definiert, wobei ein Service mit einem Virtual Host eines Webservers vergleichbar ist.

Ein Service hat ein oder mehrere Backends, an die Anfragen weitergeleitet werden. Fällt ein Backend aus, wird es in regelmäßigen Abständen auf seine Verfügbarkeit hin überprüft. Solange es nicht verfügbar ist, werden keine Anfragen mehr dorthin weitergeleitet.

Zunächst legen wir grundlegende Parameter fest. Diese sehen wie folgt aus:

```
LogLevel    0
Alive       5
User        "nobody"
Group       "nobody"
```

Wir wollen nichts protokollieren, daher setzen wir das LogLevel auf 0. Bei der Fehlersuche ist ein höheres LogLevel nützlich. Zudem weisen wir pound an, unter dem Benutzer nobody zu arbeiten.

Nun definieren wir einen sogenannten *Listener*. pound kennt zwei Arten von Listenern: einen für HTTP und einen für HTTPS. Ein Listener kann dabei mehrere der bereits erwähnten Services enthalten.

```
ListenHTTP
    Address xxx.xxx.xxx.xxx
    Port 80
    RewriteLocation 0
    RewriteDestination 0
End
```

Falls Du ReWrite-Regeln verwendest, musst Du RewriteLocation und RewriteDestination auf 0 setzen, da es sonst zu einer Endlosschleife kommt. Innerhalb dieses Listeners, also hinter RewriteDestination 0, legen wir nun einen Service an. Dieser sieht wie folgt aus:

```
Service
   HeadRequire "Host: .*example.com.*"
   HeadDeny "Host: .*example.org.*"

   BackEnd
      Address 10.0.0.2
      Port 80
   End

   BackEnd
      Address 192.168.0.15
      Port 80
   End

   Session
      Type IP
      TTL 300
   End

End
```

Mit HeadRequire definieren wir ein Muster, mit dem die URL einer Anfrage abge-
glichen wird. HeadDeny legt dabei ein URL-Schema fest, das an diesen Service nicht
weitergeleitet werden darf.

Die beiden BackEnd-Abschnitte geben jeweils einen verfügbaren Zielserver
und den Port an, an den die Anfragen weitergeleitet werden können.

Mit dem Session-Abschnitt wird definiert, wie Sessions identifiziert werden.
Alternativ kann dies über einen URL-Parameter erfolgen und sähe dann wie folgt
aus:

```
Session
   Type PARAM
   ID "id"
   TTL 300
End
```

Wenn Du nun die Konfiguration an Deine Bedürfnisse angepasst hast, können
wir pound starten und die Firewall konfigurieren. Anfragen an Port 80 müssen nun
auf den Host weitergeleitet werden, auf dem pound läuft, und nicht mehr direkt
an den Webserver, der beispielsweise in einer Jail betrieben wird.

Logging anpassen

Falls Du Webserveranfragen protokollierst – was zu empfehlen ist –, wirst Du
feststellen, dass nun immer die IP-Adresse, und zwar die von pound, in den Log-
Einträgen steht. Daher passen wir das Log-Format an, sodass die IP-Adresse des
Clients wieder erscheint. Hierzu nehmen wir die Variable $http_x_forwarded_for
in den Parameter log_format unserer nginx-Konfiguration mit auf.

> **Hinweis:** Falls Du einen anderen Webserver einsetzt, musst Du die Konfiguration so anpassen, dass der »X-Forwarded-For«-Header protokolliert wird. Wie das geht, ist im Handbuch des entsprechenden Servers beschrieben.

pound: http://www.apsis.ch/pound/

12.2.2 HAproxy (ohne Caching)

> **Hinweis:** HAproxy ist der schnellste und ausgereifteste der hier vorgestellten Loadbalancer. Er unterstützt allerdings kein SSL. Solltest Du auch SSL-Verbindungen gleichmäßig verteilen wollen, musst Du – zumindest für die SSL-Verbindungen – auf pound oder nginx zurückgreifen.

 HAproxy ist ein Loadbalancer, und nur ein Loadbalancer. Dabei unterstützt HAproxy nicht nur die Lastverteilung auf Webserver, sondern praktisch sämtliche IP-basierten Protokolle. Damit ist `Balance` recht ähnlich, das wir in einem späteren Kapitel noch kennenlernen werden.

HAproxy ist sehr ressourcenschonend und schnell. Es unterstützt verschiedene Verfahren der Lastverteilung. Am interessantesten ist allerdings das »Least Connection Routing«. Hier wird eine Statustabelle geführt, in der festgehalten wird, welches Zielsystem wie viele aktive Verbindungen hat. Das System mit der niedrigsten Auslastung erhält die nächste Anfrage.

In Verbindung mit einem Monitoring-Mechanismus, der prüft, ob das Zielsystem noch erreichbar ist, lässt sich so ein sehr performantes System aus mehreren Systemen aufbauen.

Die Installation erfolgt mithilfe des Ports `net/haproxy`. Anschließend erstellen wir den Benutzer `haproxy`, unter dem wir später HAProxy betreiben werden.

```
# pw user add haproxy -s /sbin/nologin
```

Unsere Konfiguration erstellen wir in der Datei `/usr/local/etc/haproxy.conf`, die nach der Installation noch nicht existiert.

Die Konfigurationsmöglichkeiten von HAProxy sind sehr vielseitig und sehr gut dokumentiert. Wir werden uns daher hier nur ein Beispiel ansehen, wobei wir HAProxy zentral auf einem Server betreiben werden, der die HTTP-Anfragen anhand des bereits angesprochenen »Least-Connection«-Algorithmus auf vier Backend-Server verteilen wird.

```
global
    user      haproxy
    group     haproxy
    daemon
    maxconn 10000
    log /var/run/log local0 notice err

defaults
    log         global
    mode        http
    option      httplog
    option      dontlognull
    option      redispatch
    option      httpclose
    option      forwardfor
    option      httpchk
    retries     3
    contimeout  5000
    clitimeout  50000
    srvtimeout  50000

frontend frontend01
    bind        xxx.xxx.xxx.xxx:80
    default_backend serverset01

backend serverset01
    balance leastconn
    stats enable
    stats auth <BENUTZERNAME>:<PASSWORT>
    stats uri /haadmin
    option httpchk HEAD /status.php HTTP/1.1\r\nHost:\ health.local
    cookie SERVERID insert nocache indirect

server   server_1  10.0.0.2:80        cookie  maxconn 5000  check
server   server_2  192.168.0.15:80    cookie  maxconn 5000  check
server   server_3  192.168.10.5:80    cookie  maxconn 5000  check
server   server_4  192.168.24.9:80    cookie  maxconn 5000  check
```

Folgende Zeilen müssen wir noch in die Konfigurationsdatei des Protokolldienstes syslogd bzw. rsyslogd eintragen, damit HAproxy Fehler etc. protokollieren kann:

```
(...)
!haproxy
local0.*        /var/log/haproxy.log
```

Anschließend muss syslogd neu gestartet werden.

```
# /etc/rc.d/syslogd restart
```

Über die option-Parameter können wir verschiedene Erweiterungen laden bzw. Funktionen aktivieren. Wir aktivieren beispielsweise den HTTP-Check (option httpchk) und konfigurieren diesen in unserem Backend mit dem Namen `serverset01`. Hier legen wir fest, dass anstelle der standardmäßigen OPTION-Anfrage ein vollwertiger Request ausgeführt wird. Im ersten Fall wird nur geprüft, ob der Webserver antwortet. Der Server wird dabei kaum belastet.

Durch den vollständigen Request, wie wir ihn konfiguriert haben, wird das PHP-Skript `status.php` des vHosts `health.local` ausgeführt. Hierin kannst Du verschiedenste Tests konfigurieren, beispielsweise ob Sessions erstellt werden können. Das Skript sollte aber nicht zu aufwendig sein, da es in kurzen Zeitabständen regelmäßig aufgerufen wird.

Ein weiterer `option`-Parameter, der gesetzt werden sollte, ist der `forwardfor`-Parameter. Diese Einstellung bewirkt, dass die IP-Adresse des Clients in den `X-Forwarded-For`-Header geschrieben wird. Wird dieser Parameter nicht gesetzt, sieht der Webserver die ursprüngliche IP-Adresse nicht mehr, sondern protokolliert nur die Adresse des Loadbalancers.

Mithilfe der `stats`-Zeilen haben wir das Status-Tool aktiviert. Unter folgender Adresse ist dann eine Webseite erreichbar, die diverse Statusinformationen über HAproxy und die konfigurierten Backends darstellt:

```
http://xxx.xxx.xxx.xxx/haadmin
```

Die Zugangsdaten musst Du entsprechend anpassen. Mehrere Benutzer kannst Du mithilfe mehrerer `stats auth`-Zeilen festlegen.

Serverpools, also Gruppen von Servern, die eine Anfrage beantworten können, werden in mehreren `backend`-Abschnitten definiert, wobei jeder Pool einen Namen hat; hier `serverset01`. In einem solchen Abschnitt können Default-Einstellungen überschrieben werden, sofern sie nur für einen bestimmten Serverpool gelten sollen. Zudem können weitere Server definiert werden, wobei ein Server mit dem Schlüsselwort `server` festgelegt wird.

HAproxy: http://haproxy.1wt.eu/

12.2.2.1 Session-Persistence

Im `backend`-Abschnitt unserer Konfiguration haben wir mithilfe folgender Zeile einen Cookie definiert:

```
cookie SERVERID insert nocache indirect
```

In der Definition des Serverpools haben wir mit dem Schlüsselwort `cookie` jedem Server diesen Cookie zugewiesen. Dies bewirkt, dass ein Session-Cookie an den Client geschickt wird, der die ID des Servers beinhaltet, von dem die Anfrage aufgrund des Loadbalancing beantwortet wurde.

Folgt nun eine weitere Anfrage, so wird diese an den gleichen Server geschickt wie bereits die vorherige. Der Parameter `indirect` bewirkt dabei, dass der Cookie für das Backend nicht sichtbar ist, also von HAproxy gesetzt und wieder entfernt wird.

12.2.2.2 Access Control Lists (ACL)

Der Einsatz von Access Control Lists ist eher aus dem Bereich der Berechtigungsprüfung bekannt. HAproxy verwendet diesen Begriff, um anhand verschiedener Merkmale entweder einen Serverpool zu wählen, eine Anfrage weiterzuleiten oder aber eine Anfrage zu ignorieren. Eine einfache ACL-Regel sieht wie folgt aus:

```
acl url_img path_end .gif .png .jpg
use_backend img_server if url_img
```

Hiermit definieren wir erst mal ein Kriterium mit dem frei wählbaren Namen url_img, wobei der Pfad auf eine der gelisteten Dateierweiterungen enden muss. Wenn dieses Kriterium mit use_backend angewendet wird, gibt dieses entweder TRUE oder FALSE zurück. Demnach liest sich die Zeile so, dass die Anfrage an den Serverpool mit dem Namen img_server weitergeleitet werden soll, wenn das Kriterium url_img zutrifft.

Eine ACL kann verschiedene Dinge analysieren. Gängig sind sicherlich URLs, Domains und Cookies.

```
acl is_img_example_com hdr_dom(host) -i img.example.com
acl is_example_de      hdr_reg(host) -i ^(www.)?example.de$
```

Die erste ACL analysiert den Hostnamen der Anfrage und unvergleicht diesen ohne Berücksichtigung der Groß- und Kleinschreibung (-i) mit img.example.com. Die zweite analysiert den Hostnamen erneut, diesmal allerdings mit einem regulären Ausdruck. Auf diese Weise können sehr flexible Kriterien definiert werden, anhand derer ein oder mehrere Backends ermittelt werden können.

> **Hinweis:** HAproxy stellt zahlreiche Funktionen zur Verfügung, um eine Anfrage zu analysieren. Details dazu findest Du in der sehr guten Dokumentation von HAproxy.

12.2.2.3 HAproxy starten

Bevor HAProxy nun seine Arbeit aufnehmen kann, müssen wir es in der /etc/rc.conf aktivieren. Hierfür tragen wir die folgenden Zeilen ein, wobei der Wert in haproxy_config den Namen der Konfigurationsdatei ohne die Endung ».conf« angibt:

```
haproxy_enable="YES"
haproxy_config="haproxy"
```

Zusätzlich muss der Port 80 in der Firewall freigegeben werden und müssen Anfragen auf diesen Port anstatt an den Webserver an den Loadbalancer weitergeleitet werden. Wie das geht, haben wir bereits mehrfach gesehen, weshalb wir hier nicht noch einmal darauf eingehen werden. Anschließend können wir HAproxy starten.

HAproxy: http://haproxy.1wt.eu/download/1.4/doc/configuration.txt

12.2.3   nginx (mit Caching)

nginx haben wir bereits als Webserver kennengelernt, allerdings kann nginx weit mehr, als nur Webseiten ausliefern und mit Fast-CGI-Prozessen sprechen. Du kannst nginx auch als Reverse-Proxy mit und ohne Caching nutzen. Das Loadbalancing-Feature schauen wir uns später auch noch an.

Mit nginx hast Du die Wahl, ob Du den Cache auf der Festplatte oder im Arbeitsspeicher per memcached ablegst. Voraussetzung für die Nutzung von memcached als Speicherort ist eine fertig konfigurierte Memcached-Instanz (siehe hierzu auch Kapitel 9.5, »Cache-Server«).

> **Hinweis:** Es gibt zwei Memcached-Module für nginx. Der FreeBSD-Port bietet allerdings nur das erweiterte Modul (memc), das auch das Speichern von Daten in Memcached unterstützt.

In unserem Fall läuft der Webserver in einer Jail, und unser Reverse Proxy wird auf dem Hostsystem laufen. So haben wir die Möglichkeit, Anfragen auf mehrere Jails zu verteilen.

12.2.3.1 Installation

Wie Du ja bereits weißt, heißt der nginx-Port `www/nginx`. Mit folgendem Befehl starten wir die Installation:

```
# cd /usr/ports/www/nginx
# make install clean
```

Als Konfigurationsoptionen wählen wir:

- IPV6
- HTTP_MODULE
- HTTP_REALIP_MODULE
- HTTP_SSL_MODULE

Falls Du Dich für die Festplatte als Speicherort entschieden hast, musst Du das Modul

▨   HTTP_CACHE_MODULE

aktivieren. Im Falle von Memcached sind das folgende Module:

▨   MEMC_MODULE
▨   HTTP_UPSTREAM_KEEPALIVE

Egal wofür Du Dich entscheidest, wir konfigurieren zunächst ein reines Caching im Zusammenhang mit einem Backend, in unserem Fall mit der Webserver-Jail. Anschließend führen wir das Loadbalancing ein.

12.2.3.2   Konfiguration mit Festplatten-Cache

Als Ausgangskonfiguration verwenden wir die aus dem Webservertutorial, da der Großteil ohnehin übereinstimmt. Den Festplatten-Cache legen wir im Verzeichnis /tmp/nginx/cache ab. Die benötigten Verzeichnisse legen wir mit folgendem Befehl an:

```
# mkdir -p /tmp/nginx/cache/tmp
```

Für dieses Verzeichnis müssen wir noch die richtigen Berechtigungen setzen. Da nginx unter dem Benutzer nobody läuft, setzen wir den Besitzer von cache/tmp auf nobody und erlauben nur ihm uneingeschränkten Zugriff:

```
# chown -R nobody:nobody /tmp/nginx/cache
# chmod 700 -R /tmp/nginx/cache
```

Im Abschnitt http {} der nginx-Konfiguration /usr/local/etc/nginx/nginx.conf fügen wir für den Festplatten-Cache folgende beiden Zeilen ein, um ihn zu konfigurieren:

```
proxy_cache_path/tmp/nginx/cache levels=1:2 \
    keys_zone=nginx_cache:8m max_size=1000m inactive=600m;
proxy_temp_path  /tmp/nginx/cache/tmp;
```

Der Parameter levels gibt das Verzeichnisformat an, in dem die Cache-Dateien gespeichert werden sollen. Der Cache wird dabei in sogenannte »Zones« aufgeteilt, die mithilfe des Parameters keys_zone definiert werden. Die Größe der Zone steht dabei hinter dem Zone-Namen.

Die Parameter max_size und inactive steuern das Cache-Management. max_size definiert dabei die maximale Dateigröße des Cache, und inactive bestimmt den Zeitraum, den eine Cache-Datei gültig bleibt. Ist diese Zeit abgelaufen, wird die Datei aus dem Cache gelöscht.

Der Parameter proxy_temp_path gibt das Verzeichnis an, in dem Anfragen zwischengespeichert werden. Die allgemeinen Proxy-Parameter lagern wir in die Datei proxy.conf aus, da wir sie in den vHost-Konfigurationen benötigen werden.

```
proxy_redirect    off;
proxy_set_headerHost $host;
proxy_set_headerX-Real-IP $remote_addr;
proxy_set_headerX-Forwarded-For $proxy_add_x_forwarded_for;
proxy_max_temp_file_size 0;
proxy_connect_timeout 90;
proxy_send_timeout    90;
proxy_read_timeout    90;
proxy_buffer_size4k;
proxy_buffers    4 32k;
proxy_busy_buffers_size 4k;
proxy_temp_file_write_size 64k;
proxy_next_upstream error \
                        timeout \
                        invalid_header \
                        http_500 \
                        http_502 \
                        http_503;
```

Jeder vHost, der nun unseren Cache nutzen soll, muss im entsprechenden location-Abschnitt um folgende Zeilen ergänzt werden, wobei momentan nur ein Backend-Server definiert wird:

```
proxy_pass         http://10.0.0.2/;
include            proxy.conf;
proxy_cache        nginx_cache;
proxy_cache_valid 200    302    60m;
proxy_cache_valid 404    1m;
```

proxy_pass gibt dabei den Zielserver – in unserem Fall die Ziel-Jail – an. proxy_cache bezeichnet dabei die Zone, die zum Cachen verwendet werden soll.

Mithilfe der Parameter proxy_cache_valid legst Du fest, wie lange eine Anfrage mit entsprechendem Statuscode zwischengespeichert werden soll. In unserem Beispiel werden Requests, die mit dem Statuscode 200 bzw. 302 beantwortet werden, für 60 Minuten zwischengespeichert, 404-Fehler nur eine Minute.

Nach einem Neustart solltest Du nun sehen, wie sich unsere Cache-Zone langsam füllt. Es gibt übrigens noch eine Vielzahl an Parametern und Optionen, die das Cache-Verhalten von nginx kontrollieren. Ausführliche Beschreibungen zu ihnen findest Du in der Moduldokumentation auf der nginx-Webseite.

---

http_proxy_module: http://wiki.nginx.org/NginxHttpProxyModule

12.2.3.3 Konfiguration mit Memcached

Die Konfiguration von nginx für Memcached ist im Prinzip genauso einfach wie beim Festplatten-Caching auch. Der Ablauf ist dabei so, dass eine Anfrage an die Memcached-Instanz weitergeleitet wird. Wurden keine Daten gefunden, wird die Anfrage an den eigentlichen Webserver weitergeleitet, den wir mit *not-found* bezeichnen.

```
location / {
    set $memc_key$uri;

    memc_pass 10.0.0.4:11211;
    memc_flags_to_last_modified;
    error_page 404 = /not-found;
}
```

Mit der set $memc_key-Direktive legen wir fest, dass der Memcached-Key der Request-URI entspricht. Anhand dieses Schlüssels wird nginx später den Memcached-Daemon abfragen. Der Parameter $memc_pass setzt die IP-Adresse der Memcached-Instanz.

> **Hinweis:** Hier haben wir jetzt nur eine IP-Adresse, also nur einen Memcached-Server angegeben. Später zeige ich Dir noch, wie Du ein einfaches Loadbalancing über mehrere Memcached-Instanzen realisieren kannst.

memc_flags_to_last_modified bewirkt, dass der Zeitstempel des Memcached-Eintrags als Last-Modified-Header zurückgegeben wird, was Bandbreite sparen kann.

Zuletzt setzen wir noch die Location not-found als 404-Handler. Darin werden wir gleich noch das Backend definieren, das abgefragt wird, falls kein passender Eintrag im Memcached-Speicher gefunden wurde.

```
location /not-found {
    internal;
    access_logoff;
    expires    max;

    proxy_pass http://10.0.0.2/;
    break;
}
```

Das Schlüsselwort internal macht die Location not-found nur für nginx-interne Zwecke sichtbar. Rufst Du diesen Pfad im Browser auf, erhältst Du einen 404-Fehler. Den Parameter proxy_pass haben wir bereits kennengelernt: Er gibt den abzufragenden Zielserver an.

Falls Deine Memcached-Instanz bereits korrekt konfiguriert ist und läuft, kannst Du sie nach einem Neustart von nginx für Dein Caching verwenden.

Achte aber darauf, dass Du in unserem Beispiel die Cache-Verwaltung in Deiner Applikation vornimmst.

> **Hinweis:** Das memc-Modul erlaubt die Steuerung des Cache auch per Request-Parameter direkt in nginx. Wie das funktioniert, ist nicht Bestandteil dieses Tutorials, Du kannst es Dir allerdings in der Moduldokumentation anschauen.

Loadbalancing

Mithilfe von nginx und des Upstream-Moduls, das bereits in der Standardinstallation enthalten ist, lässt sich auf einfache Weise ein Loadbalancing konfigurieren. Wir haben zusätzlich das Upstream_KeepAlive-Modul installiert, sodass wir festlegen können, wie lange die Verbindung zu einem Backend aufrechterhalten bleiben soll.

Im http-Abschnitt definieren wir nun zunächst ein Backend-Set, das wir mit memc_backend bezeichnen, falls Du Memcached einsetzen möchtest. Dieses übernimmt das Loadbalancing unter den Memcached-Instanzen.

```
upstream memc_backend {
    server 10.0.0.4:11211;
    server 192.168.0.100:11211;

    keepalive 1024 single;
}
```

Mit jeder server-Zeile wird ein weiteres Backend hinzugefügt. Der Parameter keepalive definiert, dass 1024 Verbindungen zwischengespeichert werden. Der Zusatz single bewirkt, dass jeder Backend-Server gleich behandelt wird.

Abschließend müssen wir noch unsere location-Direktive aus dem vorherigen Abschnitt so anpassen, dass anstatt der bisher angegebenen IP-Adresse unserer Memcached-Instanz das memc_backend verwendet wird. Sie sieht nun wie folgt aus, wobei die veränderte Zeile fett gedruckt ist.

```
location / {
    set $memc_key$uri;

    memc_pass memc_backend;
    memc_flags_to_last_modified;
    error_page 404 = /not-found;
}
```

Auf die gleiche Weise definieren wir auch das Loadbalancing für den eigentlichen Webserver. Hierzu müssen wir in der not-found-Direktive den Parameter proxy_pass nach dem gleichen Prinzip anpassen.

```
location /not-found {
   (...)
   proxy_pass http://10.0.0.2/;
   proxy_pass http://192.168.0.100/;

   break;
}
```

Somit haben wir Loadbalancing für den Webserver konfiguriert, wobei wir gleichzeitig einen Cache zur Entlastung des Backends nutzen.

---

http_upstream_module: http://wiki.nginx.org/HttpUpstreamModule

http_upstream_keepalive_module:
   http://mdounin.ru/hg/ngx_http_upstream_keepalive/

12.3   Loadbalancing mit Failover für TCP-Verbindungen

Es gibt eine sehr ausgereifte Lösung, die für sämtliche IP-basierten Services als Loadbalancer eingesetzt werden kann. Die Software heißt `Balance` und ist intelligent genug, um Backends, die nicht mehr reagieren, nicht erneut anzusprechen. In regelmäßigen Abständen wird die Verfügbarkeit geprüft, und sobald der ausgefallene Server wieder online ist, wird er wieder in den Pool aufgenommen.

Wir haben uns bereits Loadbalancing für Webserver angesehen, daher konfigurieren wir in unserem Beispiel die Lastverteilung auf mehrere SMTP-Server.

Zunächst installieren wir `Balance` mithilfe des Ports `net/balance`. Da `Balance` keine Konfigurationsdatei kennt, erfolgt die Konfiguration innerhalb der `/etc/rc.conf`.

Folgende Parameter werden dabei unterstützt:

```
balance_hosts="host1 host2"
balance_host1_flags=""
balance_host1_address="smtp1.example.com"
balance_host1_ports="25 465"
balance_host1_targets="smtp1.intern.de smtp2.intern.de"
```

- `balance_hosts`: Hier müssen wir eine Liste frei gewählter Namen eintragen, wobei jeder Name ein Parameter-Set und damit eine eigenständige Balance-Instanz repräsentiert.
- `balance_host1_flags`: Falls Du weitere Parameter mitgeben möchtest, kannst Du sie hier angeben.
- `balance_host1_address`: Hier können wir festlegen, an welche IP-Adresse sich Balance binden soll.

- `balance_host1_ports`: Hier listen wir alle Ports auf, auf denen Balance lauschen soll.
- `balance_host1_targets`: Hier müssen wir die Backends auflisten, auf die die Last verteilt werden soll.

Wichtig ist der Parameter `balance_hosts`. Die Namen, die Du hier einträgst, tauchen auch in den anderen Parametern wieder auf. In unserem Beispiel würde die nächste Instanz von Balance mit den Zeilen `balance_host2_flags`, `balance_host2_address` etc. konfiguriert werden.

Vorausgesetzt, die Firewall ist richtig konfiguriert (nämlich so, dass sie Anfragen auf den entsprechenden Ports an den Host, auf dem Balance installiert ist, weiterleitet), werden eingehende Verbindungen gleichmäßig auf die genannten Backends verteilt.

Balance: http://www.inlab.de/balance.html

12.4 Port-Knocking

Port-Knocking ist vereinfacht gesagt eine Art »Sesam, öffne dich«. Ein Client schickt eine bestimmte Abfolge von Datenpaketen an den Server. Der Port-Knocking-Server gibt sich dabei nicht zu erkennen; nach außen sehen die Ports geschlossen aus.

Nun prüft der Server die Datenpakete und vergleicht diese mit der erwarteten Abfolge. Stimmen diese überein, öffnet sich die Tür (d. h. die Firewall) einen Spalt weit und bleibt für eine bestimmte Zeit offen. Erfolgt eine Verbindung, bleibt die Tür vorerst offen. Falls nicht, geht die Tür wieder zu.

Das können wir sogar weiter ausbauen und beispielsweise eine Art TAN-System, wie man es vom Online-Banking her kennt, einführen (Parameter `One_Time_Sequences`). Mit Einmal-Paket-Abfolgen könnten wir das recht komfortabel realisieren.

Zunächst installieren wir uns den Port `security/knock`. Bei der Installation wählen wir nur [SERVER] aus, da wir Pakete nur von unserem Client aus und nicht direkt vom Server schicken werden. Bevor wir uns aber an die Konfiguration machen, schauen wir uns erst mal die wichtigsten Konfigurationsparameter an, die wir in den Parameter `knockd_flags` in der `/etc/rc.conf` eintragen werden.

- `-i`: Damit legen wir fest, auf welchem Interface knock lauschen soll.
- `-d`: Dieses Flag gibt an, dass knock als Daemon im Hintergrund laufen soll.
- `-v`: Hiermit schalten wir den Verbose-Mode ein, sodass uns Statusmeldungen ausgegeben werden.

Unsere Konfiguration sieht nun beispielsweise so aus:

```
knockd_flags="-i re0 -d -v"
```

Mit dem folgenden Eintrag in der rc.conf aktivieren wir knock auch beim System-start:

```
knockd_enable="YES"
```

Nachdem wir den Dienst nun grundsätzlich konfiguriert haben, können wir jetzt die verschiedenen Ports konfigurieren, die bei bestimmten Paketfolgen geöffnet werden sollen, beziehungsweise Befehle vorgeben, die dann ausgeführt werden sollen.

Die Konfigurationsdatei /usr/local/etc/knockd.conf besteht aus mindestens zwei Bereichen, die mit Überschriften in eckigen Klammern eingeleitet werden. In den Abschnitt [OPTIONS] werden die globalen Einstellungen eingetragen, die für alle Bereiche gelten sollen. Bei uns sieht dieser Abschnitt wie folgt aus:

```
[OPTIONS]
logfile = /var/log/knockd.log
interface = re0
```

Um pf-Regeln dynamisch zu ändern – denn das ist letztlich das Ziel unseres Vor-habens –, verwenden wir die bekannten Tables. Folgende Regel fügen wir in unsere Firewallkonfiguration ein, um autorisierten Clients den Zugriff auf den Standard-SSH-Port 22 zu ermöglichen:

```
table <ssh_allowed> persist
pass in on re0 <ssh_allowed> to any port 22 keep state
```

> **Hinweis:** Hier gehen wir davon aus, dass SSH noch immer auf dem Port 22 lauscht. Die Verlegung des SSH-Ports auf einen höheren Port können wir uns dank knock spa-ren.

Nun können wir mit folgendem Befehl autorisierte Clients freischalten, wobei %IP% von knock durch die Quell-IP-Adresse ersetzt wird:

```
pfctl -t ssh_allowed -T add %IP%
```

Mit folgendem Befehl sperren wir die IP-Adresse wieder:

```
pfctl -t ssh_allowed -T delete %IP%
```

Wir müssen nun für jeden zu konfigurierenden Befehl bzw. Port einen eigenen Abschnitt in der Konfigurationsdatei von knock anlegen. Für unseren SSH-Dae-mon sieht dieser Abschnitt wie folgt aus:

```
[ssh]
sequence = 2772:udp,25:tcp,8080:tcp,666:udp,3732:tcp,53:udp,997:tcp
seq_timeout = 15
tcpflags = syn
start_command = /sbin/pfctl -t ssh_allowed -T add %IP%
cmd_timeout = 15
stop_command = /sbin/pfctl -t ssh_allowed -T delete %IP%
```

In der Variable sequence speichern wir die erwartete Abfolge an Datenpaketen –
in unserem Beispiel also ein UDP-Paket auf Port 2772, ein TCP-Paket auf Port 25,
ein weiteres TCP-Paket auf Port 8080 und so weiter.

Mit seq_timeout geben wir an, wie lange der Client Zeit hat, diese Abfolge zu
schicken. Sind die hier angegebenen 15 Sekunden vorüber, wird die bisher abge-
spielte Sequenz verworfen. tcp_flags gibt an, dass die Datenpakete das SYN-Flag
gesetzt haben müssen, um akzeptiert zu werden.

Der Parameter cmd_timeout gibt an, nach wie vielen Sekunden der Stoppbefehl
(stop_command) ausgeführt werden soll, falls dieser gesetzt ist. In unserem Fall
löschen wir die Client-IP-Adresse wieder aus der Table.

> **Hinweis:** Du wunderst Dich vielleicht, warum wir die Ports für die Sequenz nicht extra
> freischalten müssen. Das liegt daran, dass knockd auf einer niedrigen Netzwerkebene
> arbeitet und so alle Datenpakete mitbekommt.

Jetzt müssen wir uns vor dem Start des Daemons noch den knock-Client besor-
gen und ihn richtig konfigurieren. Dann kann es auch schon losgehen. Den Client
kannst Du von der knockd-Website herunterladen.

Nachdem Du Dir die richtige Version für Dein Betriebssystem heruntergela-
den hast, rufst Du die Datei mit dem Zielhost, beispielsweise der Haupt-IP-
Adresse Deines Servers, und Deiner gewählten sequence als Parameter auf, wobei
Du jedes »,« (Komma) durch eine Leerstelle ersetzt.

In unserem Beispiel würde die übergebene Sequenz wie folgt lauten:

```
2772:udp 25:tcp 8080:tcp 666:udp 3732:tcp 53:udp 997:tcp
```

Anschließend kannst Du eine Verbindung über den geschützten Port aufbauen.

knockd-Webseite: http://www.zeroflux.org/projects/knock

12.5 FreeBSD abhärten

Bei der Konzeption unseres Systems haben wir bereits sehr auf die Sicherheit geachtet. Dennoch haben wir weitere Möglichkeiten, das System gegen verschiedenste Risiken abzusichern.

Wir beginnen mit der Beschränkung der Zugriffsrechte auf kritische Programme und Dateien, passen verschiedene Kernelparameter an und wählen abschließend ein für uns geeignetes sogenanntes Securelevel (»Sicherheitsstufe«), das weitere Einschränkungen mit sich bringt und so die Sicherheit des Systems erhöht.

12.5.1 Zugriffsrechte beschränken

Einige Befehle unter FreeBSD sollten nicht von jedem Benutzer ausgeführt werden können. Daher entziehen wir all denjenigen diese Berechtigung, die nicht root sind beziehungsweise zur entsprechenden Gruppe gehören. Hierfür führen wir folgende Befehle aus. Den Großteil der Dateien solltest Du bereits kennen.

> **Hinweis:** Natürlich kannst Du die folgenden Befehle zu einem zusammenfassen, allerdings verzichte ich zugunsten der Übersichtlichkeit darauf.

```
# chmod o= /etc/fstab
# chmod o= /etc/ftpusers
# chmod o= /etc/group
# chmod o= /etc/hosts
# chmod o= /etc/hosts.allow
# chmod o= /etc/hosts.equiv
# chmod o= /etc/hosts.lpd
# chmod o= /etc/inetd.conf
# chmod o= /etc/login.access
# chmod o= /etc/login.conf
# chmod o= /etc/newsyslog.conf
# chmod o= /etc/rc.conf
# chmod o= /etc/ssh/sshd_config
# chmod o= /etc/sysctl.conf
# chmod o= /etc/syslog.conf
# chmod o= /etc/ttys
# chmod o= /usr/bin/users
# chmod o= /usr/bin/w
# chmod o= /usr/bin/who
# chmod o= /usr/bin/lastcomm
# chmod o= /usr/sbin/jls
# chmod o= /usr/bin/last
# chmod o= /usr/sbin/lastlogin
# chmod o= /sbin/reboot
```

```
# chmod o= /etc/crontab
# chmod o= /usr/bin/crontab
# chmod o= /usr/bin/at
# chmod o= /usr/bin/atq
# chmod o= /usr/bin/atrm
# chmod o= /usr/bin/batch
# chmod ugo= /usr/bin/rlogin
# chmod ugo= /usr/bin/rsh
```

Zusätzlich entziehen wir allen Benutzern – außer root – die Berechtigung, eigene Cronjobs anzulegen.

```
# echo "root" > /var/cron/allow
# echo "root" > /var/at/at.allow
```

SSH haben wir bereits so konfiguriert, dass sich root nicht direkt darüber am System anmelden kann. Das direkte Anmelden von root wollen wir nun auch verhindern, wenn jemand direkt vor dem System sitzt.

In der Datei /etc/ttys sind alle verfügbaren Terminals aufgeführt und konfiguriert, zu denen auch der Login-Prompt gehört. Eine Konfigurationszeile sieht beispielsweise so aus:

```
ttyv0 "/usr/libexec/getty Pc" xterm on secure
```

Wichtig ist hier das Wort *secure* am Ende der Zeile. Indem wir dieses durch *insecure* ersetzen, markieren wir das jeweilige Terminal als unsicher. Dadurch ist darüber keine Anmeldung direkt als root mehr möglich, höchstens also über einen Benutzer der Gruppe wheel.

12.5.2   Sysctl-Flags setzen

Bestimmte Parameter des FreeBSD-Kernels lassen sich mithilfe des Tools sysctl auslesen und verändern. Um Änderungen dauerhaft vorzunehmen, müssen wir diese in die Konfigurationsdatei /etc/sysctl.conf eintragen.

Ein sysctl-Aufruf sieht dabei wie folgt aus:

```
# sysctl security.bsd.see_other_uids
```

Dieser zeigt den aktuellen Wert des Parameters security.bsd.see_other_uids. Wenn wir an diesen Befehl ein »=WERT« anhängen, wird der Parameter auf WERT gesetzt. In die /etc/sysctl.conf tragen wir daher folgende Zeilen ein:

```
security.bsd.see_other_uids=0
security.bsd.see_other_gids=0
```

Diese beiden Parameter, die wir hier als Beispiel verwendet haben, bewirken, dass Benutzer nur die Prozesse sehen können, die unter der eigenen Benutzer-ID (UID) laufen. Für den Benutzer root gilt diese Einschränkung natürlich nicht.

Um die Sicherheit und Stabilität des Systems weiter zu erhöhen, ist es empfehlenswert, einige der nachfolgend beschriebenen Parameter zu setzen, unter anderem auch den als Beispiel verwendeten Parameter.

Im Bereich der Netzsicherheit sind die folgenden Parameter interessant. So auch net.inet.ip.check_interface. Wenn dieser Parameter auf 1 steht, wird geprüft, ob ein ankommendes Datenpaket auch auf dem richtigen Netzwerk-Interface ankommt. Diese Option aktivieren wir wie folgt:

```
net.inet.ip.check_interface=1
```

Wir werden an dieser Stelle nicht in die Spezifikationen von Netzwerkprotokollen eintauchen, aber für die nachfolgende Einstellung musst Du wissen, dass es ein sogenanntes Reset-Bit gibt, mit dessen Hilfe eine Verbindung zurückgesetzt wird. Dieses Bit wird auch geschickt, wenn eine Verbindung nicht hergestellt werden kann.

FreeBSD ist schlau genug, um die Frequenz von Verbindungsversuchen – auch wenn sie scheitern und mit einem RST-Bit beantwortet werden – automatisch zu reduzieren. Trotz alledem kann ein Angreifer einen Server mit einer großen Anzahl von Verbindungsversuchen in die Knie zwingen.

Um dies zu verhindern, bietet FreeBSD die Möglichkeit, das RST-Bit nicht zu schicken. Diese Option muss für TCP- und für UDP-Pakete getrennt aktiviert werden. Dies erreichen wir wie folgt:

```
net.inet.tcp.blackhole=2
net.inet.udp.blackhole=1
```

Ähnliches gilt für SYN+FIN-Pakete. Daher deaktivieren wir auch die.

```
net.inet.tcp.drop_synfin=1
```

Um den Schutz gegen (D)DoS-Attacken weiter auszubauen, können wir die Zeit reduzieren, die der Server auf ein ACK-Paket wartet. Die Standardeinstellung liegt bei 30.000 ms. Wir können den Wert allerdings weiter reduzieren, beispielsweise auf 10.000 ms.

```
net.inet.tcp.msl=10000
```

Zudem können wir die maximale Anzahl gleichzeitig offener Sockets erhöhen. Der Standardwert liegt bei nur 128 und stammt vermutlich aus einer Zeit, als Prozessoren noch erheblich langsamer waren als heute. Daher erhöhen wir den Wert auf 32768.

```
kern.ipc.somaxconn=32768
```

Der Kernel verfügt über einen Cache für Routen. Während eines DDoS-Angriffs kann dieser Cache mithilfe einer großen Zahl gefälschter Quell-IP-Adressen gefüllt werden. In diesem Fall reduziert der Kernel dynamisch die Vorhaltezeit der Einträge. Diese wird allerdings nie kürzer als die im Parameter `net.inet.ip.rtminexpire` gesetzte Zeit in Sekunden.

Wird ein nur gering ausgelastetes System plötzlich angegriffen, wird der Kernel gegebenenfalls nicht schnell genug die Vorhaltezeit reduzieren. Zudem ist `rtminexpire` standardmäßig auf 10 Sekunden eingestellt, was zu hoch ist, um einem länger anhaltenden Angriff standzuhalten.

Aus diesem Grund setzen wir die beiden Werte auf 2 Sekunden. Das Abschalten des Caches durch Setzen der Vorhaltezeit auf 0 ist nicht empfehlenswert, da es das System zusätzlich belastet.

```
net.inet.ip.rtexpire=2
net.inet.ip.rtminexpire=2
```

12.5.3 Sicherheitsstufen anpassen

 Es ist sehr schlecht, wenn ein Angreifer Erfolg hat und root-Rechte erlangt. Noch schlechter ist es allerdings, wenn dies unbemerkt bleibt. Sollte es einmal so weit kommen, dass ein Unbefugter sich mit Superuser-Rechten auf dem System bewegen kann, sollte es dem Eindringling möglichst schwer gemacht werden, Dateien zu manipulieren und unbemerkt zu bleiben.

Der FreeBSD-Kernel kennt die folgenden fünf sogenannten Security Levels (»Sicherheitsstufen«), die das System mit unterschiedlichen Einschränkungen belegen. Eine höhere Sicherheitsstufe umfasst dabei die darunter liegenden.

- *Level -1:* Nach der Installation arbeitet FreeBSD auf der Stufe -1. Diese wird auch als »endgültig unsicherer« Modus bezeichnet. Auf dieser Stufe kann der Benutzer root praktisch jede erdenkliche Änderung am System vornehmen.
- *Level 0:* Auch diese Stufe gilt noch als unsicher, da der Zugriff auf die Hardware und das Entfernen der sogenannten »immutable«- und »append-only«-Markierungen möglich sind.
- *Level 1:* Dieses Level wird als »sicherer« Modus bezeichnet. Er verhindert das Laden und Entladen von Kernelmodulen zur Laufzeit, verhindert das Entfernen der »immutable«- und »append-only«-Markierungen und verbietet den direkten Zugriff auf die Device-Nodes /dev/mem und /dev/kmem, die auf den Arbeitsspeicher des Systems verweisen.
- *Level 2:* Dieser »höchst sichere« Modus verbietet es, auf Laufwerke schreibend zuzugreifen. Zudem ist das Ändern der Systemzeit um mehr als eine Sekunde nicht möglich, sodass Log-Dateien präzise bleiben.
- *Level 3:* Die höchste Sicherheitsstufe ist der sogenannte »Netzwerksicherheits«-Modus. Zusätzlich zu den Maßnahmen von Level 2 können in diesem Modus auch keine Firewallregeln geändert werden.

Das Sicherheitslevel setzt Du mithilfe von `sysctl` zur Laufzeit bzw. in der `/etc/rc.conf`, sofern die Änderung von Dauer sein soll.

```
# sysctl kern.securelevel=1
```

Hiermit haben wir das Level des aktuell geladenen Kernels auf 1 erhöht. Nach einem Neustart sinkt es wieder auf -1. Während des Betriebs kann das Level erhöht, aber nicht herabgesetzt werden.

Um das Level dauerhaft zu erhöhen, müssen wir diese Möglichkeit zunächst aktiveren und anschließend den gewünschten Modus angeben.

```
kern_securelevel_enable="YES"
kern_securelevel="<LEVEL>"
```

> **Hinweis:** Die Sicherheitsstufe des FreeBSD-Kernels erhöht die Sicherheit des Systems nur bedingt. Sie schützt nämlich nur die Bereiche, die ohnehin nur von root verändert werden dürfen. Sollte ein Angreifer Superuser-Rechte erlangt haben, kann dem System ohnehin nicht mehr vertraut werden.

12.5.4 Dateien vor Veränderung schützen

Das Security Level beim Systemstart zu setzen ist nur dann sinnvoll, wenn die für den Systemstart verantwortlichen Dateien entsprechend vor Änderungen geschützt sind. Ansonsten könnte ein Angreifer das Level reduzieren und einfach das System neu starten.

> **Hinweis:** Sobald die Startskripte geschützt sind und das Secure Level auf > 0 gesetzt ist, kann ein Systemupdate fehlschlagen, falls diese Dateien dabei verändert werden sollten. Du musst demnach für ein Update zunächst auf eine niedrigere Sicherheitsstufe wechseln.

Wenn wir die für den Systemstart benötigten Dateien als unveränderlich (engl. »immutable«) markieren, können wir auch das Secure Level nicht mehr per Remote-Verbindung zurücksetzen. Denn hierfür müssten wir die Datei `/etc/rc.conf` anpassen, die dann ja geschützt ist. Für eine Änderung ist es erforderlich, das System im Single-User-Modus zu starten und die Änderung dort vorzunehmen, was nur mithilfe einer Remote-Konsole oder bei physischem Zugang zum Server möglich ist.

Wir können allerdings eine Art Hintertürchen einbauen, das beim Start ein Passwort prüft und entsprechend das Level heruntersetzt, was wir uns im nächsten Abschnitt anschauen werden.

Mithilfe des folgenden Befehls setzen wir den Schreibschutz auf alle Start-Skripte:

```
# chflags schg /etc/rc.*
```

Entfernen können wir diesen Schutz mit folgendem Befehl, allerdings muss hierfür das Secure Level auf 0 bzw. -1 gesetzt sein:

```
# chflags noschg /etc/rc.*
```

> **Hinweis:** Es macht durchaus Sinn, noch andere Dateien vor Veränderung zu schützen, beispielsweise die Firewallkonfiguration oder auch den Kernel.

Wir können Dateien auch als »append-only« markieren. Dann ist es nur noch möglich, Daten am Ende einzufügen. Du kannst dann den bestehenden Inhalt aber nicht überschreiben oder die Datei löschen. Das ist vor allem für Log-Dateien interessant, denn diese werden von Angreifern gerne gelöscht, um Spuren zu verwischen.

Sobald wir aber diese Markierung setzen, funktioniert die Logrotation nicht mehr, denn diese leert die Logfiles, nachdem sie als komprimierte Kopie gespeichert wurden. Für Dienste, die in einer Jail betrieben werden, gibt es allerdings eine Lösung, die wir uns in einem eigenen Abschnitt ansehen werden.

Die angesprochene Markierung setzen wir mit folgendem Befehl:

```
# chflags sappnd /var/log/messages
```

Entfernen können wir diese Markierung wie folgt, insofern das Secure Level dies zulässt:

```
# chflags nosappnd /var/log/messages
```

12.5.5   Sicherheitsstufe per Passwort heruntersetzen

> **Hinweis:** Wenn wir diese Hintertür einbauen, musst Du beim Aktualisieren des Systems darauf achten, dass die notwendigen Änderungen wieder in den Dateien vorhanden sind, die wir jetzt ändern und die nicht überschrieben wurden.

 Um die Sicherheitsstufe auch remote per Passwort zurücksetzen zu können, fügen wir folgenden Code vor die letzte Zeile in der Datei /etc/rc.d/securelevel ein:

Vorher:

```
run_rc_command "$1"
```

Nachher:

```
password="$(cat /root/.password)"
input="$(sha256 -qs `cat /root/.input`)"

if [ "$password" = "$input" ] ; then
    kern_securelevel_enable="NO"
    kern_securelevel="-1"
fi

run_rc_command "$1"
```

Diese Änderung bewirkt, dass aus den Dateien /root/.password und /root/.input ein Passwort gelesen wird. Das Passwort in der Datei .password ist bereits ein SHA256-Hash, und das Passwort in der Datei .input wird nach dem Lesen in einen SHA256-Hash umgewandelt. Anschließend werden die beiden Werte miteinander verglichen. Stimmen sie überein, wird das Secure Level beim Systemstart auf -1 gesetzt.

Um diese Logik nutzen zu können, legen wir zwei Dateien an: die .password und die .input. In die Datei .password tragen wir das Passwort in Form eines SHA256-Hashs ein. Diesen ermitteln wir mit folgendem Befehl:

```
# sha256 -qs <PASSWORT>
```

Nun versehen wir diese Datei mit den richtigen Berechtigungen und markieren sie als unveränderlich, denn in ihr steht das verschlüsselte Passwort. Zusätzlich legen wir die leere Hülle der .input-Datei an. Allerdings dürfen wir diese Datei nicht als unveränderlich markieren, da wir sonst das Passwort nicht mehr eintragen können.

```
# chmod 400 /root/.password
```

```
# chown root:root /root/.password
```

```
# chflags schg /root/.password
```

```
# touch /root/.input
```

```
# chmod 400 /root/.input
```

Wenn wir nun auf eine niedrigere Sicherheitsstufe wechseln möchten, tragen wir in die Datei /root/.input das Passwort im Klartext ein. Wenn Du nun neu startest, wird unser obiges Skript ausgeführt, das das Secure Level heruntersetzt.

Hinweis: Das Passwort darfst Du erst unmittelbar vor dem Neustart in die Datei eintragen, sonst könnte ein Angreifer dieses lesen.

12.5.6   Sicherheitsstufen in Jails

Jails können mit eigenen Sicherheitsstufen konfiguriert werden, allerdings wird hier die Stufe des Hostsystems vererbt, wobei das höhere Level ausschlaggebend ist.

Das bedeutet, dass wir das Hostsystem beispielsweise mit dem Secure Level 0 und die Jail mit Level 3 betreiben können. In der Jail sind demnach keine Änderungen an Dateien möglich, die als nicht veränderbar markiert sind. Vom Hostsystem aus können wir diese allerdings weiterhin ändern.

Das bedeutet, dass wir in den Jails ein möglichst hohes Sicherheitslevel einstellen und die kritischen Komponenten (wie beispielsweise die Start-Skripte oder auch Konfigurationsdateien von Diensten) mit einem Schreibschutz versehen. Vom Hostsystem aus können wir dann weiterhin Anpassungen vornehmen. Dies setzt allerdings voraus, dass wir auf dem Host ein Level von 0 setzen müssen, was allerdings weniger kritisch ist, solange wir außer einem stark beschränkten SSH-Server keine Dienste, die direkt auf dem Host laufen, nach außen freigeben.

12.5.7   Logrotation trotz »append-only«-Markierung

Wie bereits angesprochen wurde, funktioniert die Logrotation nicht mehr, sobald die »append-only«-Markierung auf die betroffene Log-Datei gesetzt und die Sicherheitsstufe auf > 0 gesetzt ist.

Wird der Dienst, dessen Dateien wir schützen wollen, in einer Jail betrieben, können wir die Stufe des Hosts auf 0 belassen, in der Jail allerdings auf > 0 setzen. Nachdem die betroffenen Protokolldateien entsprechend markiert sind, können wir die Logrotation noch vom Host aus durchführen lassen.

So sind die Dateien des Dienstes in der Jail vor Manipulationen geschützt, wir können aber weiterhin den Komfort der Logrotation nutzen. Dafür müssen wir lediglich die Einträge aus den `syslog.conf`-Dateien der Jails in die des Host übernehmen, die Pfade anpassen und syslogd neu starten.

12.6 Device-Polling für Netzwerkkarten aktivieren

> **Hinweis:** Device-Polling wird im Standardkernel von FreeBSD nicht unterstützt. Daher muss ein eigener Kernel kompiliert und installiert werden. Zudem ist vor der Umsetzung zu prüfen, ob der eingesetzte Netzwerkkartentreiber diese Funktion unterstützt. Wie Du einen eigenen Kernel kompilierst, ist in einem eigenen Abschnitt in diesem Kapitel beschrieben.

In der Standardkonfiguration arbeiten Netzwerkkarten unter FreeBSD basierend auf Interrupts (»Unterbrechern«). Hierbei meldet sich die Hardware bei einem Ereignis aktiv beim System, das seine aktuelle Arbeit »unterbricht«, um die Anfrage zu bearbeiten.

Dieses Verfahren hat den Nachteil, dass das Betriebssystem bzw. die CPU die Ereignisbearbeitung nicht optimal organisieren kann. Treffen nun viele Anfragen auf der Netzwerkkarte ein, resultiert dies in einer höheren CPU-Auslastung und gegebenenfalls niedrigeren Übertragungsrate.

Beim Device-Polling hingegen fragt das System die Netzwerkkarte regelmäßig ab und kann so auf die Bearbeitung von Anfragen besser reagieren, was in einer höheren Übertragungsrate bei gleichzeitig geringerer Prozessorauslastung resultiert.

Derzeit unterstützt FreeBSD nur eine begrenzte Auswahl an Netzwerkkarten. Welche das sind, kannst Du in der Man-Page zu »polling« nachlesen.

12.6.1 Den Kernel konfigurieren und installieren

Falls Du bisher keine eigene Kernelkonfiguration angelegt hast, solltest Du die des Standardkernels kopieren, um sie anschließend anzupassen. Ansonsten ergänzt Du Deine Konfiguration entsprechend.

In unserer Kernelkonfiguration ergänzen wir die folgenden zwei Zeilen, um die Unterstützung für Device-Polling zu aktivieren:

```
options DEVICE_POLLING
options HZ=1000
```

Der Wert von HZ gibt die Frequenz der Hardwareabfragen an. Abhängig von der CPU-Leistung Deines Servers kannst Du hier auch einen Wert von 2000 wählen.

12.6.2   Konfiguration der Netzwerkkarten anpassen

 Bevor wir das System mit dem neuen Kernel neu starten, müssen wir für die unterstützten Schnittstellen das Polling aktivieren. Dies erreichen wir, indem wir in der /etc/rc.conf das Schlüsselwort polling mit in die Zeile zur Schnittstellenkonfiguration aufnehmen.

```
ifconfig_re0="(...) polling"
```

Ob Device-Polling vom Kernel unterstützt wird und für die gewählte Schnittstelle aktiv ist, können wir mithilfe von sysctl bzw. ifconfig abfragen.

```
# sysctl -a kern.polling
```

Falls Device-Polling aktiv ist, listet dieser Aufruf alle zugehörigen Parameterwerte auf.

Wenn in der Ausgabe des folgenden Befehls das Wort »Polling« auftaucht, ist dieses Verfahren für die genannte Schnittstelle aktiv.

```
# ifconfig re0
```

> **Hinweis:** In der Regel wirst Du einen Unterschied nur bemerken, wenn die Netzauslastung entsprechend hoch ist. Ein Vorher/Nachher-Vergleich ist dringend empfohlen.

Man-Page zu Device-Polling: http://www.freebsd.org/cgi/man.cgi?query=polling

12.7   IPv6 auf dem Hostsystem konfigurieren

 Wahrscheinlich hast Du schon gelesen, dass die IP-Adressen der Version 4 (kurz: IPv4) knapp werden. Das sind Adressen, wie wir sie bisher auch für die Jails verwendet haben, beispielsweise 10.0.0.1 oder auch 192.168.0.5. Aufgrund der drohenden Knappheit wurde eine neue Version entwickelt, die Version 6 (kurz: IPv6).

IPv6 bietet abgesehen von der großen Zahl verfügbarer Adressen einige Vorteile gegenüber IPv4, allerdings schreitet die Umstellung auf IPv6 nur sehr langsam voran. Da wir aber mit der Zeit gehen wollen, sollten wir zumindest vorbereitet sein, immerhin unterstützt FreeBSD IPv6 bereits seit Version 4, die im Jahr 2000 veröffentlicht wurde. Daher zeige ich Dir in diesem Kapitel, wie Du Deine IPv6-Adresse – sofern Du bereits eine hast – unter FreeBSD konfigurierst.

> **Hinweis:** IPv6-Adressen sind komplexer aufgebaut als IPv4-Adressen. Daher empfehle ich Dir, entsprechende Literatur zurate zu ziehen, um den Aufbau und die Funktionsweise zu verstehen.

Wie wir unsere Netzwerkkarte konfigurieren, haben wir bereits ganz am Anfang gesehen. Beispielsweise sieht eine IPv4-Konfiguration in der /etc/rc.conf wie folgt aus:

```
ifconfig_re0="inet 192.168.0.5 netmask 255.255.255.0"
```

Wollen wir nun IPv6 für unser Interface konfigurieren, müssen wir IPv6 aktivieren und wie gewohnt die Adressen zuweisen, so wie hier die IPv4-Adresse 192.168.0.5:

```
ipv6_enable="YES"
ipv6_ifconfig_re0="fe80::c0a8:5"
ipv6_defaultrouter="fe80::c0a8:1"
```

Die Aliase werden ebenfalls leicht abweichend definiert:

```
ipv6_ifconfig_lo0_alias0="fe80::a00:1"
```

Wie Du siehst, ist die Syntax im Prinzip die gleiche wie bei IPv4, es wird lediglich ipv6_ davor gestellt. Um die Konfiguration nun zu übernehmen, müssen wir den folgenden Befehl ausführen:

```
# /etc/rc.d/network_ipv6 start
```

Ob die Konfiguration funktioniert, können wir mithilfe des Programms /sbin/ping6 testen.

```
# ping6 ipv6.google.com
```

Antwortet der Server, ist die Konfiguration korrekt und unser System ist über IPv6 erreichbar.

Die Firewallregeln müssen wir gegebenenfalls für den Einsatz mit IPv6 anpassen. Die folgende Regel aus dem Kapitel zu pf gilt nur für IPv4-Adressen (Schlüsselwort inet). Indem wir inet durch inet6 ersetzen, weisen wir pf an, diese Regel nur auf IPv6-Datenpakete anzuwenden.

Für IPv4 gilt:

```
block in quick on $if inet from <rfc1918> to any
```

Für IPv6 gilt:

```
block in quick on $if inet6 from <rfc1918_ipv6> to any
```

> **Hinweis:** In der Tabelle rfc1918_ipv6 sollten entsprechende IPv6-Adressen wie beispielsweise das private Subnetz fc00::/7 enthalten sein.

12.8   Einen eigenen Kernel kompilieren

 Es gibt verschiedene Gründe, warum wir einen eigenen Kernel kompilieren wollen. Einerseits kann es die Aktivierung von Funktionen sein, die im Standardkernel (auch GENERIC genannt) nicht enthalten sind, andererseits könnten wir die Sicherheit oder Performance eines Systems erhöhen beziehungsweise Ressourcen sparen wollen.

Welcher Kernel aktuell installiert ist, können wir mithilfe des folgenden Befehls auslesen. Die Ausgabe enthält den Pfad zur Kernelkonfiguration und die gewählte Architektur (beispielsweise AMD64 oder i386).

```
# uname -a
```

Der Ablauf zum Erstellen eines eigenen Kernels ist dabei immer der gleiche:

1. den Quellcode von FreeBSD herunterladen bzw. aktualisieren,
2. den Kernel konfigurieren,
3. den Kernel kompilieren,
4. den neuen Kernel testen und
5. im Erfolgsfall den neuen Kernel installieren.

12.8.1   Den Quellcode aktualisieren

 Wie wir den ersten Schritt ausführen, haben wir bereits bei der Installation von ezJail gesehen. Um sicherzugehen, dass der Code noch aktuell ist, führen wir folgenden Befehl aus, wobei der Parameter RELENG in der Datei /etc/source-supfile auf die aktuell installierte FreeBSD-Version gesetzt werden muss.

```
# csup /etc/source-supfile
```

Sobald die Aktualisierung abgeschlossen ist, können wir zum nächsten Schritt übergehen.

12.8.2   Den Kernel konfigurieren

 Im Verzeichnis /usr/src/sys/amd64/conf/ liegt die Konfiguration des aktuell installierten Kernels. In unserem Fall ist das beispielsweise die Datei GENERIC. Hierin sind alle unterstützten Module, Gerätetreiber und Parameter hinterlegt.

Hinweis: Solltest Du kein 64-Bit-System nutzen bzw. bewusst die 32-Bit-Version von FreeBSD installiert haben, musst Du amd64 jeweils durch i386 ersetzen.

Wir legen also zunächst eine Kopie der Konfiguration an und passen darin die
Einstellungen an. Anschließend legen wir einen symbolischen Link ins /usr/src/-
Verzeichnis.

```
# mkdir /root/kernels
# cp /usr/src/sys/amd64/conf/GENERIC /root/kernels/MEIN_KERNEL
# ln -s /root/kernels/MEIN_KERNEL /usr/src/sys/amd64/conf/MEIN_KERNEL
```

> **Hinweis:** Es ist keine gute Idee, die Kernelkonfiguration im Verzeichnis /usr/src/ zu
> belassen, da sie so versehentlich gelöscht werden könnte. Daher legen wir den sym-
> bolischen Link (ln) an und bearbeiten die Konfiguration in unserem /root/-Verzeich-
> nis.

Du solltest auf jeden Fall den Parameter ident anpassen. Er enthält den Namen
des Kernels. Dieser sollte möglichst aussagekräftig sein, sodass Du weißt, was an
diesem Kernel besonders ist.

Kernelkonfigurationen können auch miteinander kombiniert werden. Falls
Du also nur geringe Änderungen an einer bestehenden Konfiguration vornehmen
möchtest, kannst Du eine bestehende Konfiguration in Deine neue einbinden.

```
include GENERIC
```

Parameter, die in der GENERIC-Konfiguration bereits enthalten sind, werden
durch Deine Werte ersetzt. Mit folgender Konfiguration ändern wir die im
GENERIC-Kernel festgelegte Tastenbelegung auf Deutsch im Single- und Multi-
User-Modus:

```
include     GENERIC
options     ATKBD_DFLT_KEYMAP
makeoptions ATKBD_DFLT_KEYMAP='german.iso'
```

12.8.3 Den Kernel kompilieren

Sobald der neue Kernel konfiguriert ist, wechseln wir in das Ver-
zeichnis /usr/src/ und führen den folgenden Befehl aus:

```
# make buildkernel KERNCONF=MEIN_KERNEL
```

Sobald der Kompiliervorgang erfolgreich und ohne Fehler abgeschlossen ist, können wir den neuen Kernel testen.

12.8.4   Den neuen Kernel testen

 Selbst dann, wenn während des Kompilierens kein Fehler aufgetreten ist, bedeutet das nicht, dass das System damit noch startet bzw. erwartungsgemäß funktioniert.

FreeBSD bietet uns die Möglichkeit, mithilfe des Programms nextboot das System einmalig mit einem anderen Kernel zu starten. Sollte dies fehlschlagen, können wir mit einem einfachen Neustart wieder den alten Kernel laden. Falls der Neustart gelingt und das System so funktioniert wie gewünscht, können wir den Kernel installieren.

Um nextboot nutzen zu können, müssen wir zunächst den neuen Kernel in ein eigenes Verzeichnis unter /boot/ installieren.

```
# make installkernel KERNCONF=MEIN_KERNEL KODIR=/boot/MEIN_KERNEL
```

Nun können wir nextboot für den nächsten Start aktivieren.

```
# nextboot -k MEIN_KERNEL
```

> **Hinweis:** Solltest Du es Dir doch noch anders überlegen, kannst Du mit dem Befehl nextboot -D den Start mit dem neuen Kernel verhindern.

12.8.5   Den neuen Kernel installieren

 War der Systemstart mit dem neuen Kernel erfolgreich und arbeitet das System so, wie wir es uns wünschen, dann können wir den Kernel dauerhaft mit folgendem Befehl installieren. Tun wir das nicht, startet FreeBSD beim nächsten Mal wieder mit dem alten Kernel.

```
# make installkernel KERNCONF=MEIN_KERNEL
```

Dieser Aufruf ist der gleiche wie auch schon zuvor, allerdings haben wir diesmal das Zielverzeichnis weggelassen, sodass automatisch der aktuelle Kernel nach /boot/kernel.old und der neue nach /boot/kernel kopiert wird. Im Notfall können wir den Kernel also wiederherstellen.

Wenn Du nun den Befehl uname -a erneut ausführst, erscheint dort der Name Deines eigenen Kernels.

12.9 Zusammenfassung

Ein eigener Kernel macht heutzutage in der Regel nur dann Sinn, wenn zusätzliche Funktionen bzw. Kernelmodule aktiviert werden sollen.

Falls Du Deine FreeBSD-Installation mithilfe von freebsd-update auf dem aktuellen Stand hältst, musst Du in der Regel anschließend Deinen Kernel neu kompilieren und installieren, um Inkonsistenzen zu vermeiden, da oft der Kernel ebenfalls aktualisiert wird.

Aufgrund des erhöhten Wartungsaufwands solltest Du Dir daher gut überlegen, ob Du wirklich einen eigenen Kernel benötigst.

13 Server läuft – was jetzt?

Wenn Du alle Kapitel sorgfältig durchgearbeitet hast und der Server so arbeitet, wie Du es Dir vorgestellt hast, fängt die Arbeit erst an. Von nun an gilt es, auf dem aktuellen Stand bezüglich bekannt gewordener Sicherheitslücken in der von Dir eingesetzten Software zu bleiben, Updates einzuspielen, auftretende Probleme zu analysieren und Ursachenforschung zu betreiben.

Gerade der letzte Punkt ist für Einsteiger oft schwer. Zusammenhänge sind noch nicht so vertraut, sodass die Fehlersuche oft mühsam ist. In solchen Fällen ist es oft hilfreich, mit der in den Logfiles ausgegebenen Fehlermeldung im Internet zu suchen, denn hier finden sich die meisten Lösungen zu gängigen Problemen.

Sollte die Internetrecherche einmal nicht zum Erfolg führen, gibt es zahlreiche Foren und Mailinglisten, in denen Du um Hilfe bitten kannst. Hierbei gilt, dass detaillierte Problembeschreibungen schneller und besser beantwortet werden als solche mit vagen Angaben. Auszüge aus den Log-Dateien, Versionsnummern etc. geben entscheidende Hinweise.

Folgende Webseiten sind gute Anlaufstellen für Fragen und Probleme in Bezug auf FreeBSD:

- Das FreeBSD-Handbuch:
  http://www.freebsd.org/doc/de/books/handbook/

- The FreeBSD Forums:
  http://forums.freebsd.org/

- BSDGroup.de:
  https://portal.bsdgroup.de/

- BSDForen.de:
  http://www.bsdforen.de/

Solltest Du Probleme mit bestimmten Diensten haben, empfiehlt sich oft ein Blick in deren eigene Mailinglisten und Foren.

Index

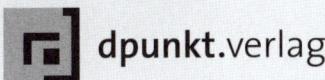

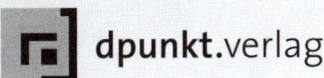

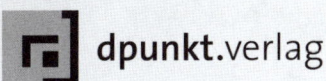

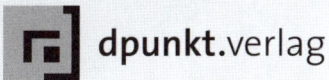